# 北欧現代史

百瀬 宏著

山川出版社

**ヘルシンキの露天市場《いちば》**（フィンランド） 5月になっても風はまだ冷たい。だが，まばゆい陽光と出まわる野菜や果物の新鮮な色に人々の心は弾む。後方には，大統領官邸など官庁の建物が立ち並ぶ。

**ストックホルムで開かれた国連人間環境会議**（1972年，スウェーデン） 北欧では昔から自然保護に努め，環境問題との取組みも早かったが，戦争を環境破壊の元兇としてとらえる視点も平和研究のなかから生まれている。この会議を参加国の政府寄りであると批判する集会も同地で開かれた。➡

# まえがき

私が北ヨーロッパの歴史に興味をもった動機は正直にいってヴィーキングでもなければカレヴァラでもない。学生時代に国際関係論というコースで学び、国際政治史の研究を志すようになって、世界の経綸を競いあう強国の外交よりは、権力政治の狭間でみずからの文化的価値を守りながら生きつづけている「小国」の存在に関心が向いたのである。そうしたなかでも、第二次世界大戦中に二度もソ連との戦いに巻き込まれながら、しかも戦後はこの強大な国家の隣に非武装に近い状態で生きつづけているフィンランド民族の姿は印象的であった。中立を唱えていたフィンランドがなぜソ連と戦う運命におかれたのか。社会主義を掲げるソ連はなぜフィンランドを攻撃したのか。フィンランドの人びとはそこから何を汲みとって暮らしてきたのか。こうした疑問を抱いて私は研究者の道を歩んだが、解明できたこともあるし、いまだに解明できないでいることも多い。

ただ、そうして勉強しているうちに気づいたことの一つは、フィンランドのことを理解するためには、北欧全体というものが理解できなければならない、ということであった。そこで私は、自分の視野を北欧全般に広げてみようとしたが、これがまた、口でいうほどたやすくはない。スウェーデンのことを知れば北欧全体が判るといった浅薄な認識は論外であるが、北欧諸国はそれぞれに個性をもっており、それらについて造詣を深めるだけでも大変なことだからである。かりにそうしたことがある程度できたとしても、その算術的総和がけっして北欧という全体にはつながらない。個性をもった国ぐにが、それぞれに異なった働きをしながら全体として北欧という有機的な場を作りあげてきたからである。

本書の執筆依頼を受けたのは、もう十年近くも以前のことであるが、その折は、右のような自分の宿題のことを思って、それを果たす一助のつもりでお引受けしたものの、自分の能力をはるかに越えていることが判り、筆が進まなかった。ところが、その頃、たまたま東海大学の北欧文学科で北欧史を講義する機会を与えられ、無理にもノートを作らねばならなくなった。こうして、本書の原稿締切日も疾くに過ぎたなかで、自分の仕事に強い不満を感じつつ原稿を書きためていった頃、バルト・スカンディナヴィア研究会というグループが、既成の研究者や大学院生、それに熱心な学部学生によって誕生した。バルト海周域を場としてスカンディナヴィアやバルト海沿岸地域の歴史を考えていこうという斬新な試みである。本当はこの辺の段階で、従来の構想を一擲し、同学のいく人かの方がたの御協力もえて出直せば一番よかったのであろうが、いまさらそうしたわけにもいかなかった。従って本書は、学界水準を反映した概説ではなく、私なりの関心と知識に立った、一つの北欧現代史論にすぎない。実際、いろいろな事件を扱ってはいても、私の知識には濃淡があり、また、現代史といっても、社会的な面、それも自分が専攻する国際政治史の分野にかなり傾斜したかと思う。また、北欧史の場合、古い時代やその記憶が現代にも投影しているのが特徴であり、現代以前の紹介もある程度必要と考えた事情から、最近の出来事の詳述を、かなりの程度犠牲にする結果となった。

本書の年表作成に際しては、津田塾大学大学院生の志摩園子氏の御助力をえた。おわりに、本書執筆の機会を与えて下さった山川出版社の野澤繁二社長、内藤茂編集部長、また脱稿を大変な忍耐で見守って下さり、本書が完成するまで懇切な御配慮と激励を下さった同社の斉藤幸雄氏と山岸美智子氏に、深く感謝する次第である。

一九八〇年四月

百瀬　宏

目次

付　録

# 北欧現代史

# 北ヨーロッパ——自然と社会と歴史

## 地理的環境

日本では〝北欧〟というと、アルプス以北のヨーロッパの地をさす場合もないではないが、ここではもちろん、デンマーク・フィンランド・アイスランド・ノルウェー・スウェーデンというひとまとまりの、歴史・文化・社会に多くの共通点をもつ五ヵ国のことを意味している。したがってここでの〝北欧〟は、欧米で用いられる〝スカンディナヴィア〟という称呼や、ほかならぬ北欧で自身をさして使われている〝ノーアン〟とか〝ヌールデン〟(または〝ヌーデン〟)とかいったよび名(Norden)に対応した概念である。

それでは、このような北欧とは、具体的にはいかなる地理的範囲をもつのであろうか。陸地についで考えると、ノルウェーとフィンランドがソ連と国境を接しており、これを北欧の東の境とすれば、デンマークがヨーロッパ大陸から突きでたユトランド半島の南部で西ドイツと接している国境が、北欧の南の境である。これら以外は、北欧を画しているのは、ことごとく海であって、北の方から順に、バレンツ海、ノルウェー海、北海、バルト海という具合に、北欧を海が大きく取り囲んだかたちになっている。もっともこれは北欧四ヵ国だけの話であって、アイスランドはこれらからはるかに離れて大西洋北部に位置しているし、またノルウェーが北極海のスピッツベルゲン(スヴァールバル)諸島に主権をもち、デンマークがグリーンランドやフェロー諸島を自治領

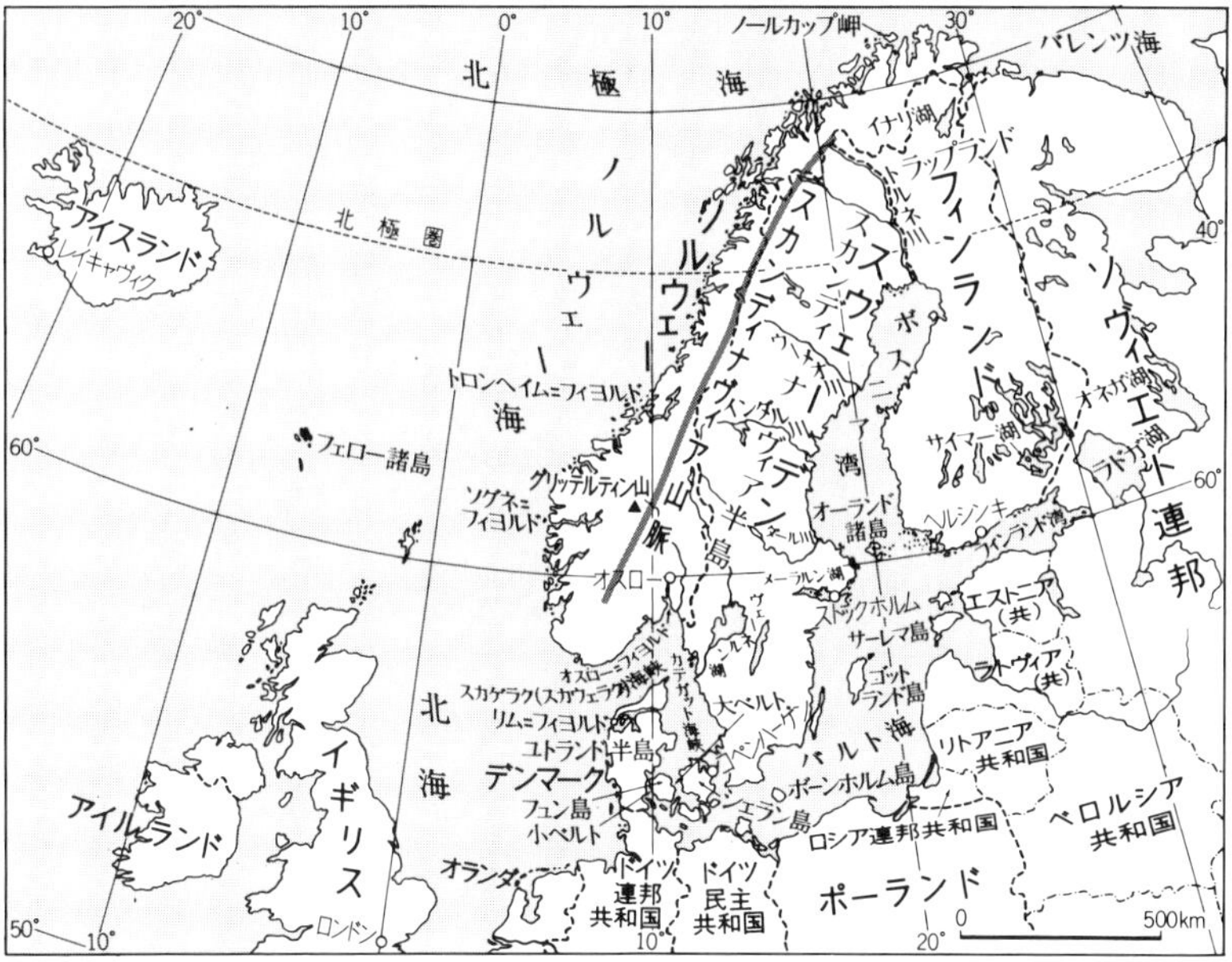


北欧の地勢

として包含している、というように、前記の範囲以上に、北欧が点在的に広がっていることに注意しなければならない。

北欧の位置について考えてみると、その南端であるデンマークと西ドイツの国境は、北緯五五度をとおっており、北端は北極圏の北緯七〇度を越えたところにある。カラフトの北端は北緯五四度であるから、われわれの感覚からすると北欧ははるか北に位置し、冬の気候はよほど厳しいと想像しがちであるが、それが実際にはさほどでないのは、メキシコ暖流がノルウェーの長大な西海岸を洗い、バレンツ海にまで流れこんでスカンディナヴィア半島の沿岸を暖めているからである。ただし、そうはいっても、冬が長く、北部では太陽ののぼらない日がつづく北欧は、そこに住む人間の営みにとって、さまざまな意味での厳しい自然的制約を課してきたのである。

　それぞれの国をみてゆこう。デンマークは、ユトランド半島とその東側につらなるフュン島・シェラン島などの島からなっており、バルト海から北海・大西洋にいたる出口を扼する地理的位置を占めている。ユトランド半島の西側は砂地で不毛であるが、東側は豊かな土壌と良港に恵まれており、同じ条件は、フュン島・シェラン島などの諸島につづいて、デンマークがかつては穀物輸出国、のちには世界有数の酪農国として発展することを可能にしたのである。

　スカンディナヴィア半島へ移ると、デンマークの国土とは対照的に起伏に富んだこの地には、ノルウェーとスウェーデンが存在している。ノルウェーはスカンディナヴィア半島の西側に沿って、南は北海から北はバレンツ海にまで連なる長く狭い領土を有しているが、国土の大部分は海面から切り立った山地の連なりであり、農業は、わずかなフィヨルドの両岸やオスロー＝フィヨルド付近の肥沃な平地で営まれているにすぎない。住民たちは、互いに山にへだてられて暮らし、地方主義が根をはってきた。反面、ノルウェー人は、水上交通の必要から航海術を発達させ、豊富な魚資源を利用し、また二〇世紀になると国内各所にかかる瀑布を利用した〝白い石炭〟、すなわち水力発電エネルギーによって近代的工業をおこした。さらに最近では、海底油田の発見によって、ノルウェーには新しい自然的条件が生じつつある。

　スカンディナヴィア半島のいま一つの国であるスウェーデンも、南北に長い国土をもっている

**フィヨルドの町**（ノルウェー）

が、その北・中の部分を占めるノルランド地方は、山がちで、長らく無人の土地にひとしかった。しかし、スウェーデンは、ノルウェーよりは肥沃な平地に恵まれており、首都のストックホルムが存在する旧スヴェアランド、スモランドの高地をはさむ東西ヨェタランド、およびスコーネ地方は、古くから人が住み、農耕が営まれてきた。スウェーデンは森林資源も豊かであるうえ、地下資源に恵まれており、とりわけノルランドの鉄鉱が採掘されるようになってから、北欧のなかでも抜群の経済力を備えるようになった。

このスウェーデンないしスカンディナヴィア半島とボスニア湾をへだてて対するフィンランドは、これもまた南北にのびる領土を有しているが、スウェーデンやノルウェーと異なって険阻な山はなく、国土の大部分が森林におおわれ、東南部には無数の湖が存在する。メキシコ暖流の恩恵からもっとも遠いフィンランドでは、農業は過酷な条件のもとに営まれてきた。地下資源は銅の少量産出を除くとみるべきものはほとんどない。したがって、フィンランドが頼れる唯一の資源は森林であって、これが同国の工業化を支えてきたといって過言ではない。

以上の四カ国から著しく離れて北大西洋上に存在するアイスランドは、デンマークの三分の一にも満たない国土を有し、その一割は火山から噴出した溶岩、一割弱は氷河におおわれている。アイスランドにとって漁業とそれにもとづく水産加工業は重要な産業であり、同国の死活の利害を背景にしたイギリスとの〝タラ戦争〟は耳に新しいところである。

### 民族と言語

つぎに、北欧諸国の住民についてみよう。人口は、スウェーデンがもっとも多く、八二六万、それにつづくのがデンマークの五〇九万、フィンランドの四七四万、ノルウェーの四〇四万となっており、もっとも少ないのがアイスランドで、二二万である。したがって、北欧諸国はいずれも、人口の点からいって一〇〇〇万に満たない小規模の国だといえる。

北欧各国の住民の大部分が用いている言語は、それぞれにデンマーク語、フィンランド語、アイスランド語、ノルウェー語、スウェーデン語であって、このうちフィンランド語を除くと、他の四言語はいずれも北方ゲルマン語ともよばれるノルド語に属しており、本来は共通の言葉であったといわれる。それが分化してしまった現在でも、知識層であれば、どの北欧語の新聞でも読めるということがいわれている。ところが、フィンランド語だけは、ノルド語はおろか、ノルド語が属するインド＝ヨーロッパ語族とも系統を異にするウラル語族(あるいはフィン＝ウゴール語族)に属しており、その一分枝であるバルト＝フィン語の仲間である。フィンランド語に近い言語を用いているのは、むしろバルト海をへだてて南岸に住むエストニア人であって、北欧ではフィンランド語は孤立した言語である。ただし、フィンランドには、全人口の六・六％程度ではあるがスウェーデン語を用いている人びとがあり、フィンランドでは、フィンランド語と並んでスウェーデン語が公用語とされているのである。以上のほかに、少数ではあるが、フィンランド・ノルウェー・スウェーデンの北部、つまりラップランドには、サメク人(ラップ人)が住んでいて、サメク語(ラップ語)を用いているし、グリーンランドにはエスキモー人やエスキモー人の血をなかばひくグリーンランド人が住んでいて、それぞれの言語を用いている。

つぎに、北欧五カ国の国民の宗教についてみると、国民の大部分はルター派である。フィンランドに若干のオルトドックス教徒がいるなど、異なった宗派の人びともいることはいるが、その数はほとんど問題にならない。北欧では、一六世紀に、王権を固める狙いもあって、いわば上からの宗教改革が行なわれたが、以来、北欧諸国はルター派の国という性格をまったく変えないできている。

こうしてみてくると、北欧諸国は、住民の点で、それぞれに同質的であるばかりでなく、北欧全体としてもかなりの程度の同質性をもつということができるであろう。こうした同質性は、言語や宗教の面ばかりでなく、北欧諸国の社会制度や人びとの物の考え方のうえにもみられるところである。

## 北欧社会の基調

そうした北欧社会の底に流れる共通の基調の一つとして、北欧人の平等志向ともいうべき傾向をあげることができるであろう。それは、社会に極端な貧富の差がみられないといった、北欧福祉国家を論ずる場合に指摘される経済的次元の事象だけにとどまるものではない。平等志向は、政治的行動の次元においてもうかがわれるのであって、上からの強力な指導によって方向づけてゆくやり方は、現代の北欧社会では敬遠されているばかりでなく、歴史を回顧しても、徹底して権力をふるうことができた指導者は、北欧ではあまり見当たらないように思われる。近代スウェーデンの建国の指導者グスタヴ一世ヴァーサが、麾下の兵士に向かって語ったという「ロシア人やトルコ人や他の異教徒の方が、キリスト教徒よりも祖国と君主に対して大きな忠誠と献身の心をもっている」という言葉は、北欧の歴史家によって東方のデスポット(専制君主)に対する羨望の表明とうけとられているが、グスタヴ一世のこの嘆きはむしろ、彼のそうしたデスポット願望を実現させる土壌が北欧には稀薄であったことを物語るものではないであろうか。こうした側面と表裏をなす現象として想起されるのは、北欧史を通じて民衆や民衆運動の力が比較的強かった事実である。とりわけ農民は、北欧では古くからヨーロッパ大陸の農民よりも自由と権利をもっており、王や王権の簒奪者はしばしば農民の一揆を利用し、あるいはその支持に依拠することによって目的をとげたものである。

北欧の人びとの考え方のいま一つの基本的特色としてしばしば語られるのは、一種の実用主義である。もっとも、実用主義といっても、アメリカのそれとは異なっている。北欧の場合、実用主義といっても別にそれが理念や思想として掲げられているわけではなく、まさに生活態度ともいうべきものである。それは北欧の人びとの社会・文化のいろいろな面に顔をだしている。豪華な飾りつけよりはそのものの機能をまさに発揮させることにおいて、洗練された美しい造形をつくりだすという機能主義が、北欧のデザイン界に根をおろしたのも、北欧人の実用主義的な考え方と無関係ではないであろう。彼らの実用主義は、また、理念で物事に当たるよりは、まず現実に解決をもたらす方策をみいだそうという姿勢となってあらわれてきた。それは本書との関

**北欧のデザイン**（フィンランド）

係でいえば、なによりも北欧の政治のなかにうかがわれる。ここでは、政治は、世界観あるいはイデオロギーの抗争として展開されるのではなく、いわば〝ビジネス〟として行なわれるといわれる。概して諸政党は、解決すべき現実の問題をめぐって、イデオロギー的に対決するよりは競合し、また妥協能力を発揮する、というのが、だいたいからみて、北欧諸国の政治の共通した特徴とされてきた。

**隔絶の効用**

ここで角度をかえて、今日みるような北欧の社会が形成されるにいたった条件ないし環境について考えてみよう。それは、ヨーロッパ(史)における北欧の地位について考察することにもなる。ハンガリーの歴史家ベレンドおよびラーンキは、一九七九年に出版した労作『ヨーロッパの周辺部と工業化』において、現在の時点でみれば経済発展の状態が非常に異なっている北欧・中東欧・南欧の諸地域も、歴史上は西欧の工業化のインパクトをうける周辺部としての共通点をもち、一九世紀前半の時期には、どこも同じような経済発展の段階にあったのだ、という興味深い指摘を行なっている。それでは、なぜ、その後一世紀足らずのあいだに三つの地域が著しい経済発展の格差をもつにいたったか、という問題がでてくるが、これにはいろいろな理由をあげることができよう。前述のベレンドおよびラーンキは、北欧が森林資源に恵まれ、木材工業が工業化を誘発したこと(デンマークを除く)、北欧の民主的な制度が富をかたよらせなかったこと、に注目しているし、スウェーデンの経済史家ヨードベリは、世界貿易が活気づき、市場が拡大しつつあった二〇世紀の初めに北欧諸国が工業化の時代をむかえた幸運をあげている。

これらの指摘はいずれも重要であるが、これに加えて、私は、北欧が、ヨーロッパ大陸の紛争の中心から相対的に隔絶した地位におかれてきたことにも、注意を喚起したい。いったい、ヨーロッパ大陸からの隔絶という地理的条件を、時代を広げてやや大胆に考えるならば、ヨーロッパ大陸の新しい思潮や技術がすぐには北欧には流れこまなかったり、またそうしたタイム=ラグが逆に北欧諸国をより新しい時代の条件に容易に適合させる条件をつくりだす、といったかたちで、北欧の歴史に特色を与えてきたといえるであろう。北欧で封建制が大陸のようには発達しきらなかったことや、そうした立遅れがかえって近代になってからの北欧諸国の発展をもたらしたと思われること、などがその例である。しかし、相対的隔絶は、こうした思想や技術の面ばかりでなく、軍事・政治面でも大きな影響を及ぼしてきた。北欧諸国は、軍事技術・戦略の発達の結果として小国の地位に完全に転落した一九世紀において、とくに、こうした面での隔絶の条件を伝統的中立外交への転換というかたちで最大限に活用し、戦争による惨禍の波及そのものを阻止するとともに、列強の軍事戦略的な必要にもとづく干渉からは自由に、西欧先進資本主義国の需要をバネにして自主的に工業を発達させ、二〇世紀後半の先進的福祉国家への前提条件をつくりだしたのであった。この点で北欧諸国民がいかに恵まれていたかは、たとえば、軍事戦略的にも列強の抗争の舞台となったバルカン諸国の近現代史と対比することによって、明らかになるであろう。

## 相異のなかの連帯

以上の叙述では、いささか北欧を一つのものとして扱いすぎてきたように思う。しかし、北欧諸国の社会や文化が、たとえばスウェーデン一国のそれを知ることで理解できると考えたら、大きな間違いである。北欧諸国は、いうまでもなく、それぞれの顔をもっている。だがまた、「フィンランドは東を向き、デンマークは南を向き、ノルウェーは西を向いている」といった類いの揶揄的な評言をまともにうけとって、相異や利害の背反にばかり注目するのも、また間違いである。

たしかに、歴史上、北欧諸国それぞれがもった関心とはたした役割は異なってきた。デンマークは、つねに、ヨーロッパの諸潮流がドイツを経由して波及する関門であった。フィンランドは、ロシアという異質の文化圏と北欧が接する辺境としての運命を担わされてきた。ノルウェーは、イギリスないし西欧世界が北欧とむすびつく足がかりであると同時に、北欧内では、フィンランドとともに長らく恵まれない地位におかれていた。そしてスウェーデンは、その豊富な地下資源と有利な地理的位置に立脚して、経済的優位に立ち、外敵の侵入をまぬかれてきた。このようにみてくると、北欧諸国のあいだに連帯の生じる可能性は乏しいようにみえるであろう。事実、ノルド民族の統合の試みは、中世後期のカルマル連合の解体、一九世紀の政治的スカンディナヴィア主義の挫折、一九四八年の北欧軍事同盟の不成立、さらにはその後の北欧共同市場計画の失敗が示すように、ことごとく実をむすばずに終わったかにみえる。

ところが、注目すべきことは、こうした結合の試みの失敗によっては、北欧諸国間の絆は断ち切られることがなかったことである。一九世紀のスカンディナヴィア連合の企てが放棄されてのち、第一次世界大戦中には、北欧三ヵ国のあいだに中立を守るための緊密な協力が行なわれたし、第二次世界大戦後に北欧軍事同盟の構想が崩壊すると、まさにそのころから社会的・文化的協力機構としての北欧会議の構想がみのっていった、というように、一方で遠心分離的な作用が働けば、他方では逆に絆が深まってゆく、という興味深い現象があらわれてきたのである。実は、こうした一見矛盾した動きのなかに、北欧諸国の相互協力の仕方の独自性がうかがわれる。とりわけ、北欧会議形成以来の北欧諸国のゆき方をみると、利害が相反してまとまりにくい軍事や経済の面では強いて統合を行なうことはせず、むしろ分離を認め、その一方では、法制・交通通信・社会・文化など相互協力が必要で可能な分野では、ECが及ばないような統一をすすめるというゆき方をしてきたことが判明する。理念優先の、上からの統合はさけ、弱いパートナーを含めた現実の必要に応じて国家の枠を越えた協力関係を樹立するという態度のなかに、北欧社会の平等志向と実用主義の反映をみいだすことは、さして、困難ではなかろう。同時に、こうしたいわば相異のなかの連帯は、少なくともこれまでのところ、北欧を、外部の強国の干渉を許さない、国際対立の緩衝地帯として存続させることによって、相対的隔絶の条件を享受してきたといえる。

なお、フィンランド人の現フィンランド領土への到来については、二〇世紀初め以来、西暦紀元一世紀頃にはじまったという説が長らく定説となっており、本書においても、それを採用してきたが（一七ページおよび年表一九ページ）、一九八〇年代以来、彼らと先住者との継続が確認されたため、フィンランド人の現地到来の時期は、はるか以前にくりあげられることになった。ただし、その具体的な時期については、なお学説が分かれている。

# I　歴史的背景

## 1　先史時代から中世へ

### 北欧史のあけぼの

スカンディナヴィア半島に人が住んでいた痕跡は西暦紀元前八〇〇〇年ころから存在するが、北欧の地に住む人びとの生活の痕跡に牧畜・農耕がうかがわれるようになるのは、紀元前三〇〇〇年以後である。さらに紀元前二〇〇〇年ころになると、船形をした闘斧をもち、馬をともなった好戦的な移住者があらわれた。彼らは、たぶん中部ヨーロッパ方面からやってきたインド＝ヨーロッパ語族であると推測されている。ついで紀元前一五〇〇—五〇〇年には青銅器時代が訪れるが、このころ刻まれた岩壁画には、当時すでに北欧人が航海術にたけていたことを示す図柄が含まれている。その後北欧の気候はかなり寒冷化し、住民の生活も苦しいものとなったが、このころになるとケルト人文化の影響のもとに北欧は鉄器時代にはいった。ついで西暦紀元ころからは気候もやや温暖化し、人口もふえはじめ、ローマ帝国の北西辺との接触がはじまった。しかし、北欧は、ローマ帝国の版図にも視野にもついにはいらなかった。民族大移動の時期になっても、北欧の実態を伝える史料はほとんどなく、ただ諸部族間に抗争が行なわれていたことが推測される程度である。以上は、だいたい現在のデンマーク

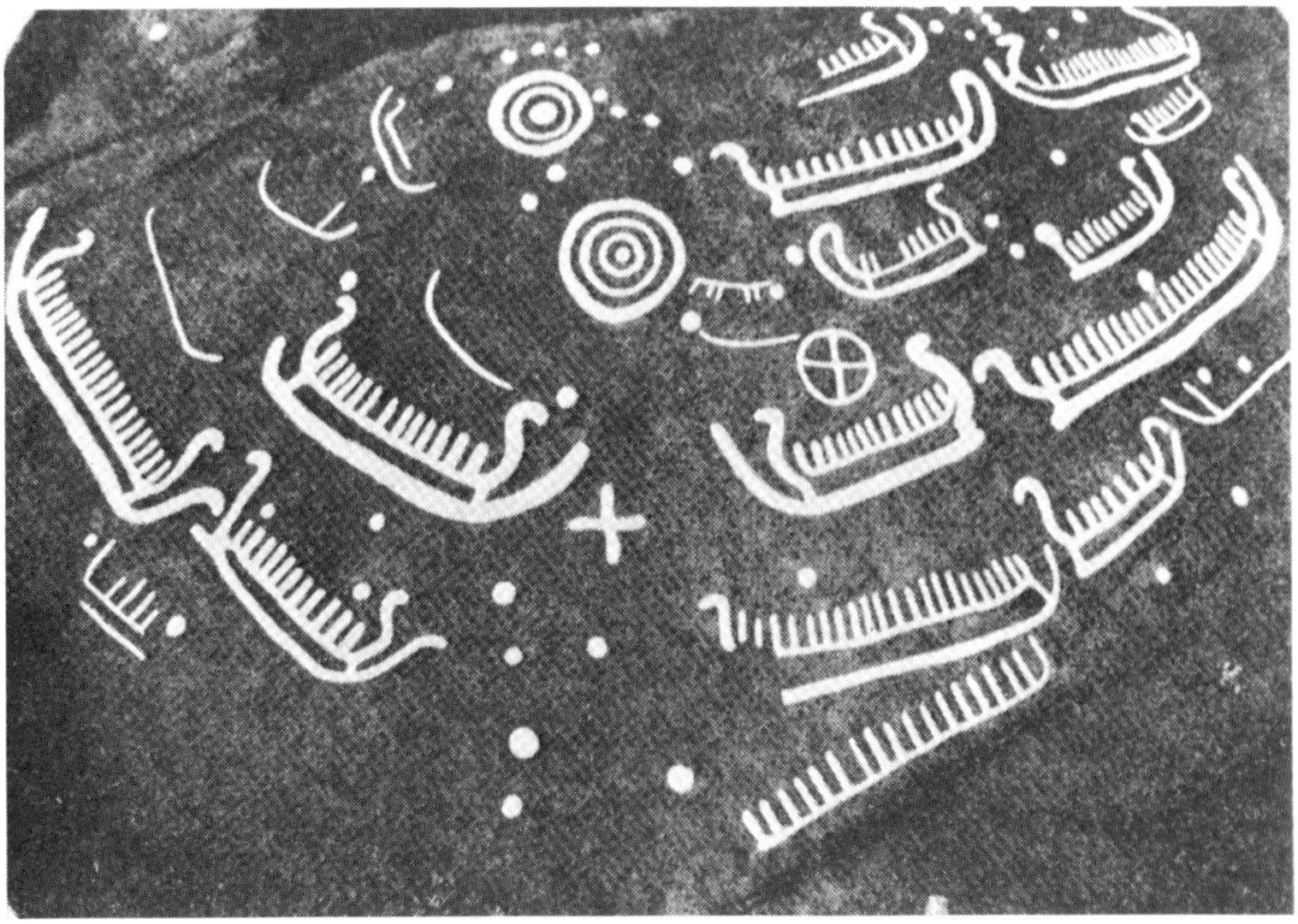

先史時代の船を描いた岩壁画

人・ノルウェー人・スウェーデン人の祖先の動きであるが、フィンランド人については、およそ紀元一世紀ころから数百年をかけて、バルト海南岸から現在のフィンランド領の南部へと移住したものと考えられている。

## ヴィーキングの活動

九世紀から一一世紀初めにかけてノルド系の北欧人は海外進出に転じ、ヴィーキング(ヴァイキング)にのりだした。彼らは北欧の郷土では普通の農民だったのであるが、いかなる要因に駆られて、およそ二世紀間というもの熱病のような海外進出にのりだしたのであろうか。実はこれに対しては決定的な答えはみいだされていないというべきであろう。北欧の人口過剰、ノルド人の冒険欲、尚武の気風、南への憧れ、文明世界との交易の欲求などが指摘されているが、これらの説は、それぞれの側面からヴィーキング活動をとらえたものであり、実際はこうした諸要因が互いに助長しあいながら、ノルド人の海外進出にはずみをつけていったのであろう。

普通ヴィーキングの活動は、西方に向かったノルウェー人・デンマーク人の活動、バルト海から東方に発展したスウェーデン人の活動に分けて叙述されるが、国家はまだ形成途上にあったし、お互いに別の国民という意識はもちろん乏しかった。ノルウェー人とデンマーク人の活動は、とくに混合していて識別できない場合が多い。ただ、おおざっぱなグループ分けでみてゆくと、それぞれの活動の特徴が浮かび上がってき、ヴィーキングの活動がけっして一様でなかったことが知られるのである。主として、ノルウェーの地からでていったヴィーキングは、ヘブリディーズ諸島を手に入れ、アイルランドにダブリン市を建設し、イングランドの北西部にはいりこんだ。また大西洋を渡ってフェロー諸島に移住し、アイスランドに定着した。フェロー諸島への移住者はノルウェー西部とのむすびつきに依存せざるをえなかったが、アイスランドは独立した存在となった。アイスランドの人口は二万に達し、行政組織が必要になると、人びとは、その大部分の父祖の地であるノルウェーの制度を調べたうえで、島の全自由民が参加するアルシングという議会を設け、その初回の会合を九三〇年に開いた。アイスランドは、北欧最古の共和国として知られている。

ところで、殺人を重ねた罪でノルウェーの地を追われ、アイスランドからも追われた〝赤毛のエーリック〟なる人物は、九八五年ころに二四隻の船を率いてグリーンランド島に到着した。人口は三〇〇〇人ほどになり、アイスランドおよびノルウェーと通商でむすばれた。赤毛のエーリックの息子のレイフは、一〇〇〇年ころ、西半球のラブラドルと思われる「マルクランド」に航海し、さらに南下して葡萄ともろこしが野生する「ヴィンランド」を発見し、移住しようとしたが、現地の住民の抵抗にあい失敗している。

スウェーデン人のバルト海を通じる外界との接触も、すでに七世紀ころ交易の目的で行なわれていた形跡があるが、利益の拡大を求めて軍事的要因の強いヴァイキング活動に転じたものと思われ、黒海を越えたビザンティン帝国襲撃、カスピ海によるイラン北東部への侵入が、八六〇年以来、ギリシア人やイスラム教徒の記録に語られて

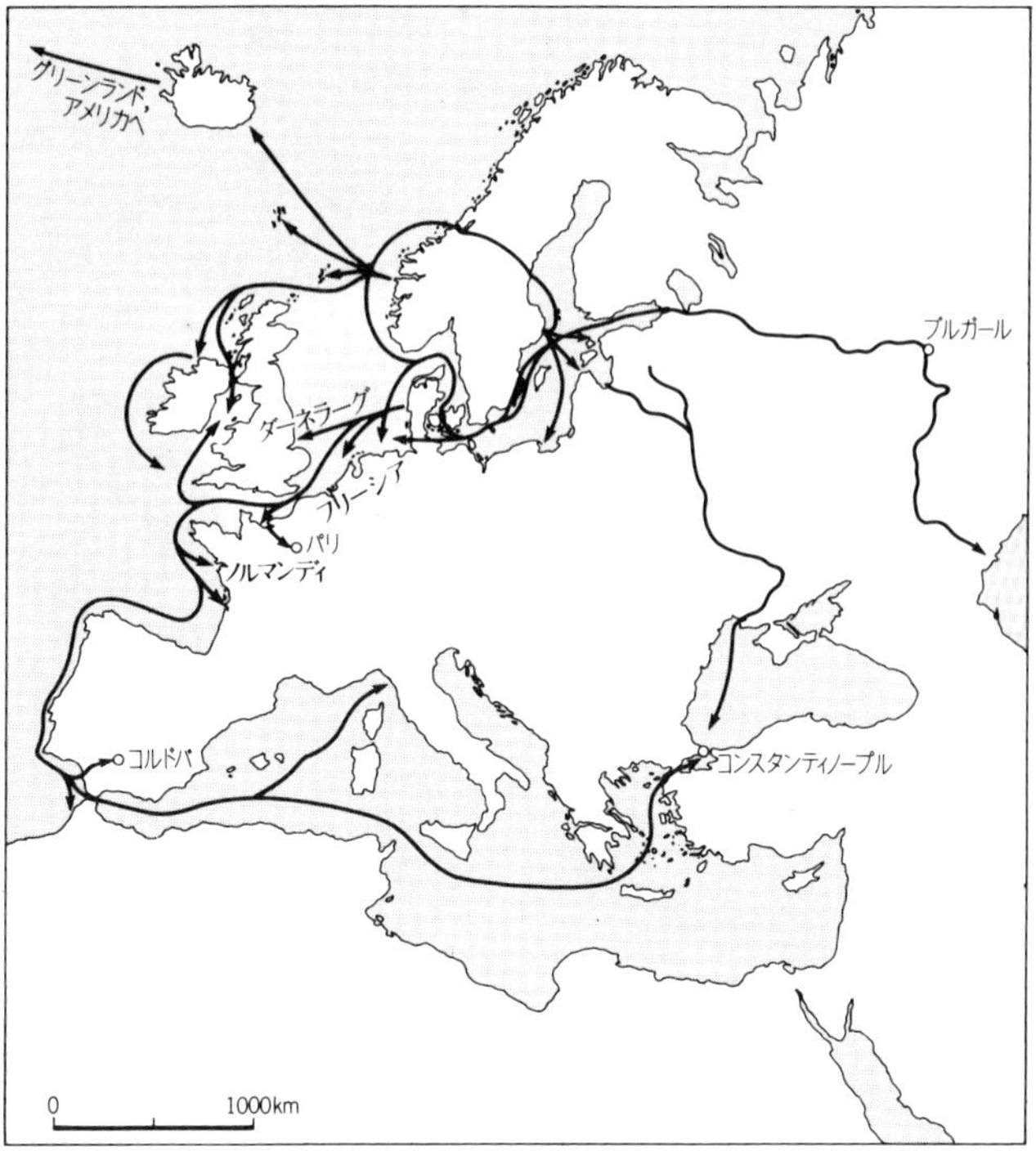


ヴィーキングの活躍

いる。スウェーデン人のヴィーキングはビザンティン帝国との交易から大きな利益をえたばかりでなく、キーエフでは、東アジアと中部ヨーロッパをむすぶキャラバン隊とも接触したはずである。

デンマーク人のヴィーキング活動はフランク王国の勢力伸長による南からの脅威に対する防衛的反応という動機をもっており、またノルウェー人やスウェーデン人よりも、はるかに組織的であった点が特徴的である。すなわち、七七〇年ころシャルルマーニュがサクソニア人の征服にとりかかると、デンマーク人の側では緊張を高め、ゴヅフレヅ王の時代には、ユトランド半島南部にのちのダーネヴィアケの前身というべき土塁を築いたし、つぎのへミング王の時代に、フランク王国と和平をむすんで、アイダー川をデンマークの南境界線と定めた。しかしシャルルマーニュの死後帝国が分裂し弱まると、デンマーク人の逆攻撃のチャンスが到来した。彼らは八四五年にハンブルクを襲撃したのをはじめ、ネーデルラント地方を征服し、フランス北部にはいってセーヌ川をのぼりパリにいたった。八六五年には、およそ一〇〇〇名の大部隊がイングランド東部に上陸し、のちにダーネローとよばれるようになった地域一帯を占領した。さらに彼らはノルウェー人のヴィーキングに加わって南に下り、地中海からモロッコを襲うなど、イスラム勢力と戦うことさえしている。

ヴィーキング時代の船形の墓

## ノルド人の社会

ヴィーキング時代の北欧人の思想や生活は、今日エッダやサガのなかに姿をとどめている。北欧神話の世界は戦う英雄たちの物語を特徴とするが、それはそのまま当時のノルド人たちの世界観の反映であった。戦いに倒れたヴィーキングの戦士たちはあの世でも戦いをつづけ、夜はヴァルハルの饗宴に招かれると信じられていた。ヴィーキング時代のノルド人の社会は、主として王・ヤール(貴族)・自由民・奴隷からなっていた。自由民はすなわち農民であって、農地の規模、所有奴隷の数などの労働力によって階層差があった。自由民は、各地域のティング(集会)に出席することになっており、また民会の代表者は、地方的なラーグティングを構成した。ラーグティングは、法律を制定し、土地などをめぐる争いをおさめる地方自治組織であった。ヤールは本来は地方的な指導者とか族長の意味であって、遠征の指揮者をつとめた。王はそうした地方的な指導者のうちから抗争や選出を通じて生まれたものであって、支配下の人民の福祉をつかさどり、しばしば神秘的な力をもつと信じられた。奴隷の使用はヴィーキング時代になって盛んになったようであり、征服や売買によりいくらでも入手することができた。ヨーロッパ一帯に奴隷市場が開かれており、またヨェタ河口の島には北欧全体の奴隷市場が存在した。

ところで、ノルド人の社会はヴィーキングによる外界との交流を通じて、しだいに変貌しつつあった。奴隷労働の使用とあいまち、ヴィーキング船の建造技術を応用した鉄製鋤の使用、ダーネローなどの外地から学んだ農法の改良などによって、農業生産力が増し、耕地が拡大した。また海外との交流によって商業活動が盛んになり、ヘゼビュやビルカといった町も誕生している。

こうしたなかで、デンマーク・ノルウェー・スウェーデンといった北欧諸国の原型もようやく姿をあらわしてきた。これらの国家形成がヴィーキング時代の外部勢力との戦いや北欧内部の抗争によって助長されたことはたしかである。とりわけ、南方からの脅威に直接さらされていたデンマーク人は、国家形成の点で他に先んじていた。九世紀末に族長間の抗争がつづいたすえ、ゴーム老王、ハーラル青歯王、スヴェン叉鬚《さしゅ》王という諡をもった強力な王がつづき(イェリング王朝)、デンマークは領土を拡大した。スヴェンの息子クヌードは、イギリス・デンマーク・ノルウェーの王となって一〇二八年に北海にまたがる帝国を築いた。もっとも、この一大王国もクヌードの死後はたちまち分裂してしまった。

以上みたように北欧史のうえにはなばなしい事蹟を残したヴァイキングの活躍も、一一世紀の前半になると急速に幕を閉じることになる。これにもいろいろな理由が考えられよう。ヨーロッパの主要な通商ルートからバルト海がはずれてしまったこと、神聖ローマ帝国という強大な政治ブロックがヨーロッパ大陸に出現したこと、北欧において人口増加にもかかわらず土地の余裕がでてきたこと、三王国がしだいに形をなしてきて、勝手なヴァイキング行為ができなくなったこと、などがそれである。

## 北欧三王国の確立

クヌード大王の北海帝国が崩壊して以後の三世紀間に、デンマーク・ノルウェー・スウェーデンの三王国は、あるいは内紛に悩み、あるいは相互に抗争を重ねながらも、それぞれに国家としての存在を確立していった。またこうした過程とからみあい、これを助長したのがキリスト教とその教会であった。ヴァイキングの移住地で北欧人の心をまずとらえたキリスト教は、その後北欧の地そのものに広まっていった。北欧へのキリスト教のはいり方はさまざまな回路を通じて行なわれた。王が改宗して国内にいわば上からもちこむ、というやり方のほかに、族長やティングが伝道師によって改宗させられ、それぞれがその社会全体に及ぶという場合も多かった。ところで、君主の権力を肯定している当時のカトリック教会は、いったん国内にうけいれられると、王権の基盤固めに貢献した。キリスト教は、大司教が主宰す

**12世紀以来の様式の木造教会**（ノルウェー）

る王の戴冠式の慣習をもちこみ、王権の継承者に威厳をそえたし、またローマ教会の側では王国を勢力拡大のための機構にしようとして、王権を支持したのであった。教会勢力はそれぞれの王国で大きな影響力をもつにいたり、司教は貴族同様の特権を享受していた。

この時期の北欧三王国の歴史を振り返ると、近現代で問題になる事柄の先触れともいえるものが、すでにそこに姿をあらわしていることが注目される。デンマークについていえば、南部国境をめぐる攻防が王国の大きな課題になっていた。クヌード大王の死後、彼の息子たちが交代で統治するうち国内が乱れ、一時は内戦状態になって国はドイツ人の皇帝や騎士たちの干渉下におかれたが、勝ち残ったヴァルデマー一世が秩序を再建し、ヨーロッパ大陸方面からの侵入に備えて、スレースヴィに煉瓦づくりの要塞ダーネヴィアケを築いた。

彼の息子クヌード六世の代に政治の実権を握ったアブサロンは、のちのコペンハーゲンを交易市として発達させたり、デンマークを封臣国にしようとする神聖ローマ皇帝に抵抗したが、クヌード六世を継いだヴァルデマー二世勝利王は、南部国境を守ることからさらに攻勢に転じて北ドイツの多くの部分を占領し、またバルト海を渡ってエストニアをデンマーク領とした。〝デンマークの町〟を意味する港市タリンはこのとき建設された。ヴァルデマー二世は、このはなばなしい外征のほか、国内法規の統一もはかっている。ただ、王は謀略で捕われの身となり、デンマークの南境ももとどおりダーネヴィアケにもどった。同王のあと、王権は弱まり、一二八二年には年に一回貴族の会合を招集するよう王に義務づけた憲章がつくられている。一四世紀の初めには王の勢力はなお衰え、貴族が国内によびこんだホルシュタインのゲルハルト伯がデンマークの国政を支配する事態にまでなった。

ノルウェーは、北海帝国の崩壊後、統一と国力を取りもどし、ハーラル三世の治世下にはオスローの原型が生まれ、ベルゲンが乾魚の輸出で北欧最大の都市に成長した。その後一一一〇年にわたり内戦がつづいたが、一二二三年に王位についたハーコン四世は、内戦に終止符をうち、国内行政機構を整える一方、アイスランドとグリーンランドをノルウェー王国の領土に加えたり、交易では古くからのイギリスのほかバルト海南岸のドイツ人諸都市とも関係をもちはじめた。王の息子マグヌス六世法律改修王は、貴族をヨーロッパの制度にならって編成したり、刑法を定めるなど法典編纂のうえで足跡を残した。彼は平和的な性格の持ち主であったが、息子の一人ハーコン五世は強い性格で、絶対的な権力を振い、とくにロシア人の侵入からフィンマルクを守るためヴァルドェに要塞を築くなど国防にも意を用いた。北辺部を東方(ロシア)の脅威から守るという近現代のノルウェー国家のテーマは、すでにここに顔をのぞかせている。

スウェーデンについてみれば、年代記作者が語る列王伝のなかで具体的なことが知られている最初の王はオーラフ=ショエトコヌングであるが、彼の統治した一一世紀は国内がまとまらず、諸勢力間に抗争がつづいていた。その後も、スヴェア、スヴァーカー、エーリックなどの王やその末裔がつぎつぎにあらわれ、抗争するという状態がつづき、デンマークの王や貴族の介入を招きさえした。しかし、そうしたなかでも、王を補佐する上級貴族集団がしだいに形成され、さらに名門貴族のなかから選ばれるヤールの地位が国政のうえで大きな意味をもつようになった。一二五〇年にエーリック=エーリックソンが死去すると、腕利きのヤールであったビルヤーが王の妹と結婚して設けた子ヴァルデマルが王となり、フォルクング朝が開かれた。彼の弟のマグヌス=ラデュロスが即位すると、王権は教会や貴族の支持のもとに確立し、税制が整えられて中央集権的な国家機構が生まれた。その背後には、鉱産物を含むスウェーデンの産品に対するヨーロッパの需要が高まり、王が国内でのドイツ人商人や鉱山業者の活動を奨励して収益をあげたこともあろう。王の死後、弟同士の争いで一時は王国が複数の領封国家に分裂する様相も呈したが、貴族たちには王国を解体する意図はなく、まもなく、マグヌス＝エーリックソンを王に選出して自分たちが実権を握り、国政に習熟した。そして、一三五〇年には、旧来の諸地方法を廃して全国的に通用する一種の憲法を作成した。選挙王制などを定めたこの法は、以後の諸世紀にわたるスウェーデンの国家構造の基礎をすえた。

ところで、以上のスウェーデンの統治者たちが意を用いた事柄に対東方政策があり、それとの関連でフィンランド人が、スウェーデンの統治機構に組みこまれ、キリスト教化と社会の変貌を体験するという事態がおこっている。フィンランド人はノルド人に比べて社会のより大きな単位への組織化が遅れており、北欧の三王国が形成されていったヴィーキング時代にも、まだ各地に諸部族が散在している状態であった。彼らが有していた宗教はやはり多神教であったが、それを反映している『カレヴァラ』の神話は、北欧神話と比べ平和主義的であることで知られている。現在のフィンランド領のバルト海に臨む南部一帯は、ヴィーキング時代には東方への通路となったが、フィンランド人はヴィーキングには加わらず、北方に押しあげられていた。ヴィーキング時代が終わってのち、国家形成のすすんだスウェーデン王国は、ロシアへつながる古いバルト海通商路の確保、キリスト教の布教、東方にあらわれたノヴゴロト共和国との対決、国内の団結といったさまざまな要因につき動かされて、しきりに東征を行なった。エーリック聖王が司教ヘンリー（ヘンリク）とともに一一五五年にフィンランドに遠征した伝説は有名であるが、これは史実を象

フィンランドに遠征するエーリック聖王とヘンリー司教

徴的に表現したものであろう。

一三世紀初めまでには、フィンランド東南部はスウェーデンの政治上・布教上の勢力圏にはいり、オーボ（トゥルク）には司教座が設けられていた。フィンランドの古くからの村落はキリスト教会の教区になり、フィンランド人農民はスウェーデンの権力者に毛皮や穀物を貢納した。もっとも、こうした過程はけっして平穏にすすんだのではない。フィンランド人は簡単には従わなかったし、スウェーデン勢が引き揚げればたちまち寝返ったりした。とくにスウェーデン軍の遠征が東の方へ伸びるとノヴゴロト軍と対決することになり、フィンランドは東西両キリスト教世界の相剋の場と化した。結局、フィンランド人を味方につけたスウェーデン王国は、一三二三年、ロシア（ノヴゴロト共和国）とのあいだにノェテボリ（パヒキナサーリ）条約をむすんでカレリア地方を二分する国境を定め、絶えざる東方との戦争に一応の終止符を打ったのである。

## カルマル連合の成立

一四世紀の末に北欧三国は共通の君主のもとに国家連合を形成した。これをカルマル連合とよぶ。その版図は、一人の君主によって治められる領土としては、当時のヨーロッパではポーランド＝リトアニア連合につぐ広さをもっていた。このような国家連合が成立した背景にはなにがあったのであろうか。一つには、広い観点から考えると、一三八五年にリトアニア大公国がポーランドと連合国家を形成したのをはじめとして、ブルゴーニュが領地を拡大し、またモスクワ公国が勢力を増大する、というように、一四世紀後半のヨーロッパ一帯でみられたより大きな政治単位形成の傾向をカルマル連合も反映していた、ということができるであろう。しかし、いま一つの要因は、ハンザ同盟の影響力の拡大深化とこれに対する北ヨーロッパの土着的諸利益の反撥という、いっそう直接的な原因に求められる。

一四世紀から一五世紀にかけてのヨーロッパは、天候不良や黒死病の流行によって経済の停滞に見舞われたが、北ヨーロッパ諸国もその例外ではなかった。黒死病は一三四九年にベルゲン港からノルウェーに運びこまれ、たちまち北ヨーロッパ一帯に猛威をふるい、すでに停滞していた農業生産は、労働力激減によって衰退に向かいはじめた。こうしたなかで逆に活動を広げ、勢力を強めていったのが北ドイツ諸都市であった。一二世紀のドイツ人による東方植民の一環として建設されたこれら諸都市は、バルト海をめぐる貿易を支配し、スカンディナヴィアから木材・鉄・銅・魚などを買い付け、ヨーロッパ大陸の穀物を供給するといった中継貿易の役割をはたしていた。リューベックを盟主としてハンザ同盟が本格的な成立をみたのは一三五〇年であるが、それはたんなる貿易商のギルドではなく、陸海軍をもった国家なみの勢力に成長した。ハンザ同盟はベルゲンに商館をおき、ストックホルム・カルマル・マルモェなどに通商特権を獲得して、北欧の貿易をほとんど一手に握った。ハンザ同盟の影響は、さらに貿易ばかりでなく、ドイツ人の商人・職人・騎士などの移住や、土地の取得というかたちでもあらわれた。こうしたことが北欧に利益をもたらしたことは事実である。ドイツ人は北欧に必要な商品を持ちこみ、また知識・技術を伝達した。しかし、反面、北欧は、対外貿易のみか国内の商業や手工業までハンザ商人に支配され、各地にドイツ人の特権社会ができてゆく不安にさらされていたのである。そうした傾向は、経済の弱体なノルウェーでとくに著しかった。また、スウェーデンでも、一三六四年に、メクレンブルク領主の息子であるアルブレヒトがスウェーデンの一部貴族によって国王にかつぎだされている。

ところが、このようなハンザ勢の進出に対して有力な挑戦者が北欧のなかからあらわれた。デンマークの女王マルグレーテがそれである。彼女の父ヴァルデマー四世アタダーは、衰弱のきわみに達していたデンマーク王国の再興をめざしてスウェーデンやハンザ同盟と戦い、業なかばにして一三七五年世を去ったが、ノルウェー王ハーコン六世に嫁して未亡人となっていたマルグレーテは、五歳になる息子をデンマーク・ノルウェー同君連合の王に立てた。しかし、息子のハーコンが若くしてこれまた死去すると、政治的野心をもつマルグレーテはすばやく行動し、両王国の貴族から主権者としての承認を取り付けたうえ、ドイツ人王アルブレヒトの統治に不満なスウェーデン貴族の支持に立脚して、アルブレヒトに戦いを挑み、これを簡単に破って王を幽閉してしまった。そのうえでマルグレーテは、一三九七年の三位一体の祝日に、デンマーク国境に近いスウェーデンの町カルマルに北欧三国の貴族を集め、姉の孫であるポメラニアのエーリックを共通の君主として認めさせた。こうして、北欧史上著名なカルマル連合が成立したのである。カルマル連合については、憲章のような内容の文書がデンマークの史料館に残っている。これは、三王国が共通の君主エーリック七世のもとに過去のことは忘れて政治的軍事的同盟をむすぶ、ただし三国はそれぞれに法と行政組織をもつ、という現代のわれわれにとっても興味深い文言をしたものであるが、文書の体裁からして正式の憲章ではなく、草案にすぎないというのが専門研究者の一致した意見である。史料の欠落からカルマル連合成立の具体的経緯についてはなにもわかっていない。

**連合の解体**　エーリックは幼少であったので、マルグレーテが実際の統治を行なった。彼女について詳しいことはわからないが、政治的手腕に富み、巧みに権力の維持をはかったことは事実である。ところが、マルグレーテの死後ようやく実権を握ったエーリック王は、財政難から高税を課し、またバルト海にデンマークの独占的支配を確立する狙いでハンザ同盟と戦って逆に封鎖され、国内の不評をかった。とりわけ、鉱山業者や職人たちは、ハンザ商人を失ったことで苦境に陥り、一四三四年、デンマーク人の代官などが取り立てる高税に憤激して蜂起した。ダーラナ出身の小鉱山主エンゲルブレクトが率いる一揆にはたちまち町の人びとが合流し、異邦人聖職者に不満な司教が味方し、はては国務院の貴族までが加わって大規模な反乱にふくれあがった。「エーリック聖王の古きよき時代――税が課されなかったという伝説が信じられていた――に帰れ」という民衆の素朴な願望に支えられたこの反乱は、王を追いつめた。反乱側では、貴族も諸身分もいっしょに会議を開かざるをえなくなっていたが、貴族たちは、農民ら民衆と密着したエンゲルブレクトの存在がしだいに邪魔になり、一四三六年、将軍カール＝クヌーツソンや大貴族は、人を使ってイェルマレン湖でエンゲルブレクトを暗殺した。反乱側の最高指導者となったクヌーツソンは、土地代官をスウェーデン人のなかから選ぶという約束を取り付けて王と妥協する一方、反乱をつづける農民を一掃した。

一方、エーリックの絶対的権力はデンマークの貴族も嫌うところであり、彼らは一四三九年にエーリックを廃位し、その甥のクリストファを王に立てたが、まもなく彼が世継ぎもないまま死去したので、スレースヴィとホルシュタインの統治者アドルフの甥でオルデンブルク家のクリスチャンを国王にした。これが、以後四世紀間つづくことになるデンマークのオーレンボー朝のはじまりである。なお、アドルフ伯が死ぬと、スレースヴィおよびホルシュタインの貴族たちは、一四六〇年リーベ協約をむすび、両領のむすびつきを解かないという条件でオーレンボー家を彼らの主権者と定めた。両地方における大土地所有者としての特権を守るためであった。

ところで、こうしたデンマーク王に対して、スウェーデン大貴族の一部は勢いに乗じカール＝クヌーツソンを自国の君主に立て、どちらかが死んだならば他方が両方の王になるという了解を取り付けた。ところがカールの方がさきに死んだので、クリスチャンがスウェーデン王を名のると、カールの甥のステン＝ステューレが摂政の地位を要求して反乱をおこし、スウェーデンにおける地位を固めた。デンマーク王クリスチャン二世は、この機会にカルマル連合の再建を決意し、スウェーデン国内の反ステューレ派にも助けられつつ、一五一九年スウェーデンを征服し、国王になった。王は、自己の支配を貫徹するためステン＝ステューレ派八二名を〝異端〟の罪状で処刑した（ストックホルムの血浴）。これでスウェーデン側の反抗の動きは根だやしにされたかに思われたが、

クヌーツソン像

「血浴」の犠牲者の息子であるグスタヴ＝ヴァーサがダーラナ地方の民衆蜂起を組織して立ち上がった。おりからデンマーク国内でもスウェーデン遠征の出費から生じた不満を背景に貴族が、クリスチャン二世を廃してフレデリック（フレゼリック）一世を王位につけるという事件がおこっており、この機に一五二三年、スウェーデンの身分制議会はグスタヴを国王に擁立し、デンマークの新王もこれを認めた。

スウェーデンの離脱はカルマル連合の事実上の解体を意味したが、ノルウェーは、連合内にとどまったのみならず、いよいよデンマークへの従属を深めていった。いったいノルウェーは、北欧三国中でも人口がもっとも少なかったためもあって一五世紀の黒死病の流行による被害は甚大であり、貴族層は没落していた。こうした状況はカルマル連合内におけるノルウェーの地位にただちに反映し、とりわけオーレンボー朝がはじまるとデンマークとの連合は恒久的なものとされてしまった。こうしたノルウェーにおいても、エンゲルブレクトの反乱と呼応して、デンマーク人代官に対する蜂起が一部で発生したが、エーリックに隠然たる支持を与えるオランダ艦隊がノルウェーを封鎖したことによって挫折した。ここで、カルマル連合がフィンランドにとってもった意味についても、考えておこう。スウェーデン王国がフィンランドの地を併合してゆく過程において、フィンランド人の族長たちはスウェーデン貴族と部分的に融合しながら、現地の小地主あるいは土地代官となった。そして、フィンランドは、スウェーデンにとり、東の辺境の砦とし

# 山川出版社

## 新刊のご案内

## 2000／5

表示価格はすべて本体価格(税別)です
ご購入時に別途消費税が加算されます

〒101-0047　東京都千代田区内神田1-13-13
☎03(3293)8131　Fax03(3292)6469

## シリーズ　国際交流　［既刊6冊］

変わる世界を見つめ、「常識」の裏側から新時代の国際関係を考える。

四六判　200〜280頁　1800円〜1900円

### 1 「鎖国」を見直す

江戸時代は本当に「鎖国」だったのか？　東アジアにおける当時の国際関係を軸に、見直しが進む鎖国の実像に迫る。

永積洋子 編

### 2 日本人と多文化主義

日本に民族問題は存在しないのか？　アイヌ民族や在日外国人を事例として、新時代の日本と日本人のあり方を考える。

石井米雄
山内昌之 編

### 3 東アジア世界の地域ネットワーク

多様なネットワークで外部世界との結びつきを強めてきた東アジア。その国際体系のダイナミズムと構造を解き明かす。

濱下武志 編

### 4 アジアのアイデンティティー

宗教も言葉も生活も異なるアジアの中で、日本人はいかにアジアの一員であり続けるのか。アジアと日本の未来の関係を問う。

石井米雄 編

### 5 翻訳と日本文化

中国や欧米から翻訳という形で新しい文化を学んできた日本。旺盛な知識欲が生んだ日本人の翻訳文化を考える。

芳賀　徹 編

### 6 漢字の潮流

中国で生まれアジアに広がった漢字は、各国でさまざまな変遷を遂げた。コンピューター時代の今、漢字文化の行方を探る。

戸川芳郎 編

## 西洋世界の歴史

時代とともに中心を移し、地域をひろげ、性格も変えてきた西洋世界。その歴史を古代から二十世紀末まで、最新の研究水準に基づいて描く、オーソドクスで高品位な通史。

452頁　3200円

## 歴史学と現代社会

［パリの歴史家たちとの対話］

渡辺節夫　編

フランス歴史学界で活躍する四人の中世史家の協力を得て、史料と歴史研究の関わり、文書館・研究者養成のシステムなど、学問と教育のあり方を考える歴史学概論。

288頁　2500円

## 学問への旅　ヨーロッパ中世

木村尚三郎　編

国王と貴族、知識人と民衆。中世ヨーロッパ世界を形作った諸階層の人々に光をあて、中世世界の多様な姿を描く学術的エッセイ。

296頁　2700円

## 岐路に立つ歴史家たち

［20世紀ロシアの歴史学とその周辺］

土肥恒之　著

厳しい抑圧の時代を生き抜いたロシアの歴史家たちをとおして、二十世紀の歴史学の軌跡を明らかにする。

240頁　2700円

## 日本史人物辞典

日本史広辞典編集委員会　編

『日本史広辞典』の姉妹編。神々の時代から昭和・平成までの人物辞典。実在の人物のほか、神話や伝承上の人物なども取り上げ、また、日本と関係の深い外国人も収録。

1024頁　上製箱入　4700円

て、またストックホルムの重要な食糧供給地としての意味をもったのである。カルマル連合が成立すると、デンマーク国王は、フィンランドの統治を二分し、トゥルクを中心とした西の部分を直接おさえ、ヴィープリを中心とした東の部分は、人を派遣して治めさせる方針をとったため、かえってフィンランドが相対的に独立した地位を享受する面もでてきた。しかし、ステン＝ステューレが摂政になると、彼はデンマーク人トット父子からフィンランドの統治を取り上げ、同地からの税収に立脚してストックホルムに権力を築いた。

カルマル連合は、しばしば、北欧三王国が合体した北欧史上の重要な事象として回顧される。そのことは事実であるが、注目すべきことは、カルマル連合の記憶はけっして後世の北欧人を相互協力や統合にかりたてる働きをしなかったことである。一九世紀のスカンディナヴィア統一の動きや、第二次世界大戦後の北欧協力にさいして、ノルウェー人がみせたためらいは、君主の権力追求の手段としてつくられたカルマル連合が、むしろあのような統合をしてはならない、という警告的な教訓となったことを、如実に物語っている。

### 北欧の封建制

北欧は中世の時代にも封建制を体験せず、農民は歴史を通じて自由であった、という俗説がかつて流布していたことがある。結論からいえば、これは誤った認識であって広い意味での封建制は北欧にも存在した、というべきであろう。たしかに、国王の権力が衰えて封建領主が割拠し、農民がことごとく農奴として彼らに生殺与奪の権を握られるといった、われわれが封建制の典型として学んできたような情景は、少なくともスレースヴィ以北の北欧の歴史にはみることができない。しかし、北欧には、それなりの特色をもった封建制社会が成立していたといえよう。

その特色の一つとは、ヨーロッパ大陸の封建領主にあたる貴族の、王に対する力が弱かったことである。北欧でも国王は貴族に封を与え、その地方の税取立てや秩序維持をまかせたが、その封は一時的であるかせいぜい終身的なものであって、けっして世襲ではなかったし、受封者が領主裁判権をもつようなこともなかった。現象的にみても、ヴィーキング後貴族の勢力は伸びてくるが、それはけっして王権の衰退をともなわなかった。これは封建社会についてのわれわれの常識に照らせばはなはだ奇異なことであるが、フィンランドの社会経済史研究者ユティッカラは、これを北欧における国家形成の立遅れという観点から説明している。それによると、「ヨーロッパ大陸の封臣制度の永続性と国家解体の傾向の背後には、結局のところフランク王国の強大な権力と影響力があった」(トゥンベリ)という評言も示しているように、封建領主による権力分散は、いったん全国土に対する支配を確立した王が、領土を封臣に分け与えて成立するものであるが、北欧では、ヴィーキング時代から姿をあらわしてきた国家は、名ばかりのもので、とうてい統一国家といえる代物ではなかった。北欧のキリスト教化とともに、王はものものしく戴冠の儀式を行なったが、実際には地方の自治組織(ティング)がはびこっていて、領土はないも同然であった。

そこで王から受封する貴族は、自分たちの権力拡大をはかる道は、国王の弱体化どころか、むしろ国王の国家統一努力を助けることだ、と考えていたのである。もっとも、ユティッカラがあげている理由は、それだけではない。ヨーロッパ大陸の封建制のイデオロギーとしてのローマ法がようやく北欧諸国の社会生活のなかにはいってきたのは、非常に遅れて一七世紀のことにすぎない。ところが、そのときにはすでに、ヨーロッパは新しい、中央集権に向かおうとする時代をむかえており、北欧においても、地方分権的に独立した領主などというものを肯定する余地はなかったのであった。

それでは、以上のような封建時代の北欧社会における農民の実態はどのようなものであったろうか。ヴィーキング時代後の北欧の農民には、自作農民と、自作農からの脱落者や解放奴隷からなる隷属農民があったと考えられるが、後者について考えれば、ヨーロッパ大陸の農奴に比して自由であったと思われる。彼らは、領主に人格的に従属せず、移動は自由で、ある程度の法的権利もあり、王の軍隊の一員として武器携行の自由もあった。ただし、以上はあくまで一般論であって、農民の状態が地方によって異なっていたことはもちろんである。たとえば、フィンランドでは、北欧では例外的に、自作農の数が圧倒的に多かった。これは、中世のころのフィンランドの開墾地の規模がデンマークやスウェーデンの小規模な農地よりもまだ小さく、農民たちは毛皮獣の狩猟や漁撈によって生計を補っている有様であり、土地を小作にだす余地はなかったからだといわれる。これと対照的に、デンマークのシェラン島などでは、隷農の相続を義務づけるヴォアネヅスカップという、ヨーロッパ大陸の農奴制に近い慣行が、一三―一四世紀に成立している。

# 2 近代の初頭に

## バルト海をめぐる抗争

一五世紀から一六世紀にかけて、近代ヨーロッパが成立し、かつその膨脹によって世界史がはじまると、バルト海をめぐる情勢は一変した。バルト貿易に対するハンザ諸都市の独占的支配はすでに一五世紀にゆらぎだしていたが、一六世紀の第二・四半期になると、南米産の銀の流入に由来してヨーロッパの商取引きは活気づき、その結果、ロシアや北欧はオランダ人・イギリス人の商人によって西方の巨大な市場にむすびつけられていった。こうして、ロシアや北欧は先進資本主義的西欧のヒンターラント(後背地)となり、バルト海に対する内外の関心はにわかに高まった。このような新しい国際的条件のなかで、スウェーデン・デンマーク両国は、中央集権的体制を形成するとともに、バルト海支配をめざして、相互に、あるいは北欧外の諸国と抗争するにいたった。

スウェーデンのグスタヴ一世は、即位してから二年後に発生したダーラナ地方の反乱を容赦なく弾圧する一方で、上からの宗教改革によって教会の財産を没収したり、国内の銅・鉄産業を奨励したりして、王室の富を蓄えた。デンマークでは、フレデリック一世の死後、元国王クリスチャン二世の復位を要求して、クリストファ伯が都市住民や北部ユトランドなどの農民に依拠した反乱、通称伯爵戦争をおこした。これには旧・新教の対立がからんでいたが、新国王クリスチャン三世は、二年がかりで反乱を鎮圧するとともに、これもルター主義を採用することでカトリック教会領を没収した。クリスチャン三世は、その二三年間の統治のあいだ、国内戦争からの復興と中央集権的権力の拡大に努めた。王は、ドイツ人顧問を採用して、外交およびスレースヴィ・ホルシュタイン両領の統治にあたらせた。農産物の輸出が伸び、王や貴族はうるおったが、反乱に加担した自営農民は土地を奪われてしまった。

スウェーデンとデンマークにおけるこうした中央集権化の動きは、それぞれフィンランドとノルウェーの地位に影響を及ぼした。とりわけノルウェーの場合は自治の喪失につながった。中央集権化の一環としての宗教改革は、ルター派のほとんどいなかったノルウェーにとって外からの強制を意味し、これに抵抗したニダロスのカトリック大司教オーラフ＝エンゲルブレクツソンはノルウェーの独立を守る立場に立ったことになるが、国務院にはノルウェー出身者は二名しかおらず、国内のおもな城塞はデンマーク人が握っている有様で、一五三七年亡命せざるをえなかった。その後、ノルウェー独自の国務院は廃止され、ノルウェーは、「二重王国」という呼称こそ捨てられなかったが、デンマークの国務院によって統治される一地方にすぎなくなった。これに対し、スウェーデンの中央集権化は、さほどの変化をフィンランドにもたらさなかったようであり、宗教改革にしても、聖アグリコラによるフィンランド語教本の作成にみられるように、のちの民族文化開花につながる意味をもったことで評価されてきた。

以上のようにして態勢を整えたデンマークとスウェーデンは、バルト海の通商ルートの支配をめぐって抗争する潜在的要因をもっていたが、クリスチャン三世とグスタヴ一世があいついで世を去ると、若い後継者たちはにわかに野心をあらわにした。デンマークの新国王フレデリック二世はカルマル連合の復活を公然と期待する紋章を掲げ、スウェーデン王エーリック一四世もまた、国家理性にもとづく権力闘争の信奉者であった。バルト海南岸ではドイツ人諸都市への新教の進出にともなって生じた軍事的崩壊に乗じてイヴァン四世下のロシアとポーランドが東西から膨脹しつつあり、北方二国は残された中間部分への進出を狙った。ところが、エーリック一四世が、デンマークの出端をくじいてエストニアを押え、さらにリヴォニアにはいろうとしたとき、弟の一人でフィンランド公のヨーハンがポーランドの王女と結婚してロシアを刺激するという事態が出来《しゅったい》した。エーリック一四世はヨーハンを投獄してこれを切り抜けたが、この内紛に乗じてフレデリック二世は、ポーランドを抱きこみ、スウェーデンに宣戦布告した。この戦争は、陸・海で戦われたが勝負がつかず、そのうちエーリックが精神に異常をきたしてヨーハンが王位につくといった事件も和平の動きにつながり、一五七〇年、シュテッティンの講和条約がむすばれた。このいわゆる「北方七年戦争」は、引分けに終わっただけに無駄な流血という印象が為政者には強く、講和条約には向後の紛争の調停に関する条項も含められたが、戦争中に両国軍が働いた蛮行や戦術的な破壊行為はお互いのあいだに宿命的な憎悪の記憶をうえつけたのである。

講和後、デンマークは平穏な時期をむかえた。ズンドの通行税は、いよいよ盛んになるバルト貿易から富をもたらした。海峡を守るクローンボーの城塞が建設されたのもこのころである。これに対し、スウェーデンは内憂外患に直面した。新国王ヨーハン三世は、即位するとさっそく、ポーランドとむすんで二五年間にわたる対ロシア戦争をはじめ、戦場となったフィンランドに〝長い怒りの時代〟をもたらした。それればかりではない。一五九二年にヨーハンが死ぬと、カトリックの信仰をもち、一五八七年にポーランド王ジグムント三世となったシーギスムンドが、即位のためスウェーデンにやってくることになり、反宗教改革を恐れるルター派貴族は緊張を高めた。しかし、旧王エーリックの末弟カール大公の働きかけで、ウプサラの司教会議はアウグスブルク信条を採択し、その結果、シーギスムンド三世の戴冠は名ばかりのものとなった。ただ、フィンランドの貴族たちはシーギスムンドを支持し、例によって独立的傾向を示していたが、カールは彼らに対する農民蜂起を煽動したのみか、一五九八年にシーギスムンドがフィンランド貴族の呼応のもとにカルマルに上陸すると、これを簡単に敗走させ、かつ、反逆貴族を処刑した(リンチョ

クリスチャン4世

ーピングの血浴)。こうして中央権力に対する反抗を抹殺したうえで、彼は一六〇四年、カール九世として即位し、新教国としてのスウェーデンの立場は確立したのである。

ところでこれより先一六〇〇年に、カールはシーギスムンドを追ってバルト海を渡り、内部分裂に悩むロシアの皇帝候補をポーランドと競うにいたった。だが、一六一〇年にスウェーデン軍司令官ドゥ＝ラ＝ガルディがモスクワに入城したころ、デンマーク王クリスチャン四世がスウェーデンを背後から衝くという事態が生じた。

## 「バルト帝国」への道

こうしてスウェーデンは東西から挟撃される立場に立たされたが、ここで国王に即位したのがグスタヴ二世アドルフであった。政戦両略にたけている彼は、デンマーク・ポーランドとの和平によって戦争を対ロシア一本にしぼったうえ

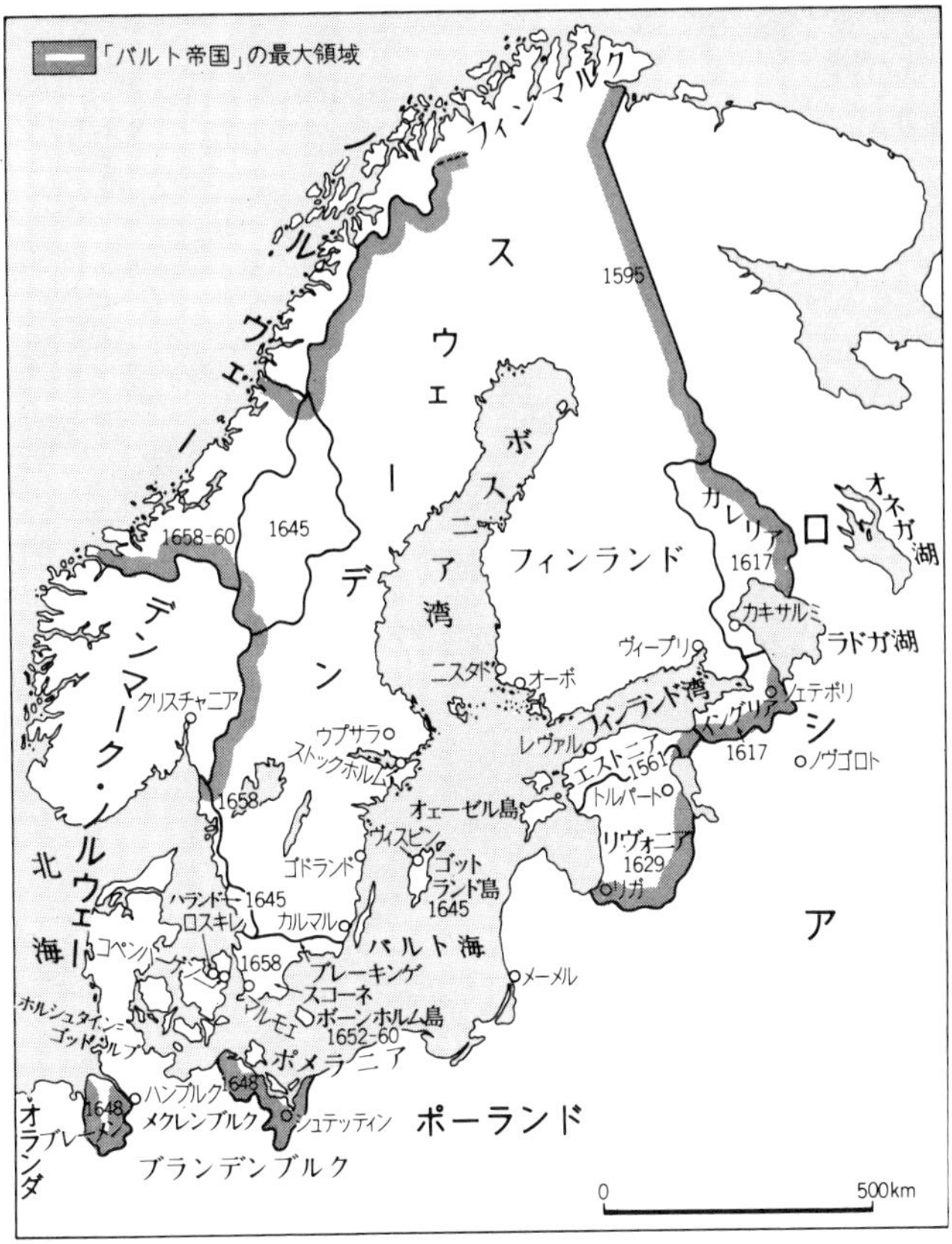

スウェーデンの「バルト帝国」

でこれとも一六一七年にストルボヴァ条約をむすび、ミハイル＝ロマノフのもとに立ち直りつつあるロシアからラドガ湖沿岸とイングリア地方を獲得した。このようにして背後の安全を固めたうえでグスタヴ二世は、ジグムント三世下のポーランドを徹底的に攻めたて、一六二九年のアルトマルク条約でリヴォニアを手にいれた。王がつぎに迫られた決断は、一六一八年にはじまっている三十年戦争に対していかに対応するかであったが、その以前にデンマーク王クリスチャン四世が行動をおこした。クリスチャン四世は、外国から職人を招いて絹や織物の独占会社を設立したりノルウェーの鉱山開発に努めて国富の増大に余念がなかったが、対外的には北ドイツに膨張することを欲しており、三十年戦争は好機と映ったのであった。しかし、デンマークの国務院の了解は取り付けられず、あてにしていたイギリス・オランダの援助保証もないまま進撃した王の軍は、押し返され、ユトランド半島まで旧教軍に占領された。リューベックの講和条約で旧領土は保持できたものの、ドイツ問題への不介入を誓約させられる有様であった。

こうしたなかで、一六三〇年五月末、グスタヴ二世の軍はストックホルムを発ち、バルト海南岸へ向かった。スウェーデン軍は、オーデル川からエルベ川へとすすみ、一六三一年九月初めにライプツィヒの近郊で無敵を誇るティリーの軍を打ち破った。翌年、グスタヴ二世はふたたび攻撃にで、ウィーンに迫ったが、ライプツィヒ西南のリュッツェンでヴァレンシュタインの軍と会戦したさい、軍隊としては勝ったものの、王自身は戦死した。こうした王の事績は、ややもすればロマンティックに回顧されやすい。たしかに、グスタヴ二世は、ヨーロッパの新教徒にとっては旧約聖書の予言する〝北方の獅子〟の出現として映ったのであり、またスウェーデン軍は、勇敢であるうえ、少なくとも最初のうちは比較的規律が正しかったといわれる。しかし、「ハッカペリテ」という鬨《かちどき》をあげて突進した兵士たちは、実はフィンランドの出身だったのであり、この王国の東辺の地は、利害関係の薄い大陸での栄光の戦いのために壮丁を提供し、しかも還元されるところはなかった。フィンランド人歴史家がグスタヴ二世アドルフを見る目は厳しい、と同国の

グスタヴ2世アドルフ（左）とオクセンシェーナ

歴史概説書（ユティッカラーピリネン）は述べている。

　ところで、デンマーク王クリスチャン四世は、敗北による財政難と国内の不満に悩んだあげく、ズンドの通行税を急激に引き上げたり、ドイツ問題でスウェーデンの成功を牽制するなどの動きにでていた。ここに敵意をみてとったスウェーデン宰相オクセンシェーナは、ヨーロッパ大陸の軍を北上させてデンマークを衝き、大敗させた。スウェーデンの過度の強大化を恐れるフランスとオランダが介入したためもあり、ブロェムセブルーの講和条約ではスウェーデンの要求はかなりおさえられたが、それでもデンマークはゴットランド島とオェーゼル島を割譲し、またズンドの通行税からスウェーデンをはずすなど、バルト海に対する支配を失った。その四年後、一六四八年には、三十年戦争の終幕としてのヴェストファーレン条約がむすばれ、スウェーデンは西部ポメラニアとブレーメンおよびヴェルデンの司教区を新たにえて、通称「バルト帝国」となった。

三十年戦争後、スウェーデンの国威はあがったが、その一端はグスタヴ二世の娘クリスティーナ女王の文化愛好にもうかがわれる。女王はスウェーデンに〝北方のアテネ〟をつくろうとしてデカルトなどの文人を招いたし、ウプサラ大学が自然科学の面で発展し、またトゥルクに大学(オーボ＝アカデミー)が設けられたのもこの時代である。ただ、女王は、一六五四年、君主の座をいとこのカール一〇世に譲り、高価な美術品のコレクションをスウェーデンから運びだしてローマで後半生を送った。

カール一〇世は、即位の翌年、スウェーデンのいっそうの膨脹をめざしてまたもや戦争に突入している。彼は、ホルシュタイン＝ゴットルプ公の娘と結婚してデンマークを牽制したうえで、まずポーランドを攻め、スウェーデン王位を請求する可能性のある国王を追放した。ついで、スウェーデンの勢力拡大を列強が危惧する空気を利用してデンマーク王フレデリック三世が、前回の敗戦の挽回を企図して対スウェーデン戦にのりだした。しかし、カール一〇世はポーランド作戦を切りあげてデンマーク攻撃に転じ、ユトランド半島を占領したばかりかシェラン島を奇襲したので、デンマーク側は戦意喪失のはてに屈服し、ロスキレ条約がむすばれた。デンマークは大幅に領土を削られたうえ、スウェーデンに敵意をもつ外国船に対し海峡を閉鎖する約束までさせられた。しかし、カール一〇世は、これからの大陸諸国との対決にあたって背後の安全を確保するためには、デンマーク王国を完全に無力化することが必要だと考え、一六五八年、無警告でデンマークを攻撃した。存亡の危機に瀕したデンマークでは、〃根城で死ぬ〃ことを決意したフレデリック三世のまわりにコペンハーゲンの市民が結集して戦い、またフランスの支持をえたイギリス・オランダが圧力を加えた結果、一六六〇年五月、コペンハーゲン条約がむすばれてデンマークは危地を脱した。デンマークはボーンホルム島、中部ノルウェーを回復し、海峡に関する約定は取り消すことができたものの、スコーネは失われ、スカンディナヴィア半島には領土をもたなくなった。

### 絶対君主制の成立

デンマークにせよ、スウェーデンにせよ、戦争がそれぞれの意味で不首尾に終わったことは貴族勢力の衰退につながり、国王が絶対主義的体制をつくりあげる契機となった。とくに厳しい戦争の試練をうけたデンマークでは、逃げ足の早かった貴族の勢威は落ちた。王はこの機会に非特権身分を味方につけ、民兵を動員して貴族を首都に拘束するなどの手段に訴え、継承王制を確立した。ついで王のドイツ人顧問や王妃は、当時のヨーロッパ大陸の風潮にならい王に絶対的な権限を与えることとし、これも諸身分代表の支持のもとに実現した。こうした絶対君主制の確立とともに、貴族の国務院に代わるより近代的な王政補佐機関が樹立され、また中央・地方行政の再編が行なわれていった。こうして王は、市民層が王を助けて王国を守った成果をわが手にかりとったことになるが、ただ注目すべきは、デンマークの絶対王制は王権神授説などによるものではなく、むしろ諸身分から授権されたかたちをとっていることであろう。

ところで、この新体制のもとでは、社会諸階層にいろいろな変動がおこっている。国王は、旧貴族を見限り、ホルシュタインや諸外国の有能な人物を新貴族に任命し、支配層のドイツ色はいっそう深まった。市民層は、土地に関して貴族に並ぶ権利を与えられ、公債のために売りにだされた王領地の購入を通じて社会的地位を強化した。国王はまた、財政建直しのためコルベールにならって商工業を保護し、ヴァージン諸島における西インド会社の設立（一六七一年）、東インド会社（一六一六年設立）の再編、グリーンランドの独占漁業、ロシア貿易などに力を入れた。

スウェーデンでもまた、デンマークほど徹底してではないにせよ、国務院貴族は、下級貴族や非特権身分に支持された王に軍事的失敗を追求された。一六八〇年の議会で王の権限は強化され、王は政体書（憲法）によっても拘束されず、神に対してのみ責任を負うことが定められた。その後一〇年間に、国務院と国会に対する国王の地位は固められていった。一六八二年には旧国務院のメンバーに対して失政の責任から罰金が科せられ、ドゥ＝ラ＝ガルディなどはたった一つの領地以外の全財産を失うという厳罰に処せられた。同時に、より広い範囲の大貴族が、一六八〇年にはじまった王室への還元命令で、土地を失った。王室は、かつて戦費調達などと引換えに貴族に譲渡した農地の三分の二をとりもどし、一七世紀末には国家の負債は解消した。こうした土地の還元措置によって、農民は、ヨーロッパ大陸の大土地所有制の観念がスウェーデンにはいりこむ不安から解放された。ただし、スウェーデンの場合は、こうした諸措置によっても貴族の特権的地位はさして変わらなかったし、かりに打撃をうけたにしても、公職に参加していることで経済的損失を埋めあわせることができた。また貴族層全体としては、庶民のあいだからとりたてられた王の行政官僚が新貴族になることで補強されたともいえる。さて、スウェーデンにおいても、国王は重商主義をとり、商工業者を育て、またアメリカの大西洋岸やアフリカの黄金海岸に植民地活動を広げるのをたすけた。そのほか、カール一一世は、グスタヴ二世のもとで試みられた「インデルニング制」(一種の屯田兵制)を拡大し、各州一二〇〇名の割合で、農耕に従事しながら訓練をうける兵士の部隊を維持させた。

## 経済・社会の変貌

一六―一七世紀における北欧諸国の政治・軍事動向の底には、いうまでもなく、経済・社会面の変貌があった。そうした変貌は、基本的には、北欧が西欧を中心とする資本主義的経済圏にとりこまれてゆくことによって生じたものである。

スウェーデンの強国化を支えた要因としては、地下資源に対する海外需要の増大に注目すべきであろう。一六世紀には、スウェーデンの銅の対外売上げ高は年間三〇〇〇トンにふえ、これが戦費の有力な調達源となったが、さらにフランスから新しい熔鉱炉が伝えられて良質の鉄をとりだすことができるようになると、鉄がたちまち輸出の花形になった。こうして一七世紀には、スウェーデン王国の輸出の八、九割は、鉄・銅、それにフィンランドで産出するタールで占められていた。デンマークは、西欧への穀物輸出で主役を演じていたが、デンマークが支配しているノルウェーは、オランダをはじめとする西欧の建材需要が増大するなかで、国内で豊富にえられる水資源を利用した水力鋸の導入によってめざましい輸出の伸びを示したほか、タラやニシンの輸出でも特色をもっていた。デンマークはまた、商船隊を発達させ、活発化してきたバルト海諸港とアムステルダムをむすぶ貿易から、ズンドの通行税以外にも利益を引きだしていた。

以上のような海上需要の増大につれ、北欧にもマニュファクチュアや商業活動が発達し、西欧に比べればきわめて貧弱ながら都市が発達し、市民層が育ちつつあった。国王にとっては彼らの儲けは国庫の増収に通じたから、王は彼らにしきりに庇護を与え、両者の提携が一七世紀末の絶対王制の成立に基盤を提供したのである。また、西欧の人口増加にともなう穀物需要の増大は、北欧の農村にも一定のインパクトを与えることになった。これに対する貴族地主の対応は、農民に対する経済外的な強制を強めて、生産力をあげることであった。こうして、北欧の農民は、近代世界のなかに位置づけられるとともに、中世には保持していた相対的自由をも狭められていった。そうした傾向がもっともはなはだしかったのは、デンマークであって、自作農民は激減する一方、すでに土地にしばられていた農民は、ときとして裁判権をもつ貴族の支配下に、労働の半分を賦役にあてさせられた。スウェーデンでも、ある程度同様の傾向がうかがわれたが、農民の半数は自作農にとどまり、賦役も限られた規模と範囲で課せられていた。

## 大北方戦争

一七世紀末のスウェーデンは、同国の歴史のうえではかつてない版図を獲得し、外見上は隆盛を誇っていたが、その実体ははなはだ危いものになりつつあった。まず、その「バルト帝国」であるが、海を真中に抱えこんでいる点で統治上に大きな難点をもっていた。しかも、人口の少ないスウェーデンにこれだけの広大な領域の支配を貫徹させる能力は本来疑わしかった、というべきであろう。現に、バルト海南岸のエストラントやリヴォニアの「バルト貴族」(ドイツ人領主)たちは、スウェーデン領に編入されるにさいし強い抵抗を示したので、王国側では、これを「バルト地方」として現地貴族の自治と特権維持を認めざるをえなかった。したがって、バルト海南岸地方では、スウェーデン本国とは異なった、東方植民ドイツ人の末裔による農奴制がエストニア人やラトヴィア人農民の犠牲において維持されたのである。これらドイツ人貴族は、外からの誘いがあればいつでもこれと組んでスウェーデンに反旗をひるがえす形勢にあったのである。「バルト帝国」をめぐる国際情勢もけっして有利なものではなくなりつつあった。ライバルのデンマークは、名君主フレデリック四世の統治下に体制を建て直し、のちにヴォアネヅスカップの廃止と民兵制の導入によって軍事力を強めていった。スウェーデンの東方では、ピョートル一世の統治下に、ロシア帝国が強国として勃興しつつあった。しかも、ヨーロッパの列強は、バランス＝オヴ＝パワーの見地から、いまやスウェーデンの膨脹をおさえこんでデンマークの維持をはかるという立場に立っていたのである。

一六九七年、父王カール一一世の死にともないカール一二世が即位したが、その二年後に、デンマーク・ザクセン・ロシアによる北方同盟が成立し、ホルシュタイン公とむすぶスウェーデンとのあいだに対抗図式が成立した。翌一七〇〇年には両陣営のあいだに大北方戦争がはじまり、一八歳のカール一二世は、三六歳で落命するまで、統治期間のほとんどを戦いですごすことになる。カール一二世は、まず、いっきょにシェラン島を衝いてデンマークを屈服させ、ついで軍をリヴォニアに移動させ、ザクセン・ポーランドと戦った。戦闘は長期にわたったが、ポーランドはワルシャワを攻落されてスウェーデンの側に与《くみ》せざるをえなくなった。そこでカール一二世は、いよいよロシアとの対決を求めて兵四万を率いベロルシアにはいり、長征モスクワをめざした。ここまでは彼の遠征は順調であったが、一七〇八—〇九年の冬を現地で越すころから、ポーランド・トルコ軍の応援をえられず、占領地ではゲリラの抵抗に悩まされるという状況になった。しかもカール一二世がポーランドとの戦いにかかわっているあいだに、ロシア皇帝ピョートル一世は、バルト海東南岸に進出をはかり、ペテルブルクを建設して国力をやしなっていた。こうしたなかで、戦いよりも厳冬で兵力を損耗したカール一二世は、士気を高めるためにも勝利をあせらざるをえなくなった。しかし、一七〇九年六月のポルタヴァの会戦における彼の作戦はあまりにも無謀であり、スウェーデン軍は大敗を喫し、カール一二世は戦場を逃れ、トルコのスルタンに庇護を求める有様であった。

このような形勢になると、北方同盟諸国は活気づいた。ポーランドはスウェーデンの推す王位候補者レシュチンスキを追放し、ロシア軍は、一七一〇年、リヴォニア・エストニア・西カレリアを征服した。一七一三年にはデンマークが報復戦争をはじめたし、ロシア軍は優勢な戦いをつづけてフィンランド全土を占領した。一方カール一二世は五年以上もオスマン帝国にとどまりスルタンに参戦を促しつづけたが失敗に終わり、一七一五年ようやく帰国した。王はなおも勢力を挽回しようとしてノルウェー東南部に兵をすすめたが、戦場で飛んできた小銃弾によって倒れた。謀略死の疑いもあるといわれる。王の死後、野心家の夫ヘッセ公フリードリヒをもつ妹のエレオノラが即位して休戦に動きはじめ、一七一九年フレドリック一世となった夫がこれを継承し

**カール12世**

て、一七二〇年デンマークと講和をむすび、さらに一七二一年、ニスタド条約によってロシアと和解して、大北方戦争は終わりをつげた。スウェーデンは、ロシアに、リヴォニア・エストニア・イングリア・ヴィープリ要塞を含む西カレリアを割譲して、「バルト帝国」は崩壊し、列強の座からすべり落ちた。

## 3　一八世紀の北欧

### 北欧二国の政治体制

大北方戦争の終了後から一八七〇年代にいたるあいだ、スウェーデンでは王の権力が弱まって〝自由の時代〟をむかえたのに対し、デンマークは王の絶対的な権力がつづくという対照的な発展がみられる。

大北方戦争におけるスウェーデンの敗北は、国王の権力をゆるがし、一六六〇年代以来おさえこまれていた貴族層が政治面で勢力をもりかえす好機となった。ただ、貴族の復権とはいっても、それはもはや以前の状態の再現ではなかった。下級貴族の主張は無視できないものになっていたし、商工業の発達にともなって非特権身分層も力を蓄えていた。カール一一世、一二世が出生よりも能力を昇進の根拠として重視したことも社会の風潮に影響を及ぼしていた。貴族層は、一七一九年の議会で絶対王権のもとに失った諸権利の回復をはかったが、非特権諸身分の反対で棚上げにされ、一七二三年になってようやく、免税特権、国務院などの高級官職を保証されたものの、過度の利益をともなう領地取得は禁じられた。他方、僧侶や市民身分の土地保有が認められ、王領地農民による土地購入が制度化された。こうしたなかで、一七二〇年に制定された政体書（憲法）は、王の権限をきわめて縮小し、王の意思とかかわりなく三年ごとに国会を召集すること、国会に立法権および開戦の批准権を与えることなどを規定している。

　こうした新制度のもとに、スウェーデンでは、議会を舞台とする政党政治の原型が生まれた。国王の無力化にともない、内閣にあたる国務院の宰相が政治の主導権を握ることになったが、最初政権についたフールンは、対外的には戦争を避けつつ、新興産業の保護に努めた。しかし、平和がつづき経済が立ち直ると、フールンの政策にあきたらず、大北方戦争における失地回復と重商主義の徹底を唱える勢力が生まれ、フールンらを〝ナット＝メッサ〟（臆病者の意）とののしり、自分たちを〝ハッタナ〟（紳士帽のこと）と誇った。「ハット党」は新政体書の規定を活用して、一七三八―三九年の国会で多数の圧力によりフールンを下野させ、政権についた。しかし、ハット党の政権は、一七四一年に対ロシア報復戦争にでて大敗したり、七年戦争に介入して財政を悪化させるなど不首尾を重ねた結果、六〇年代初めには「青年メッサ党」と称される反対党が生まれ、貴族や大企業家の特権の制限を要求し、進歩的な対策を掲げた。〝自由の時代〟はスウェーデンにおける議会制民主主義の先駆を生んだ反面、政治の腐敗がはなはだしかった。こうしたなかで、一七四三年に例によってダーラナ地方の民衆が一揆をおこしてストックホルムに行進したり、一七五六年に王権復活のクーデタが試みられたりしている。

他方、大北方戦争後のデンマークでは、スウェーデンほどの劇的な政治的事件はおこらず、絶対王制がつづいていた。フレデリック四世の時代は文化の興隆で知られており、ホルベアの活躍にみられるようなデンマーク＝ノルウェー文学の開花期が訪れ、また王の古典的な好みを反映したフレーゼンスボー宮殿などの建築が盛んであった。息子のクリスチャン六世はピエティズム（敬虔主義）の強い信奉者であり、娯楽や演劇をきらったので、宮廷のはなやかな空気は一変した。反面、王はクリスチャンスボーの建築など莫大な国費を要する建築には余念がなかった。クリスチャン六世の治世で注目すべきは、即位するとすぐ農民のあいだに不評判な国家民兵制を廃止したことである。もっともこの措置は、小作相続者の減少による土地荒廃を恐れる東部諸島の貴族地主の反対をこうむり、結局一七三三年に「土地緊縛法」による従来よりも重荷な民兵制を施行することで終わった。さらに王の息子のフレデリック五世が即位すると、宮廷は陽気さをとりもどし、ふたたび文化・芸術活動が奨励されたが、王は政治問題には関心をもたず、モルトケ、J＝H＝E＝ベアンストーフといったドイツ人系の人材に委ね、官僚政治が成立した。ベアンストーフは外交と経済を担当し、産業保護のための重商主義に力をいれ、モルトケは、フィジオクラットの理論の影響をうけて、農業技術の改良に力をいれた。ときあたかも西欧の人口の著しい増加によって、穀物価格の高騰を招いていた。この状況に対して、小作人の労働義務の増大によって対応しようとする地主もあったが、農民を富ませることが利益につながると考えて、労働地代を金納に変えたり、共同体の解体を考える地主もではじめた。

## 啓蒙主義の時代

北欧諸国の歴史書をみると、デンマークでは一七六〇年代末、スウェーデンでは一七七〇年代初めに、啓蒙専制主義の時代がはじまっている。その成立も実態も一様でないが、啓蒙思想に立脚した体制建直しの必要に迫られた点は共通で、広い観点からすれば、当時の後進ヨーロッパ諸国一般にみられた動きをここにもみいだせるといえよう。

デンマークでは啓蒙専制主義は、いわば早咲きの時期を経過したうえで実現している。早咲きの契機をつくったのは、クリスチャン七世の統治体制の弱体であった。クリスチャン七世は前王フレデリック五世の息子であるが、即位後しだいに奇矯な言動が目立つようになり、まもなく政務がまったく不能な状態となった。ただ新王のもとでもモルトケやベアンストーフは引きつづき統治に携わっていたが、たまたまクリスチャン七世が外国訪問旅行にともなったドイツ人の医師ストルーエンセが国王の信用をえ、彼を中心とする宮廷内勢力が形成された。一七七〇年九月にはストルーエンセはベアンストーフを解任し、デンマーク政治の実権を握るにいたった。彼は啓蒙主義の手放しの信奉者であると同時に、権力への強い欲求をあわせもっており、それらは彼の統

**獄中のストルーエンセをマチルダが男装して訪ねているという趣向の挿絵**

（当時の風刺画）

治に遺憾なく発揮された。ストルーエンセは権力の座にあった一六カ月間に、行政改革、司法権の独立、言論の自由、死刑廃止、非嫡出子の同権など国民生活のあらゆる面にわたる改革の法令を矢つぎ早にだした。しかし彼は、法廷や官庁での公用語にドイツ語を用い、デンマークの伝統を軽蔑し、自分の取巻きだけを相手にし、宮廷の濫費には手をつけなかったり、農民の状態には無関心であるなど独善的な点が多かった。また世論対策を怠っていたことや王妃マチルダとの関係もたたり、ついに太后や貴族の計略によって逮捕され、死刑になった。

そのあとの政治の実権は太后およびその息子フレデリックと組んだグルベアによって握られた。グルベアはストルーエンセが行なった改革はことごとくくつがえし、保守的な貴族や特権商人に利益を与えた。とりわけグルベアの執政の核心になっていたのは、デンマークの非ドイツ化であった。デンマークの支配層へのホルシュタインや諸領邦からのドイツ人の浸透は以前からはなはだしく、メクレンブルク出身のモルトケやベアンストーフもその好例であるが、グルベアはストゥルーエンセの失脚を機に、ドイツ色の一掃をはかり、政府機関・軍隊・大学におけるデンマーク語の使用を命ずるとともに、宮廷に外国人を雇うことを禁じた。

しかし、国王の子フレデリックの周辺には、グルベアの保守政治に批判的な開明分子が集まりつつあった。そのなかにはJ＝H＝E＝ベアンストーフの甥で、グルベアの極端なドイツ文化排斥のゆえに袂を分かったA＝P＝ベアンストーフも含まれていたが、一七八四年四月、フレデリックは父王の摂政となった最初の閣議でグルベア一派を追放した。そして新たに形成された貴族地主の政権がフレデリックの指導下に主要課題として取り組んだのが、土地問題であった。これについては、すでに前項で述べたように一八世紀半ばにむしろ貴族地主の側から改革の動きがでていたが、ストゥルーエンセにつぐグルベアの執政はますます解決を遅らせていた。

一七八六年大土地委員会がつくられると、改革の方法をめぐって激論が闘わされたが、まず、一七八六年と八七年に地主は小作人に対する刑罰を禁じられ、小作人は土地を奪われれば補償をうけられることになった。一七八八年には、「土地緊縛法」を段階的に廃止して世紀末までに全農民を自由にするという法令がだされた。フランス革命前夜にこうした農奴解放の措置が、混乱もなしに採用されたわけであるが、地主の側が状況を先どりしていて農民の側は自分たちの権利

グスタヴ３世

になかなか目覚めないでいるといったところが実状であった。したがって賦役労働がなおもつづいたりしていたが、地主の側で直営地に雇用労働を用いたり、ユトランド半島では土地を小作人に売り払う例もふえてきた。こうして一八二〇年にはデンマークの農民の半数以上が自作農になっていた。また土地の囲い込みもすすみ、農村共同体は崩壊していった。もっとも、こうした過程は、貧困な小農や農業労働者を大量に生みだしてゆくことにもなった。フレデリックのもとでは、このほか、輸入関税の緩和、西インド諸島での奴隷売買禁止、初等義務教育制の実施などの措置がとられている。

一方、スウェーデンでは、一七六五年以来非特権身分を背景にした青年メッサ党と貴族身分によるハット党が、政権を頻繁に交代しつつ対立抗争を深めていたが、そこにグスタヴ三世によるクーデタが行なわれた。グスタヴは当時パリに住んで百科辞典派などの啓蒙思想家と親交があった。一七七一年の父王の死にともないグスタヴ三世となったが、翌年夏、野心家の彼がスウェーデン国王の権力をとりもどす好機が訪れた。国際情勢をみても、スウェーデンの強敵ロシアはトルコと戦い、またポーランド分割にのりだしていた。一方、ポーランドの先例から、現行憲法が列強の内政干渉をさそうことを恐れ、王権の強化のなかに独立の保障をみいだす空気が国内にあった。メッサ党政権に対するJ＝M＝スプレンクトプールテンら貴族のフィンランドにおける反乱を契機として、グスタヴ三世は行動をおこし、王宮の衛兵と非特権民衆を味方につけて、無血のうちに閣僚を逮捕し、ただちに新政体書を国会に承認させた。この一七七二年の政体書は、国務院を王の顧問団程度に格下げし、また王が国会の召集権を握るという具合に、国王の権限をいっきょに拡大したものであった。国会の独立した権限といえば、開戦に国会の同意が必要とされているくらいのことであった。政体書は、クーデタにさいして貴族の助力をえたため、貴族の特権にはあまり手をつけなかったが、その後の執政にあたってもグスタヴ三世は、事実上旧ハット党の支持に依存した。それでも、穀物の国内流通の障害を除き、関税を引き下げ、港市の特権を除き、また新銀貨リクスダラーの採用によるインフレ阻止などの改革措置をとっている。また農民に対し、耕地の区画整理を奨励し、一定条件のもとにおける共同体からの脱退の権利を認めている。しかし、グスタヴ三世の啓蒙専制政治は、デンマークの場合のような目立った改革はもたらさなかった。

## 分離願望の芽ばえ

一八世紀のスウェーデンとデンマークは、フィンランドやノルウェーという、のちに独立することになる異質な部分を抱えこんでいたわけであるが、限られた範囲ではあるが、七〇年代になると両地方には期せずして分離を望む運動ないしは事件がおこっている。

フィンランドの分離運動は、現地の貴族軍人が担い手であり、フィンランドの安全を目的としていた。スウェーデンの辺境地方であるフィンランドは、大北方戦争のおりにも、三〇—四〇万人の住民のうち六万人が外征し、一万人しか帰らなかったうえ、国土は戦場となって荒廃し、占領ロシア軍に対するスウェーデン側のパルチザン戦があだとなって、東ボスニア地方だけで五〇〇〇人が、ロシアに連れ去られるという悲惨事に直面した。一七四一年にスウェーデンがまたもや対ロシア戦争に訴えたとき、ロシア女帝エリザヴェータは、フィンランド大公国を〝自由な国〟としてロシアにうけいれるというよびかけを行なった。この戦争の結果、トゥルク条約でさらに国土を削られ、またハット党政権の手でヘルシンキ沖合いに〝北方のジブラルタル〟をめざしたスヴェアボリ要塞の建設がすすめられるなかで、フィンランド内にはロシアのよびかけに応じようとする動きもでてきた。

とくに、一七八五年に、スウェーデン軍部が対露戦争の場合のフィンランド撤退計画を策定すると、グスタヴ三世のクーデタを支援しながら重用されなかったスプレンクトプールテンが、対露強硬派から一転して、エカチェリーナ二世に対し、自治の尊重を誓約すれば反乱をおこす、と申し入れた。グスタヴ三世がこれを察知してロシアに戦争を仕かけ、かえって撃退されると、ロシアの報復を恐れるフィンランドの士官七名がエカチェリーナに平和的意思をつたえる覚書を送り、さらにアンヤラに集まった士官一一二名が同覚書を支持するアンヤラ盟約をむすんだ。しかし、ロシアへ逃亡することができた少数の者以外は、逮捕され、うち一名は処刑された。

ノルウェーの分離運動は、富裕な商工業者に担われ、ノルウェーの経済発展に対するデンマークの枷を排除することに向けられていた。デンマークにおける絶対君主制の成立は、ノルウェーを制度上いっそう融合する方向に向かったとはいえ、ノルウェーにとり必ずしも不利ではなかった。ノルウェーを押えこむデンマーク貴族の国務院はいまやなくなったからである。しかも、ノルウェーは着実な経済発展をつづけていた。とりわけ海運業は、一九世紀初めまでにデンマーク本国をしのぐものとなっていた。ベルゲンとクリスチャニアはこうした商船隊の根拠地であるとともに、それぞれ魚の輸出市、木材工業の中心として発達しつつあった。農村では、新しい土地の開拓がすすむとともに、小作農の自作農への転化が進行し、自作農が全農民中に占める比率は、一九世紀初めには七五%にも増大していた。

以上のような経済的発展は、ノルウェー人たちに自信をうえつけていった。大北方戦争で二度にわたるスウェーデン軍の来襲を撃退したことも、人心に少なからず影響していた。さらに、輸出がイギリスとオランダに向けられたことは、宗教改革以来のドイツの文化的影響に代わり、西欧諸国の思想文化がノルウェーに浸透する結果を招き、自由主義の雰囲気が知識層のあいだで風靡した。こうしたなかで、デンマーク政府の重商主義的施策の緩和が要求され、自前の銀行をつくる企てがなされたが、さらに東南部の富裕な木材業者や鉄工業者のあいだには、コペンハーゲン市の商業的特権に反撥し、デンマーク王国からの分離そのものを企てる小グループが生まれた。彼らは、ノルウェーが、デンマーク王の支配下にあるよりもスウェーデンと同君連合をむすぶことによってより自由を享受できると考えて、グスタヴ三世と接触したが、王の関心がロシアとの戦争に向いていたため、実をむすばずに終わった。

## 国際関係のなかの北欧

それでは、以上のような一八世紀の北ヨーロッパ諸国の内政発展は、国際関係のなかにおきなおしてみるとき、どのような意味をもっていたであろうか。大北方戦争ののち、デンマークはもとよりスウェーデンも、もはや強国の地位を失っており、ある程度の権力政治を行なうことはできたものの、それは列強がつくりだした枠のなかでのみ可能であった。その具体像をおおざっぱに描けば、ロシアの脅威をいよいよ感じざるをえなくなっているスウェーデンと、ホルシュタイン＝ゴットルプ家の動向に悩まされつづけるデンマークをめぐって、東欧に勢力を張ろうとするロシア、例によってスウェーデンを使ってヨーロッパに支配的地位を保つ一助にしようとするフランス、そのフランスにヨーロッパ・植民地にわたって対決するとともに、北欧二国の鉄・木材を必要とする先進資本主義国イギリスが、あらゆる手段を用いてそれぞれに影響力を築こうとした、といえるであろう。この時代は、いうまでもなく、絶対主義外交の時代であったから、諸国の合従連衡も王位継承権をめぐる複雑な王朝関係を通じて行なわれており、そうしたもつれあった関係を操作して行なわれた外交過程を細かく描写することはいたずらに紙幅をとるので、以下では現代史の背景を描くという観点から必要な特徴だけをぬきだしておくことにしたい。

大北方戦争後のスウェーデンには、おおざっぱにいえば、ロシアに関して二つの外交路線が生まれた。ロシアが列強の座から滑りおちたスウェーデンにとって最大の脅威であり、その対策がスウェーデン外交の主要部分であったことはいうまでもないが、その場合、ロシアに対して和協的政策をとろうというのが一つの外交路線であり、逆に西ヨーロッパの強国、たとえばフランスの支持を後ろ楯にしてロシアに対抗し、あるいは報復戦争を行なうというのがいま一つの外交路線であった。おおまかにいって前者を支持していたのがメッサ党であり、後者を主唱していたのがハット党であるというように、外交路線上の差異がそのまま内政上の対立に貫きとおっていたのである。それゆえ、列強は軍事力や王朝関係の操作ばかりでなく、スウェーデンないしはその国内諸グループに報酬金を払って自己に都合のよい外交路線を実現させようとした。スウェーデンが〝自由の時代〟の名のもとに貴族層を中心とした合議体制で政治を行なっていたことは、こうした働きかけに恰好の場を提供し、議会政治の腐敗を招いていた。

国際関係の大枠からみれば、ハット党による対露報復戦争としての一七四一年のスウェーデン・ロシア戦争は、イギリス・フランスの植民地上の対立を背景としたオーストリア継承戦争にロシアが加わるのを阻止しようとしたフランスがスウェーデンに報酬金をだしたことが、一要因になっている。ところがスウェーデンは大敗し、その結果ロシアは、女帝エリザヴェータの推すホルシュタイン＝ゴットルプ家のアドルフ＝フリードリヒをスウェーデン王位につけさせたばかりでなく、メッサ党を露骨に支持してスウェーデンを同盟国とした。ところがエリザヴェータの内政干渉のやり方が無器用だったため、メッサ党は勢力を失い、フランスやプロイセンをたのむハット党が力をえた。そして、七年戦争を機としてこのハット党政権がフリードリヒ大王のプロイセンの犠牲でポメラニアのスウェーデン領改訂をはかったが、ロシアがプロイセンと手を握ったため失敗し、多大の人命を失い、ただ兵士がポメラニアからじゃがいもをもちかえっただけという結果に終わった。

以上の時期にデンマークは、より平和的な外交の道を歩んでいた。スウェーデンよりもさらに軍事的に弱体になっていたことが、デンマークをしてこうした態度をとらしめたと思われる。また絶対君主制が成立していることが、スウェーデンのように内政的対立が異なった外交路線を生み、それがまた列強に増幅されたかたちで利用される事態を封じたともいえよう。大北方戦争後のデンマークの最大の夢魔は、一七世紀にスウェーデンとむすびがちであったホルシュタイン＝ゴットルプ家が、今度は相手をロシアに代えて、スレースヴィ公爵領の権利を主張してくることであった。しかし、一七二〇年代末になるとロシアはゴットルプ公援助をやめたので、デンマークは親露外交の伝統にもどった。しかも、一七三二年にはロシアから領土不可侵を保障され、〃北の静穏〃（バルト海の現状維持）という理念がデンマークの外交指針になった。

その後デンマークはオーストリア継承戦争にも、七年戦争にも中立を維持することに成功した。後者のさいにはスウェーデンと協力して武装中立につとめたが、その背景には、スウェーデンとむすびロシアとの同盟に裏打ちされた平和的な「北方体制」の実現という、デンマーク外相ベアンストーフの構想があった。七年戦争のさなかにホルシュタイン＝ゴットルプ公のペーターがロシアの帝位にむかえられてピョートル三世となったため事態は別の方向に歩みかけたが、クーデタで夫を廃位にしたエカチェリーナは、一七六七年、スレースヴィ・ホルシュタイン両公爵領に対するゴットルプ家の権利放棄を約束するとともに、ブルボン家のフランスとスペインを牽制するための北方諸国の同盟をデンマークに提案し、スウェーデンにも働きかけた。だが、それには、スウェーデンが外からゆさぶりやすい体制にあることが必要であった。二年後、ロシア・プロイセン・デンマークの三国は、もしスウェーデンが政体書を改訂して王権を強めたら、おそらくはロシアがフィンランドをとるという前提のもとに、他二者でスウェーデンを分割するという協定をむすんだ。バルト海の彼岸ではポーランドがまさに分割されようとしていた。

ところが、グスタヴ三世は、ロシアの対外関係の隙をうまく衝いて(六一ページ参照)、クーデタによる王権の強化に成功し、スウェーデン分割の構想を無に帰せしめた。一方ストーエンセの体制もロシアとデンマークの関係を疎遠にした。両者の関係がようやくもどったところ、アメリカ独立戦争が発生し、北欧諸国はまったく新しい状況に直面した。一七八〇年、デンマークとロシアは、コペンハーゲン大学教授ヒューブナーの学説にもとづく中立国の通商権保護の協定をむすび、これにスウェーデン・オランダ・プロイセンが加入した。ちなみに同協定に盛られた主張はクリミア戦争後のパリ条約で国際的に認められた。デンマークは、オーストリア継承戦争・七年戦争、そしてこのアメリカ独立戦争に中立を維持しつつ交戦国と通商を行なったことによって、大きな利益をうけ、とりわけノルウェーの海運業は飛躍的な発展をとげた。

## *4* ナポレオン戦争と北欧

### フランス革命と北欧

一七八九年にはじまったフランス革命は、ヨーロッパ大陸諸国の場合と同じ意味では、北欧に影響を及ぼすことはなかったといってよい。革命戦争につぐナポレオン戦争の中心舞台から、北欧は地理的にいちおう隔離されていたからである。北欧諸国にも、フランス革命の理念に共鳴する勢力があったし、これをつぶそうとする勢力もあったが、それらの動きは、近代的な強国間の戦争に対する中立小国の悲哀の体験と二重写しになって、この時期の北欧の歴史をいろどっている。

フランスにおける革命勃発の報が北欧に伝わってきたとき、町々の市民のあいだではフランス革命が掲げる自由・平等・友愛の原理を共感をもってむかえた。一方、絶対主義政府の対応は、スウェーデンのグスタヴ三世が国民への影響を恐れる立場から革命干渉の方針、デンマーク外交の実権を握るベアンストーフが不干渉の方針、と対照をなした。しかし、グスタヴ三世が、たまたま暗殺され、グスタヴ四世が即位すると、検閲を行なったり、フランスの出版物の搬入を禁じたりしたものの、あえて革命干渉を企てることはしなかった。デンマークにとってもスウェーデンにとっても、穀物や木材を輸入してくれるイギリスとの貿易が最大の関心事であり、しかも、すでにみたように、中立が経済的利益をもたらすことをたびたびの体験で知っていたからである。

## 中立同盟から相剋へ

革命フランスをめぐる戦争がはじまると、一七九四年、スウェーデンとデンマークは、中立国の権利を守るための同盟をむすんだ。近代の開幕以来覇を競って相剋することしか知らなかった両国は、強国の座を失ってはじめて、この未曽有のヨーロッパ戦争のなかで提携する道を選んだのであった。しかし、まもなく、両国の中立的立場は、交戦強国によって木の葉のようにゆすぶられた。イギリスは当初こそ中立を認めていたが、一七九八年にフランス艦隊を打ち破ってからはフランスと中立国の貿易を妨害するようになり、危険を感じたデンマークがロシア・スウェーデン・プロイセンと武装中立同盟を形成すると艦隊を派遣してコペンハーゲンを攻撃し、同盟からのデンマークの離脱を強いた。その後デンマークは、その体験にかんがみ、コペンハーゲン防衛の要塞を強化するなど中立的地位の保持に余念がなかったが、トラファルガー沖合いでネルソンがフランス＝スペイン連合艦隊に潰滅的打撃を与えると、同国に対する脅威は増大した。一八〇七年にイギリスは、またもや艦隊を派遣して、今度は戦争が終結するまでデンマークの艦隊を〝預ける〟よう要求した。デンマーク側が拒否すると、コペンハーゲンに猛撃を加え、また市の北方に三万のイギリス軍を上陸させた。デンマーク側は屈せざるをえず、イギリス艦隊は、デンマークの艦隊をそっくり曳航し去った。デンマークの皇太子フレデリックは、この事件でナポレオン側への加担を決意した。

これより以前、グスタヴ三世の暗殺後王位についていたグスタヴ四世は、義父であるバーデン大公からナポレオンの領邦君主に対する手荒い扱いを聞くと、閣僚たちの中立維持の進言にもかかわらず、一八〇五年、第三回対仏大同盟に加わって軍をポメラニアにすすめたが、王が軍人として無能なためフランスと休戦せざるをえなかった。しかし、その後、イギリス外相キャニングの補助金と援軍の約束をあてにして休戦協定を破棄し、またもフランス軍に敗北して本国へ逃げ

イギリス艦隊を攻撃するデンマーク砲艇

帰るという有様であった。このためナポレオンは、彼の側に走ったフレデリック皇太子に、大陸封鎖およびスウェーデン攻撃への参加を義務づけ、またもやスウェーデンとデンマークは相討つ立場にもどったのである。

**デンマークとキール条約**

フレデリック六世がフランスの側に立って戦う決意をして以来、デンマークの内外情勢はいちだんと悪化した。デンマークが海外に有していた領土のめぼしいものはイギリスに押えられ、アイスランドやフェロー諸島との連絡は断ち切られてしまった。商船の半数以上はイギリス海軍の手におちた。国内ではインフレがすすみ、税の負担がますます国民の肩にのしかかった。戦争は国内で不人気であったが、フレデリック六世は、ナポレオンが自分のスウェーデン王位要求を支持することに期待をつなぎ、スウェーデン側からの休戦条件の提案もけって一八一三年七月フランスと新たな条約をむすび、デンマーク軍を送ってナポレオンの指揮下に委ねた。ここにおいてナポレオンの旧部下で今はスウェーデンの摂政になっていたベルナドットは、対仏同盟軍を率い、ライプツィヒの会戦でナポレオン軍を破り、北上してホルシュタインを占領した。ここにおいて、フレデリック六世は和をこわざるをえず、一八一四年一月、キールで講和条約がむすばれた。キール条約によって、ノルウェーはデンマークの支配から脱してスウェーデンと同君連合を形成すること、ただしアイスランド・グリーンランド・フェロー諸島といった古くからのノルウェー領はデンマークの手中に残ること、ノルウェー割譲の代償としてデンマークはスウェーデン領ポメラニアを取得すること、スウェーデンはノルウェーの債務を引きつぐことが定められた。これらのうち、ポメラニアは、翌年、ホルシュタインの南境に接するラウエンブルク公爵領とひきかえにプロイセンに譲られ、またノルウェーの債務問題はスウェーデンとの悶着のたねになった。なお、デンマークは別にロシアと講和条約をむすんで旧状の維持を約し、またイギリスにはヘリゴランド諸島を引き渡したが、西インド諸島とインドのデンマーク領は返還された。

## ノルウェーの独立問題

デンマークが中立であるあいだは、ノルウェーの輸出業者や海運業者は大きな利益をあげたが、参戦するとノルウェー国民は破滅的被害をうけることになった。イギリスとの通商が停止して経済ブームが終わりをつげたばかりでなく、北海が戦場化した結果、ノルウェーの穀物需要を一手にまかなっていたデンマーク本国との交通が断ち切られてしまったからである。人びとは樹皮やアイスランド産の地衣類（苔）を混ぜたパンを食べて飢えをしのいだが、一八〇九年には餓死者が三万八〇〇〇名にもなったという。こうした事態にノルウェー救済委員会がつくられ、惨状をフレデリック六世に訴えた結果、ナポレオンから大陸封鎖の一時的緩和をとりつけ、イギリスはノルウェーからの木材輸入とひきかえに、デンマークからノルウェーに向かう穀物運搬船の安全を保証した。しかし、これも一時的なものに終わり、一八一三年には封鎖が復活し、ノルウェー民衆のデンマーク本国に対する不満は高まった。フレデリック六世はノルウェーをデンマークにつなぎとめることに腐心し、皇太子でいとこにあたるクリスチャン＝フレデリックを総督としてノルウェーに送ったが、おりしもキール条約によってデンマーク王はノルウェー王たる資格を失った。

ノルウェーの民心は、自分たちが相談もうけないままスウェーデンに引き渡されたことに対し、怒りに燃えた。クリスチャン＝フレデリックのもとには、国境の要塞をスウェーデン側に引き渡して早々に帰国するようにというフレデリック六世の命令が届いたが、ノルウェー国民を見捨てまいと決意した彼は、かえってスウェーデンとの国境をかたく閉ざしたうえで、民意をさぐるため国内旅行にでかけた。東部にはじまり、トロンヘイムを通ってもどる旅中に彼が接したのは、ノルウェーをかってにスウェーデンに引き渡した国王の行為に対する抗議の声であった。そこでクリスチャン＝フレデリックは、退位したフレデリック六世に代わってノルウェー王位を継承することにし、ノルウェーの名望家たちにこの案を打ち明け、意見を求めた。ところが、ルソーの思想やフランス革命の理念がしみこんでいる彼らは、ノルウェーの王がその昔ティング(集会)で選ばれた故事にならうべきだと主張したので、クリスチャン＝フレデリックもこれをいれ、自分はひとまず臨時摂政になって憲法制定会議を開くことにした。

一八一四年二月二五日、ノルウェー各地の教会で住民たちは祖国の独立のために生命をささげることを誓い、かつ代議員の選挙を行なった。ついで四月一〇日、復活祭の日にクリスチャニア近郊のアイツヴォルで憲法制定会議が開かれた。代議員の顔触れは、一一二名のうち五九名が官吏で、彼らが会議の主導権を握った。残りは農民三七名、実業家一六名などであって、この会議が名望家たちの集りであったことは明らかである。会議で意見が大きく分かれたのは、官吏や農民が主張する即時独立論か、それとも商人が提唱するスウェーデンとの平等連合論か、をめぐってであったが、多数派の前者をとることとなった。いま一つの懸案である憲法については、格別の紛糾もないまま草案を採択したが、その内容は、厳しい三権分立の理念に立ち、昔のティングにちなんでストゥルティングと名づけられた三年任期の一院制議会を定めていた。議会は立法と徴税の権限をもち、国王は拒否権をもっていたとはいえ、権限を著しく制限されていた。五月一七日、摂政は憲法に署名し、ついでクリスチャン＝フレデリックは満場一致でノルウェー国王に選ばれた。

アイツヴォルで憲法制定会議が開かれていたころ、ロシア・オーストリア・プロイセンはデンマークにキール条約の履行を迫っていた。イギリスもこれに不賛成ではなかった。ノルウェー王クリスチャン＝フレデリックは、スウェーデンの摂政カール＝ヨーハンがナポレオンとの戦いにかまけているあいだに時をかせごうとしたが、五月末にはカールは帰国し、ノルウェーの処分にとりかかった。キール条約調印国による代表団派遣が功を奏さないとみると、カールはノルウェーに対する軍事攻勢にでた。万策つきたクリスチャン＝フレデリックは、八月一四日モス条約をむすんで退位し、ノルウェー議会は、カール＝ヨーハンがアイスヴォル憲法の遵守を約したのにかんがみ、スウェーデン王を国王に推戴した。翌一八一五年、スウェーデンとノルウェー両国がそれぞれ独立した平等の資格で同君連合を形成するむねの連合協約が成立した。

## ロシアのフィンランド結合

ロシア皇帝アレクサンドル一世は、スウェーデンがナポレオン側につかなかったので、ティルジット条約に従いフィンランドの占領にとりかかったのであるが、皇帝としては必ずしもこの軍事行動に気のりがしていたわけではなかった。ところが戦争をはじめてみると、ロシア軍は退却戦術をとるスウェーデン軍を追って楽にフィンランドとスウェーデン本土の境界線に到達した。スヴェアボリの要塞を守っていたスウェーデン軍も、ロシア側の威嚇の宣伝が利いて、これも簡単に明け渡してしまった。こうして予想よりやすやすとフィンランド全土を占領してみると、アレクサンドル一世は、フィンランドをこのまま自己の手中に残そうと考えるにいたった。

これには、いろいろな理由があった。このころになるとフランスとロシアの関係が冷却し、アレクサンドル一世としては、フランスとスウェーデンの攻撃に備えて首都ペテルブルクの守りを固めておく必要があり、そのための緩衝地帯としてフィンランドを確保することが大切であった。つぎに、さきの一八世紀末のフィンランド分離企図事件にからんでロシアへ亡命していたフィンランドの貴族G＝M＝スプレンクトプールテンが、アレクサンドル一世に対し、このさいフィンランドに独立の地位を与えることで人心を懐柔することを進言していた。さらに、当時のアレクサンドル一世の智慧袋の一人であったスペランスキーが、ロシア帝国を改革する第一歩として、ロシアの西側辺境地帯に一連の自治国家をつくって、そこで立憲君主制の実験を行なうことをすすめていたのである。そこでアレクサンドル一世は、一八〇九年三月二九日、フィンランド人の身分制議会をロシアに近い町ポルヴォー（ブルゴー）に召集し、みずからその席に臨んでフィンランドに従来からあったキリスト教信仰（ルター主義）と憲法と住民の諸権利を尊重するむねを約束し、これに対し、フィンランド側諸身分はアレクサンドル一世をフィンランド大公としてあおぐことを誓った。

ここでアレクサンドル一世が尊重を約したフィンランドの憲法が、一七七二年のスウェーデンの政体書およびこれを補強した一七八九年の法であることは、見逃してならない点である。これらの法は、まえにみたようにグスタヴ三世がクーデタで絶対主義体制をしいたときに制定したものであり、国会の権利を奪い、内閣を王に依存させ、王の無制限に近い権力を認めた代物である。したがって、アレクサンドル一世がフィンランドの憲法を認めたからといって、それはそのままロシア皇帝が大公国で立憲政治を行なう誓いをなしたということにはならず、むしろ絶対君主として振舞う権利をえたということになるのである。

フィンランドの公式上の国際的地位は、一八〇九年スウェーデンがロシアとむすんだフレドリクスハム（ハミナ）の条約において、スウェーデンがフィンランドを割譲したことによって、定まった。

### 一八〇九年憲法とスウェーデン

ナポレオン戦争のなかで軍事・外交に苦慮するスウェーデンの国内にはグスタヴ四世に対する不満がみなぎるようになり、一八〇九年三月、ノルウェー戦線とストックホルムでクーデタが発生し、王は逮捕されるとともに、王の叔父のカール公爵が摂政団を形成した。臨時政府は、反絶対主義的な勢力に依拠して政権についたいきさつからしても、議会を召集せざるをえなかったが、議会が開かれてみると、諸身分中の急進派は、新憲法の制定を要求し、かつ臨時政府の用意していた草案が強い君主政体を温存しているとして、不満の声をあげた。そこで議会に憲法委員会が設けられ、保守派から〃ジャコバン派〃にいたるまでのさまざまな見解はあったが、草案が一四日間で仕上げられ、その審議もまた

カール14世ヨーハン

大急ぎで行なわれて、六月六日には制定の運びとなった。その内容をみると、国務院が王の行為について議会のまえに責任をもち、王は議会と立法権を分けもつなど王権を制限し、また三権分立の原則に立って言論を含む市民的自由を認める新しさをもってはいたが、他方では身分制議会をそのままにしたように急激な変革を避けていた。

新憲法の制定によって摂政カールはただちにカール一三世となり、クーデタ後の国政の体裁はいちおう整ったが、外交と、子のないカールの世継ぎの問題が残っていた。そしてこの二つの問題は日ごとにからみあってきた。グスタヴ四世の息子は無理やり辞退させられ、デンマーク王子でノルウェー軍総司令官であったクリスチャン＝アウギュスト伯が、スウェーデンとデンマークの講和を機にカール一三世の養子となり、いったんは世継ぎ問題が解決したかに思われたが、その彼もまもなく急死し、また事態は混迷した。しかし、スウェーデン軍の一士官の思いつきからナポレオンの最高の部下の一人である将軍ベルナドットをむかえる話がすすみ、スウェーデン議会は一八一〇年八月に彼を世継ぎと定め、ベルナドットは一〇月にスウェーデンに到着して皇太子となり、カール＝ヨーハンを名のった。

ベルナドットを皇太子にむかえたのは、当時のフランスの勢威からして難局に役立つと期待されたためであるが、高齢のカール一三世に代わって政治の衝にあたった彼は、スウェーデン国内が期待した以上の政治力を発揮した。スウェーデンの指導者たちがロシアに対する報復戦争によってフィンランドを奪回することを望んでいたのに対し、カール＝ヨーハンは、むしろ、フランス的な自然国境の理念に従ってノルウェーをえた方がよいと考え、その実現のためには逆にロシアとむすぶという独自の外交路線を形成していったのである。カール＝ヨーハンは、一八一二年、ひそかに待ちうけていたロシアとフランスの衝突がおきると、アレクサンドル一世とトゥルクで協定をむすび、まずロシア軍の援助をえてデンマークを攻撃し、ノルウェーを手放させ、ついでスウェーデン・ロシアの連合軍を率いてドイツにあるナポレオン軍を攻めるという段取りをとりつけた。一八一三年春には、イギリスとプロイセンもカール＝ヨーハンの対ノルウェー計画を承認するにいたった。このあとの経過についてはこれまでにも触れたので省略するが、ただ、こうしてカール＝ヨーハンが外交と軍事戦略に辣腕をふるっているあいだに、スウェーデン国内では一八〇八―〇九年ころからインフレが高まり、さらに、一八一二―一三年には一般的な経済危機が追打ちをかけ、社会情勢は騒然としてきた。政府が解決策をみつけることができないままに、議会内にはカール＝ヨーハンの執政に対する穏健な批判勢力が生まれたが、カール＝ヨーハンは、

「反政府勢力《オポシション＝セ＝》とは、陰謀のことだ《コンスピラション》」という言辞をもってきめつけ、専横な傾向をあらわにした。

## 5　民族ロマンティシズムの時代

**ナポレオン戦争後の北欧経済**

ナポレオン戦争直後には、北欧のどの国も経済的な不況に直面していた。しかし、北欧諸国の経済は、国際的な条件の好転も幸いして、まもなく困難を切り抜け、一九世紀半ばに向けて新たな発展の様相をみせはじめた。産業革命の先端をゆくイギリスの急激な人口増加と穀物輸入制限の緩和は、三〇年代からデンマークの農産物輸出に明るい希望を与えたし、ノルウェーにおいても、造船業は三〇年代末に新たな繁栄の時代をむかえ、水産業も戦前の海外市場をとりもどした。

こうしたなかで注目すべきことは、いずれの北欧諸国においても、農村共同体の解体が前世紀に引きつづきすすんだことである。デンマークでは、戦後の不況の時代に停滞していた農民による土地の取得が、景気が回復するとふたたび盛んになり、スウェーデンでも土地の囲い込みと耕地の集中の過程が一八二七年には一段落した。その結果、両国とも自作農民がふえ、地歩を確立していった。貴族地主の基盤はいっそう掘りくずされたのである。反面、無産農民もつくりだされていった。平和の訪れ、農村における衛生・栄養状態の改善が人口の急激な増加をもたらしたこともあって、農村には労働力がだぶつきだしたが、彼らを吸収するだけの工業は存在しなかった。北欧諸国には、本格的な産業革命の時代はまだ訪れていなかったからである。デンマークでもスウェーデンでも、彼らは農村にとどまり、零細な小作農あるいは小屋住み農民の生活を甘受しなければならなかった。

### 民族ロマンティシズム

一九世紀前半の中・東欧を風靡した民族ロマンティシズムの思潮は、北欧の知識人をもとらえた。同じ言語を用いている人びとは一つの民族をなしているのであり、民族は国家を形成することができるという民族ロマンティシズムの教義は、民衆(農民)のあいだの伝承や歴史的過去の発掘とむすびついて、中・東欧の諸地域に民族的覚醒と解放運動を生みだしていったが、北欧においても、エッダやサガが研究され再評価されるなかで、諸民族の栄光が歴史の光のなかに照らしだされた。それは同時に、ノルド民族としての一体性があらためて認識される過程であり、北欧人の連帯を謳うスカンディナヴィア主義が生まれる過程であった。

ところで、こうした風潮は、北欧諸国の文学・芸術や学問の分野をおおったが、現実政治との関係の仕方は国によって異なっていた。それはまた、各国が直面している政治的課題の相異にもとづくものであった。

19世紀のデンマークの漁村風景（ミカエル＝アンカー画）

**デンマークのナショナルリベラル**

文学・芸術の世界の民族ロマンティシズムとスカンディナヴィア主義が、いわばストレートに政治運動にあらわれていたのは、公爵領におけるドイツ民族の統合運動によって現実の危険にさらされているデンマークだけであった。デンマークでは、すでに世紀の初めにドイツ帰りのステフェンスがもちこんだロマンティシズムの風潮が知識人をとらえ、北欧の神話・歴史に目を向けた詩人・劇作家オェーレンスレーヤーの文学活動やグルントヴィの多面的な活動などを生みだしていた。しかし、それが政治面に発現してくるのは一八三〇年以後のことである。

この年、フランスの七月革命につづいて生じたドイツ諸邦内の自由主義者の動きに連動して、ホルシュタインの一官吏ローンセンが「シュレスヴィヒ（スレースヴィ）＝ホルシュタイン」のための憲法制定会議を要求する事件がおこった。これは、フレデリック六世が支配する絶対主義的同君連合体制に対する挑戦にほかならなかった。ローンセン自身はただちに罷免されたが、フレデリック六世は時流に押され、デンマーク王国と公爵領にあわせて四つの地方議会をおかざるをえなかった。しかし、これらは諮問機関程度のものにしかすぎなかったため、知識人や学生の不満はかえってつのった。一八三九年にはかつてのノルウェー王クリスチャン＝フレデリックがデンマーク王位についてクリスチャン八世を名のったが、彼には昔日の進歩的な俤はもはやなく、自由主義者の反抗はなおもつづいた。ところが、このころから、従来いっしょにたたかってきたデンマーク系とドイツ系の自由主義者のあいだに、とくにスレースヴィ公爵領のあり方をめぐって、深刻な対立が発生するにいたった。

すでに述べた民族ロマンティシズムの理念に従えば、王朝的な連合国家体制を解体して、デンマーク人・ドイツ人の民族国家をそれぞれに形成することが、絶対君主に対する自由主義者の要求であるはずだが、デンマーク王国と完全なドイツ人居住地であるホルシュタインにはさまれたスレースヴィは、南部のドイツ人居住地域が北・中部のデンマーク人居住地域を浸蝕しつつある複雑な事情の地域であった。デンマーク人の自由主義者（「ナショナルリベラル」）は、南からの脅威に対して古来ダーネヴィアケに拠って守られてきたアイダー川以北のスレースヴィ地方をデンマーク本国と併せて民族国家を形成するのが当然と考えていたのに対し、ドイツ人自由主義者は、「シュレスヴィヒ」がホルシュタイン・ラウエンブルクとともに将来統一ドイツに参加すべきであると考えていたのである。しかも、これらドイツ人自由主義者は、クリスチャン八世に対し公爵領の継承権を主張するホルシュタインの大貴族アウグステンブルク公を後ろ楯としていた。

このようにして、立憲的なデンマーク民族国家の形成をめざすナショナルリベラルは、ドイツ文化のしみこんだ都市を牙城とする絶対君主と、スレースヴィの併合をもくろむドイツ統一運動を二つながら敵にしたわけであるが、都市知識人の集団にすぎない彼らは、味方を内外に求めなければならなかった。その一つは、民族ロマンティシズムの源泉であるべき土着文化の担い手、すなわち農民であった。ところで、デンマークの農民たちは、農村共同体が解体するなかで個人の意識にめざめ、伝統的な教会支配に抗する敬虔主義的な信仰復興運動に率いられたが、さらに四〇年代になると小作地の廃止などを掲げた独自の要求を掲げるにいたっていた。ナショナルリベラルは、「農民の友協会」を結成し、農民たちの綱領を取り入れることによって、自分たちの立憲的要求を農民に支持させた。いま一つの味方として考えられたのはスカンディナヴィア主義の運動である。スカンディナヴィア主義を信奉する北欧の知識人・学生は、しばしば国境を越えた会合を開いて気勢をあげていたが、レーマンらのナショナルリベラルは、そうした会合の席上で、デンマーク民族を脅かしている危険がスカンディナヴィア人すべてに対する脅威であることを説いて、賛同をとりつけたのであった。

### スウェーデン・ノルウェーの情勢

それでは、スウェーデン・ノルウェー両国の情勢は、はたしてそのようなデンマークのナショナルリベラルの期待にこたえうるようなものだったのであろうか。スウェーデンでは、民族ロマンティシズムはとくにゴート主義の運動として発現したが、その担い手にとっての理想像はヴィーキングの英姿であった。しかし、ロシアにフィンランドを奪われ弱小国となったスウェーデンの知識人にとって、ロシア人の町々を支配するヴァリャーグ(スウェーデン人ヴィーキング)たちの姿を描くことは、「詩の世界での復讐」(ムーベリ)にしかすぎなかった。ノルウェーの取得によっていわゆる自然国境を獲得し、デンマークに南側を守られ、ロシアにはフィンランドを与えたばかりのスウェーデンは、直接にはいかなる外敵にも脅かされてはいなかったのであり、そうしたなかで議会に拠る自由主義的な政治家が関心をよせていたのは、国内における立憲政治の確立であった。フランス革命当時の革新思想の片鱗だに失い、権力欲と猜疑心のなかに絶対君主的性格を強めてゆくカール一四世ヨーハンに対して、これらの自由主義者は、議会の権限の拡大と王・政府に対する統制、選挙権拡大を要求していた。国王権力側と自由主義勢力のあいだの衝突は、とくに一八二八―三〇年、一八四〇―四一年の二度にわたってくりひろげられた。前者のさいには、国王の官僚権力は反対派を封じることに成功したが、一八三八年夏になると、ジャーナリストの投獄事件が首都での抗議デモに発展した。一八四〇年に議会が開かれると反国王勢力は強まっており、『アフトンブラデット』紙はしきりに政府攻撃の論陣を張った。議会はたまたま国務院をより近代的な機構に改組する案を承認したが、この機に乗じ反政府勢力はいく人かの大臣を排除することに成功した。

ノルウェーでは、民族ロマンティシズムは前二者より遅れて、一八四〇年代にようやく開花したのであり、それまでは、もっぱらアイツヴォル憲法を守ることが、自主性の主張を意味していた。スウェーデン国王カール一四世ヨーハンは、ナポレオンの部下であった自分の前歴からしても、スウェーデンがウィーン体制を支配する列強の侵略をうけることを恐れざるをえなかったが、彼は、そのためにもノルウェーをスウェーデンと一体化しようとした。そうした一環として、国王が一八二四年に王権強化を狙ってアイツヴォル憲法改正を企てると、ノルウェー国内は騒然となり、学生連盟のよびかけた憲法記念日運動が執拗につづけられ、王の企図は実現しなかった。二〇年代のノルウェーの政治の大きな問題点は農民が議会からまったく閉めだされていることであった。そのため、彼らは、議会を白眼視し、むしろ王の絶対的支配を要求して反乱に訴えていた。ところが、三〇年代になると農民を政治に参加させる動きが強まり、一八三二年の議会選挙で九六議席中四五議席を農民が占めるにいたると、彼らの議会に対する態度も変化してきた。こうしたなかで、同君連合内での地位の平等を要求する声がノルウェー側からあがるようになり、ノルウェーにかかわる外交問題審議へのノルウェー政府閣僚代表の参加や、商船のノルウェー国旗掲揚（一八三八年）が認められた。そして、四〇年代になると、民族ロマンティシズムの風潮がノルウェーの知識人をとらえ、またスカンディナヴィア主義も喧伝されるようになったのであるが、それらの検討はのちにゆずる。

## 一八四八年の革命と第一次スレースヴィ戦争

ヨーロッパ大陸各地をゆるがした一八四八年の革命の波は、スカンディナヴィア半島にも及んでいる。フランスの二月革命の報が伝わると自由主義者の団体がストックホルムで夜会を開いて選挙法改正要求の気勢をあげたり、ノルウェーではトラーネがドランメンにノルウェー最初の労働者協会を設立したりしている。

しかし、北欧諸国のなかで、一八四八年が政治体制の変化の年、さらには戦争に導く年となったのはデンマークだけであった。ナショナルリベラルの見解に理解をみせはじめていたクリスチャン八世がこの年の一月に死去し、息子のフレデリック七世が即位すると、その直後パリで革命が発生した。その影響がドイツに及ぶと、ドイツ系自由主義者は、国王に対し「シュレスヴィヒ＝ホルシュタイン」独自の憲法制定、およびきたるべき統一ドイツへの公爵領の参加を認めるよう要求することとし、コペンハーゲンに代表団を送った。一方、コペンハーゲンでも、ナショナルリベラルが三月二〇日カジノ劇場に二〇〇〇名からなる集会を開いて、「デンマーク＝スレースヴィ」のための憲法とそれを実施できる政府を国王に要求することを決議し、翌日クリスチャンスボー(王宮)に請願デモを行なった。この市民の結集には、ナショナルリベラルが手工業者にも働きかけ、彼らの普通選挙要求をうけいれることで支持をとりつけたことも役立っている。

それまで「ヘールスタット(不可分の国家)」という同君連合の理念に固執することで事態を切り抜けようとしていたフレデリック七世は、請願デモの代表に会見すると簡単に彼らの要求をのみ、ナショナルリベラルが実権を握るモルトケ伯の新政府をつくらせるとともに、みずからは立憲君主であると宣言し、ここにデンマークの絶対王制は崩壊した。新政府は、キールから到着したドイツ系自由主義者の代表団に対し、ホルシュタインには別個の憲法を与えると回答して、彼らの要求をうけいれる意思のないことを明示したが、そのときにはすでに、代表団の本拠キールではアウグステンブルク公の弟ノェールを長とする臨時政府が樹立され、新政府に公然と反旗をひるがえしていた。このようにして、ナショナルリベラルと「シュレスヴィヒ＝ホルシュタイン主義者」の対立は武力による決着がはかられることになったのである。

デンマーク国民のあいだには危機意識に裏打ちされたナショナリズムが燃えあがり、スウェーデンやノルウェーからはスカンディナヴィア人としての連帯意識につき動かされた若者たちがデンマークの義勇軍に加わった。当初優勢なデンマーク軍はノェールの軍を圧迫したが、プロイセン軍とドイツ諸邦からの義勇兵がノェール軍の応援にかけつけると形勢は逆転し、スレースヴィ

**戦うデンマーク兵**（従軍したデンマーク人画家による）

を失い、ユトランド半島北部まで侵入された。デンマーク王の援助要請をうけたスウェーデン国王オスカル一世は、ようやく腰を上げ、議会の了解のもとに介入に踏み切り、六月初め四〇〇〇名のスウェーデン軍をフュン島に上陸させた。おりからロシアもプロイセンに圧力をかけ、結局オスカル一世の仲介でデンマークとプロイセンのあいだには暫時の休戦が成立した。休戦のあいまに、デンマークでは憲法制定会議が召集された。レーマンやモンラヅの作成になる政府提出の憲法草案は、大地主・官僚などの執拗な反対にあったが、一八四九年五月に多数決で採択され、翌月にはフレデリック七世がこれを承認した。このいわゆる六月憲法は、立法権を王と国会が分けもち、また国会は、間接選挙によって選ばれた四〇歳以上の財産家からなる上院（ランスティング）と直接選挙による下院（フォルケティング）からなり、いずれも救貧の対象者を除いた三〇歳以上の男子によって選挙されるべきことを規定していた。また憲法は出版・集会・信仰の自由を認めていた。

憲法が成立する一ヵ月前、戦争はふたたびはじまり、デンマーク軍はいったん退いたが、七月初めには反撃に成功し、そこでまた休戦となった。オスカル一世は今度は援助は拒否したが、外交的解決には努力し、また現状維持を利益とするロシアとイギリスがプロイセンに圧力を加えたことによって、一八五二年にようやくロンドンで正式の講和条約が締結された。これによりいっさいは旧状に復することとなり、フレデリック七世は同君連合の君主の座に立ちかえった。六月憲法はデンマーク王国内に限定され、アイダー綱領の実現に失敗したナショナルリベラルは、影響力を失った。

**クリミア戦争**　一八五三年にロシアとイギリス・フランスの関係が緊張すると、スウェーデンはデンマークと共同して中立の宣言を行なった。そして翌年三月に英・仏とトルコが戦うと(クリミア戦争)、両国は中立の立場を守りぬいた。しかし、このときのスウェーデンの政策は、のちに確立された厳正中立の概念に照らすとあいまいな点が多い。スウェーデンは、ロシアの要請をしりぞけて自国の港を交戦国の軍艦に開放し、事実上イギリス・フランスの側に利益を与えている。そればかりでなく、一八五五年一一月には、自国の領土を保障してもらう「十一月条約」をイギリス・フランスとむすびさえしている。当時フィンマルク地方のスウェーデン・ロシア国境の一部が未確定であり、スウェーデンとしては昔からの脅威であるロシアに対して、自己の安全を確保したかったのである。しかし、オスカル一世の願望はそれだけではなかった。

戦争が英仏側に有利に運べば、英仏側に立って参戦する意図さえもっていた。列強間の戦争のこの好機を利用してフィンランドを奪回すれば、ロシアの脅威を減らすことができるばかりでなく、スウェーデン＝ノルウェー連合を強化し、ドイツ連邦をまえに不安を感じるデンマークをもそこに誘いこむことができるはずであった。しかし、クリミア戦争そのものは、オスカル一世に参戦の機会を与えることなく終わり、パリ条約は、ロシアの手中にあるオーランド諸島の非武装化という結果をもたらしただけであった。

しかし、オスカル一世の王朝的野心はやまなかった。デンマーク王フレデリック七世には世継ぎの子がいなかったことも、ベルナドット王朝の君主のもとに全北欧の同君連合を実現するという彼の夢を持続させるに十分であった。おりからデンマークでは、スレースヴィ戦争後ゆれもどった保守勢力の支配をくつがえし、またもやナショナルリベラルが政権を握った。一八五六年には、全北欧の学生が大集会を開き、スカンディナヴィア主義の気勢をあげた。オスカル一世は、フレデリック七世とともにこれに激励の言葉を送っている。国際情勢をみても、当時のヨーロッパ情勢の主導権を握っているナポレオン三世が、オスカル一世のデンマーク王位継承に好意的なように思われた。そこでオスカル一世は、デンマークのナショナルリベラルとあらかじめ意思を通じたうえで、一八五七年、フレデリック七世に対し、デンマークおよびアイダー川の線にいたるスレースヴィを守るための軍事同盟を提案したが、フレデリックは彼の同君連合の版図全体を防衛対象として要求し、交渉が無期延期となったままに、オスカル一世は重症に伏し、二年後に死んだ。

## スレースヴィ問題の再燃

一八五九年にオスカル一世が死去してカール一五世がスウェーデン王になると、スウェーデンの内外政は著しい変化をこうむった。とりわけ内閣が法相デー＝イェールの指導力によって国王に対し独立した傾向を示し、それがまた王の対外政策を制肘することになったからである。

ところで、「シュレスヴィヒ＝ホルシュタイン問題」をめぐる紛糾は強まる一方であったが、一八六三年になると、国際情勢は、ナショナルリベラルの主張を実行するのに有利に思われた。ポーランドでは帝政ロシアの支配に対するシラフタ（士族）の蜂起がはじまっており、それに関心を奪われたロシア政府がシュレスヴィヒ＝ホルシュタイン主義者の側に立って介入する余裕はなさそうであった。ポーランド人の蜂起に対するロシア政府の苛酷な弾圧はロシア帝国と他のヨーロッパ強国のあいだに亀裂を生じさせてもいた。またプロイセンとオーストリアは、ドイツ統一の主導権をどちらが握るかで対立をつづけていた。さらに、デンマークの皇太子の娘アレクサンドラとイギリスの皇太子（のちのエドワード七世）の結婚は、イギリスに親デンマーク感情をよびおこしていた。こうしたなかで、三月、デンマークのナショナルリベラルに傾斜したハル政府は、ホルシュタインとラウエンブルクに独自の憲法を与えるという「特許状」を公布した。七月、ドイツ連邦議会は、「特許状」を撤回しなければ武力行使すると威嚇したが、ハルは応じなかった。それどころか、ハルは、一八五五年に制定されシュレスヴィヒ＝ホルシュタイン主義者からボイコットされていた同君連合の全体議会に対し、デンマーク＝スレースヴィのための憲法草案を提出した。ハルがこうした行動に踏み切った背後には、とくにイギリスとスウェーデンから援助をえられるという期待があったからであるが、これは楽観にすぎた期待であった。

イギリスについては、パマーストンの下院における発言をハルが援助の提供と誤解したのであるが、スウェーデンの方は、同国自身の問題に発している。当時のスウェーデンにおいては、国内政治の関心はデー＝イェールの提唱する議会改革問題によせられていた。しかし、北欧同君連合の君主の座をあてにしたカール一五世のデンマーク支援の動きは、外相マンデルシュトロェムにより基本的には支援されていた。一八六三年夏スコースボーでフレデリック七世および首相ハルと会見したさい、カール一五世は、自国外相との合意を越えて、ドイツがホルシュタインを攻撃した場合にはスレースヴィを守るため二万のスウェーデン兵を送ると約束してしまったが、マンデルシュトロェムもコペンハーゲン駐在外交使節ハミルトンもとくに異存はなく、八月に同盟のための交渉がはじまり、カールの考えをまとめた条約予備草案が八月末にはまとまっていた。ところが、九月八日に国王が、マンデルシュトロェムとハミルトンのほか蔵相グリペンステット、法相デー＝イェール、それに外交問題の協議ということでノルウェー首相シッベルンを交えた会議を開くと、実力者のグリペンステットはデー＝イェールとシッベルンを味方につけ、イギリス・フランスの協力の約束がえられないかぎり同盟はむすべない、と主張した。これには他の閣僚も賛成し、政府を交代させるというカールの威嚇も効果はなかった。マンデルシュトロェムとハミルトンは、西欧列強の動きをあてにして結論をいたずらにひきのばし、デンマーク側の期待をつなぐ結果となった。

### 第二次スレースヴィ戦争

一八六三年一一月一七日、同君連合の全体議会は、シュレスヴィヒ＝ホルシュタイン主義者の大部分が議場を去っているなかで、デンマーク＝スレースヴィのための憲法草案を採択した。あとは国王による批准を待つばかりであったが、実はフレデリック七世が急死するという事件がおこっていた。王の遠いいとこにあたるクリスチャン九世が新王の位についたものの、彼は、新憲法の理念に反対であり、批准をためらった。

このころになると、国際情勢も年の初めのころほど有利ではなくなっていた。ヨーロッパの政治変動によって国際政治のヘゲモニーを握っていこうとするフランスが、そのための国際会議の提案をイギリスに拒否されたためプロイセンとロシアに働きかけ、一方そのフランスに脅威を感じるオーストリアがプロイセンに接近する、という事態が生まれていたからである。しかも、立場が有利になったプロイセンが参加するドイツ連邦は、「三月特許状」の撤回を求めてホルシュタインに軍を入れる準備を整えつつあった。クリスチャン九世は、デンマークの世論と政府閣僚の圧力によって気がすすまぬままに共通憲法への署名を余儀なくされたが、憲法が発布されてみると、王の悪い予感は的中した。プロイセン・フランス・ロシア・イギリスが、共通憲法はデンマークの国際義務違反であるとそろって非難し、その撤回を要求したのである。また新アウグステンブルク公は、ロンドン条約を公然と無視して、みずからをシュレスヴィヒ＝ホルシュタイン公と名のるにいたった。このころになると、スウェーデン政府はデンマークとの同盟の考えをまったく捨て、マンデルシュトロェムもそのむねデンマーク側に伝えていた。カール一五世は、一二月になって、デンマークを二万二〇〇〇の兵力で援助すると述べたが、これは彼一流の大言壮語にすぎず、内閣によってただちに否定されてしまった。デンマーク首相ハルらはなおも楽観的な見方に固執したが、もはや国王に対する説得力はもたず、退陣せざるをえなかった。代わって新内閣を率いたのはモンラヅであった。彼は強腰のハルと違い、ドイツ連邦を説いて交渉に誘いこめるという自信をもっていたが、プロイセンの宰相ビスマルクは、もはや交渉をする意図はもたなかった。ビスマルクは、ドイツ統一という大業の一階梯として、オーストリアを誘ってデンマークから三公爵領を奪いとることを決心していたからである。デンマーク側は和解を意図して「三月特許状」を撤回する措置をとったが、一八六四年一月一六日にプロイセン・オーストリア両政府は、四八時間の期限つきで「十一月憲法」の撤回を要求する最後通牒をつきつけ、モンラヅがこれを閣議に提出しようとしているうちに、二月一日、アイダー川を越えて軍をすすめた。

**19世紀後半から20世紀初めの南ユトランド地方**

　戦いははじめからプロイセン・オーストリア軍に圧倒的に有利にすすんだ。デンマーク軍の総司令官メザは、敵軍に脇腹を衝かれることを恐れてダーネヴィアケから軍を引き揚げたため解任された。デンマーク政府は諸国に救いを求めたが、スウェーデンは介入すればロシアが攻撃してくると考え、動こうとはしなかった。イギリスはフランスといっしょでなければ行動する気はなかったし、ナポレオン三世は、ただただ情勢がフランスの利用できるようになるまで観望しているのみであった。四月一八日にはデンマーク軍はディッボェルの防衛線を破られてアルス島に退却し、ここでようやくロンドンに列強の会議が開かれ、休戦となった。デンマークが旧来の同君連合にもどることを拒否すると、プロイセンとオーストリアは公爵領全部の切り離しを要求した。イギリスは一八四八年のおりに討議にのぼったことのある、言語境界線にもとづくスレースヴィの分割案を復活させフランスもこれに関心をもったが、具体的にどこに境界線を引くかでまとまらず、六月末には会談が決裂して戦闘が再開された。たちまちアルス島も失ったデンマークの側では、モンラヅが外国の援助を期待してなおも抗戦を主張したが、世論はもはや平和を要求しており、モンラヅは辞職に追いこまれ、保守派による新政府が和をこうた。その結果、三公爵領はことごとく勝者の所有に帰し、デンマークは、ダーネヴィアケはおろか、スレースヴィの大部分を失うにいたった。

プロイセン・オーストリアに対する敗北は、たんにデンマークの敗戦を意味しただけではなかった。北欧全体にわたる政治的スカンディナヴィア主義の敗北を意味したのである。スウェーデンが動かなかったのは、同国を盟主とする北欧連合国家実現の利益と、老朽化した軍隊で不利な国際情勢下に戦う損失が、王の閣僚たちの冷徹な秤にかけられた結果なのであろう。それをさらにつきつめれば、スウェーデンは、あえて賭の行動にでるほどには、民族的存在も、国家的存立も脅かされてはいなかったのである。それでは、ノルウェー・フィンランドの立場はどうであったろうか。

### 連合とノルウェー民族

第二次スレースヴィ戦争ののち、ビョルンソンやイプセンなどのノルウェーの作家たちは、あれほど熱狂的にスカンディナヴィア主義を唱えながら現実にはほとんどデンマークを救うことができなかった自国民のことを自嘲的に皮肉った。また「酒の上《ブンシュ》のスカンディナヴィア主義」という揶揄の言葉も存在する。しかし、当時のノルウェーの地位全体を考えてみるとき、はたして〝熱しやすく醒めやすい〟ノルウェー人気質などといったものだけで、ノルウェーの動向を説明できるのであろうか。

まず指摘すべきことは、ノルウェーは、スカンディナヴィア主義の問題にせよ、スウェーデンとの連合問題にせよ、政治の次元ではきわめて現実的に対応していたことである。スウェーデンとの連合問題におけるノルウェーの立場は、強国の脅威からの安全保障という見地からすればスウェーデンとの結合を強めることが必要であったと同時に、ノルウェー国民の自主的発展という見地からすれば、カルマル連合の再現を避けなければならないというディレンマに立たされていた。時代はややさかのぼるが、第一次スレースヴィ戦争のおり、ノルウェー議会はデンマーク防衛のためのノルウェー軍派遣を「これ以上のデンマークとの結合はしない」条件で決めたのであり、実際の戦争にはスウェーデン軍だけが参加していた。しかし、クリミア戦争のころになると、ノルウェーにとっては、スウェーデンとの紐帯を強めることがいっそう必要になった。既述の十一月条約（九〇ページ参照）は、ノルウェーの馴鹿《となかい》がフィンランド領で放牧されていることに対するロシア側の苦情から、ロシア皇帝がフィンマルクを狙っているという夢魔がよびさまされたことが背景にあってむすばれたものであった。こうした空気のなかで一八五六年にオスカル一世の名代としてクリスチャニアを訪れた皇太子カールは、ノルウェー側の信望を高め、国王に即位した直後、一八五九年にふたたびノルウェーを訪れたとき、有名無実になっていた総督職の廃止をノルウェー議会から要請されて、これに同意した。これは王の独断であり、スウェーデン内閣の圧力で撤回させられたのみならず、すでにみたような閣僚との溝の発端をつくったのではあるが、この事件を機にスウェーデンとノルウェー間の連合法を再検討・整備するための委員会が設置されることになった。こうしたなかでデンマークの危機が訪れ、政治的スカンディナヴィア主義がまたも日程にのぼってくると、カール一五世は行政的にもノルウェーとの結合を強化しようとし、総督職問題で柔軟なフレデリック＝スタングをノルウェー首相にすえる一方、国内のノルウェーに対する極端な要求をおさえこんだ。これに対し、ノルウェーの側でも、ビスマルクの台頭に脅威を感じ、かつ、連合法を明確にしておくことがノルウェーの立場を強めることになるという見地から、協調的な空気が強まったのである。しかし、デンマーク支援の問題については、ノルウェー政府は、イギリス・フランスの支援がないかぎり、同盟もむすばず派兵もしない、という態度を貫いたのである。

ところで、一九世紀半ばから第二次スレースヴィ戦争ころにかけての、現実主義的な立場からする対スウェーデン態度の陰に隠れて、ノルウェー民族独自の路線を主張する少数ながら執拗な潮流が、ノルウェーの議会ないし政界に存在したことに注目しなければならない。それは、七〇年代になっていっきょに表面におどりでることになるが、この潮流の文化的土壌こそは、まさに同時期に開花していた民族ロマンティシズムの風潮であった。しかし、ノルウェーの民族ロマンティシズムもまた、それなりの性格をもつので、その点を中心にみてゆくこととしよう。

ノルウェーにおいては、民族ロマンティシズムの風潮は南方のデンマークよりやや遅れ、四〇年代から盛んになったが、その担い手の知識人たちは、一八世紀の自営農民賛美に加え、ノルウェーが外国（デンマーク）の支配下におかれる以前に享受したヴィキング時代や中世王国の栄光を美化し、そうした遺産のうえに民族文化を築きあげようとしたのである。彼らがもはや一八一四年の出来事にはあまり目を向けなくなったことも特徴的であるが、さらに注目すべきは、ノルウェー人こそが北まわりでやってきた北方ゲルマン人の第一の子孫だ、といった説――これはまもなく謬説であることが証明された――にみられるように、自分たちを最果の住民ではなく、北欧文化のもっとも栄光ある担い手として印象づける考え方を押し出したことであろう。

こうしたなかで、〝かくれたノルウェー〟を発見するための民衆文化の掘りおこしがしきりに行なわれた。とりわけ古代北欧語とつながりをもつと信じられたノルウェー土着語を再生させようという努力がオーセンたちによってなされた。デンマーク語の強い影響をうけていた公用ノルウェー語に対して、地方の民衆の言葉のなかから〝純粋な〟ノルウェー語を発掘するために、オーセンは、夏ごとにノルウェー西部の山間を旅し、言葉を採集してはつぎつぎに著作を発表していった。彼はこのノルウェー語を「ランスモール」と名づけた。オーセンの活動は知識人から熱狂的な歓迎をうけた。オーセンがはじめたランスモール（別名新ノルウェー語）のための言語闘争は、ノルウェーの社会・文化のあらゆる面をいろどることになった。

以上にかいまみたノルウェーの民族ロマンティシズムの時代は、同時に、ノルウェーの知識人がスカンディナヴィア主義を信奉した時代でもあった。ノルウェー文化の民族的個性を強く主張する民族ロマンティシズムとスカンディナヴィア主義とは、デンマークやスウェーデンの場合以上に矛盾しあった面があるように思われるが、両者の関係はとくに整理されることなく、現実に並存したのである。ただ、スカンディナヴィア主義に対するノルウェー知識人の態度をみると、これを熱狂をもってむかえる反面、具体的な歩を踏みだす段階になると、いつも躊躇をくりかえしているのが特徴である。一八四五年にコペンハーゲンでスカンディナヴィア主義を信奉する学生の集会が開かれたとき、招かれたノルウェー人学生の大部分は遅れた自分たちの文化が他の北欧諸国の文化に併合されてしまうことを恐れて参加しなかった。一八五一年と五二年には、今度はノルウェー人の学生がデンマークとスウェーデンの仲間をクリスチャニアに招いて自国の文化を語り、対等の誇りを味わったが、事が北欧の統一と相互協力の話に及ぶと、たちまち暖い友情がさめてしまったという。

## ロシア皇帝のフィンランド統治

フィンランドがロシア帝国に接合された大公国となってのちのその統治機構をみると、フィンランド大公としてのロシア皇帝の代表者であるフィンランド総督が、フィンランド駐在ロシア軍の総司令官をかねるかたちで赴任し、一方ペテルブルクにはフィンランド事務大臣がおかれて、大公に直接、つまりロシア帝国の統治機関をへることなくフィンランド関係の事項について進言を行なう任務をおびていた。フィンランドの最高行政府としては、スウェーデン時代の国務院に代わってセナーッティと称する機構がおかれた。これは経済部と法務部に分かれ、前者は現今の内閣にあたり、後者は最高裁判所にあたるものである。このセナーッティの議長はフィンランド総督がつとめることになっていたが、実際にはまれにしか出席せず、副議長が事実上大公国首相の役割をはたしていた。大公国の財政はロシア帝国からはまったく独立していた。このようにして、フィンランド大公国は、制度上、いちおう自治を保障されていたのである。

ところで、フィンランドがロシア帝国に接合された直後には、初代総督にスプレンクトプールテンが任命され、またフィンランド事務委員会議長にはアルムフェルトやレービンデルといったフィンランド人官僚がなる、という具合に、フィンランド大公国の利益をはかるような人事がなされていた。また実際彼らはフィンランドの利益をはかったのであって、スウェーデンによる奪回を恐れ、フィンランド国民を宥和する必要を感じているアレクサンドル一世を説いて、一八一二年に、トゥルク条約以来ロシアに併合されていた「旧フィンランド地方」を大公国に返却させたのは、スプレンクトプールテンであった。同じ年に大公国の首都はトゥルクからロシアに近いヘルシンキに移され、行政官庁も一八一九年ヘルシンキに移転を終わった。

ところが、こうしてフィンランド大公国に寛容な態度を示していたアレクサンドル一世は、ウィーン体制が成立したころから一変し、フィンランド大公国に対しても厳しい姿勢を示すようになった。皇帝は一八〇九年以来、フィンランドの身分制議会をまったく開こうとしなかったし、フィンランド総督には典型的なロシア人の貴族軍人ザクレフスキーを任命し、その結果セナーッティのなかに悶着を生じたりした。議会が開けないためにフィンランドでは他の北欧諸国ですすんだような社会改革が行なわれなかったばかりでなく、ニコライ一世の時代になると、西ヨーロッパで力をえつつある自由主義思想がフィンランド大公国に浸透してくることを恐れて、官僚支配を強化するとともに、出版に対する事前検閲などの言論取締りをはじめた。一八三〇年のポーランド人の蜂起をニコライ一世は苛酷に弾圧したが、フィンランドでもヨーロッパ革命の情報が伝わると大学生が反国家権力の意思表示にでかかったので、大公国当局は自治会を解散した。そして、一八五〇年には、知識人の自由主義的な思想を民衆に伝えさせないため、フィンランド語文献の出版は宗教と経済にかぎる、という検閲条令がだされた。

### フィンランド人の民族的覚醒

フィンランドで民族的覚醒の動きがすすんだのは、こうした政情のもとにおいてであった。その先鞭をつけたのは、一八一〇年代にトゥルク大学の若い教師のあいだに形成された「トゥルク＝ローマン派」であった。その指導者はアルヴィドソンであって、スウェーデンのウプサラ大学に滞在中同国のロマン主義者と接触し、帰国後、フィンランド人が民族としての自覚を高めるべきこと、およびそのためにフィンランド語を公用語とすべきことを説いたのであった。彼の言動は政府批判の意味をもったためアルヴィドソンは大学を追われたが、民族ロマンティシズムの潮流は、彼の影響をうけた知識人たちによって、大学の移転とともにヘルシンキにもたらされ、彼らは「土曜会」を開くうち、一八三一年にはフィンランド文学協会をつくるにいたった。

このグループのなかから、一九世紀中葉のフィンランド民族文化の担い手たちが育った。その一人のロェンルートは、医業のかたわらロシア領のヴィエナ・カレリアにまでたびたび旅行して農村に伝わる叙事詩を収集し、『カレヴァラ』と題して発表した。その初版は一八三五年で、これを増補した『新カレヴァラ』が一八四九年にだされたが、公用語であるスウェーデン語の陰にかくれ民衆の言葉であったフィンランド語がこのように見事な文化的遺産を伝えてきたことが海外にも明らかとなり、フィンランド人に民族文化に対する強い自信をうえつけた。いま一人のルーネベリは、フィンランド人のそうした民族的衿持を、多くの愛国詩によって謳いあげた。長詩

『旗手ストールの物語』は、ナポレオン戦争のときのフィンランド人の国土防衛の戦いを謳ったもので、彼の愛国詩の白眉といわれる。さらにスネルマンは、ヘーゲルの歴史哲学からフィンランド人も民族国家を形成しうるという理念を学び、フィンランド語を国語とすることによって民族精神をやしなうべきことを説いた。ニコライ一世の統治下にあってスネルマンの進歩的言動も当局から忌避されたが、クオピオで学校教師をつとめながら『サイマー』・『農民の友』などの新聞を発行して彼の主張を説きつづけた。

**『カレヴァラ』のなかの三人の鍛冶屋の銅像**
ヘルシンキの目抜通りにある。

ところで、ニコライ一世下のロシア帝国は、オスマン帝国の解体によるバルカン半島への膨脹を企て、イギリス・フランスと衝突してクリミア戦争になったが、その背後にあたる西北国境の安全保障は、同国にとりゆゆしい関心事であった。すでにみたように、この戦争のさいスウェーデンは、イギリス・フランスを利する中立政策をとり、情勢によっては参戦してフィンランドを奪回する機会をうかがっていたのであるが、フィンランド国内が平静であったことは、ロシアの統治者に安堵を与えたと思われる。クリミア戦争中に皇帝はアレクサンドル二世に代わるが、彼のもとで六〇年代にはいって意識的に展開されてゆくフィンランド優遇政策の前提はこのあたりに生じているといえよう。ここで、フィンランドがロシア皇帝の統治下にはいったことと民族ロマンティシズムとの関係を少し整理しておくことにしよう。いささか逆説的に響くかもしれないが、両者は両立するどころか、前者が後者を育てたとすらいえる面のあることを、まず指摘しておかなければならない。だが、もちろん、それは単純な意味においてではない。さきのアルヴィドソンが吐いた名句として「われわれはもはやスウェーデン人ではない。かといってロシア人にはなりえない。だからフィンランド人でいこう！」という言葉がある。フィンランドがスウェーデン王国のなかに半ば同化された状態でとどまっているかぎり、フィンランド人としての自覚は生じない。だが、ロシア帝国に接続され、異質の文化圏と接触しなければならなくなったとき、勃然と生じてきたのは、民族としてのアイデンティティの自覚であった、という意味であろう。

ところで、フィンランド人がこうした自覚をもってくれることは、フィンランドを奪回しようとするスウェーデンの企図を挫くことになるから、ロシア帝国にとっても好都合である。ニコライ一世統治下に大公国の当局者が民族ロマン主義者を警戒したのは、けっして民族的自覚そのもののゆえではなく、ヨーロッパ大陸の反体制思潮の流入を恐れたがゆえであった。しかし、フィンランドの民族主義者の側では、さらに一歩さきをみていた。スネルマンは、知人に書き送った手紙のなかで、フィンランド人には文化的な敵＝スウェーデン語と政治的な敵＝ロシアがある。二つの敵が合流していないのが幸いだから、前者を排除し、のちに必ず襲ってくる後者に備えよう、という趣旨のことをいっている。次章でみるスネルマンの対ロシア協調政策はこうした論理からでていたのである。

さて、アレクサンドル二世は、即位後まもなくフィンランドに対して宥和的な態度を示しだしたが、一八六三年になるとフィンランドは一つの選択に立たされることになった。それは、いいかえれば、政治的スカンディナヴィア主義に対する態度決定の問題であった。同年一月、クリミア戦争後のツァーリ権力の動揺に乗じてポーランドで士族層《シラフタ》を中心とする蜂起が発生すると、それはたちまち全ヨーロッパの注視を集めることになり、ロシア帝国内における革命反乱やイギリス・フランスの強力な介入も予想される状態になったが、スウェーデンの議会でもポーランド王国の復権を要求する動きが生じていた。さらにスウェーデンには、ヌルドストロェムやクヴァンテンといったフィンランドのスカンディナヴィア主義者が亡命しており、ポーランド人の反乱を機会にフィンランドをスウェーデンに復帰させることを願っていた。彼らは、ポーランド人の反乱を支援してフィンランドでも蜂起が発生することを期待したのである。とりわけ詩人クヴァンテンはポーランドの志士たちやゲルツェン、バクーニンといったロシアの革命家と接触していた。こうした情勢下に、フィンランド大公国内でも自由主義者は、『ヘルシングフォルシュ＝ダーグブラッド』紙などを通じて、ポーランド問題をめぐりイギリス・フランスとロシアのあいだに戦争が勃発したさいにはフィンランドは中立の立場をとるべきだ、といった主張を大胆に述べていた。しかし、スネルマンは、五月の『文学新聞』紙上で、現実政治の観点からスカンディナヴィア主義者の企図を場当り的だと非難し、目的をできるだけ限定すべきだと主張した。こうしたなかで、六月一八日、アレクサンドル二世は、九月一五日に半世紀以上も開かれたことのなかったフィンランド大公国の身分制議会を召集すると通告した。皇帝のこの発表は、前日イギリス・フランス・オーストリアがポーランド問題でロシアに渡した覚書に対する反撃であったのみならず、亡命スカンディナヴィア主義者のフィンランド国内における影響力を失わせた。もっとも、客観情勢を考えると、プロイセンはロシア側に与《くみ》していたし、イギリス・フランスは本腰でロシアと対決する気はなく、そうしたなかでスウェーデンもロシアとの友好関係を損うことは欲しなかった。政治的スカンディナヴィア主義は、デンマークの戦争に先立ち、前哨戦を失っていたのである。

# Ⅱ　中立的小国への道程

## 1　議会政治の発達

北欧諸国は、のちの項でみるように、一八六〇年代から国際権力政治の次元では影響力をまったく失うが、まさにこのころから、工業化へとつながる経済発展が強まってくる。実際、以後半世紀間の北欧諸国の経済発展にはめざましいものがあった。北欧諸国は、一九世紀半ばには、まだ東・中欧やバルカン半島の諸地域と同じく経済発展の立ち遅れた農業国にすぎなかったが、第一次世界大戦当時には、フィンランドを除けば、西欧諸国と肩を並べる先進資本主義国となっていた。こうした急速な工業化の基礎をつくった時代として、一九世紀の六〇年代から世紀末にいたる時期は、きわめて重要である。

### 北欧諸国の経済発展

この時期に北欧諸国がこのように急速な経済発展をとげた理由は、いろいろ考えられる。その一つとして、北欧諸国の社会経済的な体質は無視できまい。近代的な経済発展が、北欧諸国のように比較的順調にすすむためには、農業と工業のバランスのとれた発展が必要であるが、北欧諸国の場合、おおざっぱにいって、農業生産が増大し、その影響が他部門にも及んで工業が発達してゆくという、経過をたどっている。そしてこれには、貴族地主の支配に対して農民が強い対抗力をもっていたこと、義務教育制度がデンマーク（一八世紀末）、ノルウェー（一八二七年）、スウェーデン（一八四二年）、フィンランド（一八六六年）の順に早くからしかれてテクノロジーの発達に対応しうる前提が備わっていたことなど、主体的な条件が多分にかかわっているであろう。また、ハンガリーの歴史家ベレンドおよびラーンキが指摘するように、スカンディナヴィア半島が森林資源に恵まれていたことも重要であろう。しかし、なんといっても、北欧諸国が、先進西欧諸国の工業化にともなう需要増大の波にのり、国際貿易のサイクルをうまく利用して経済を発展させることができたという、幸運な国際的条件を見逃すわけにはゆかない。ただ、以上のような共通点を有しながらも、その具体的な経済発展の様相は北欧諸国それぞれに異なっていた。

デンマークでは、農業が経済発展に圧倒的な影響力を及ぼした。長らく穀物輸出国であったデンマークは、一八八〇年代の農業恐慌期に、アメリカやロシアという強力な競争相手のあらわれた穀物生産に見切りをつけ、酪農業中心に転換したが、イギリスを顧客として農業が急速に伸びていった。デンマークの輸出に占める農産物の割合は、七〇年代には八割であったものが、世紀の交には九割となり、そのなかでイギリスへの輸出は、三九％（一八八〇年）から五九％（一九〇〇年）と飛躍的に増大した。こうして農民層の収入がふえると、農産物以外の商品に対する彼らの需要は増大し、そうした国内市場の拡大にともなって、もろもろの工業が発達した。工業生産物は、セメント・煉瓦・ビール・耕作機械・砂糖などがおもなもので、国内消費用であった点がデンマークの特徴である。

スウェーデンの経済発展には、農業と工業が同じくらい重要な役割をはたしている。スウェーデンは、一八五〇年代に穀物の輸出能力が増大したほか、鉄の輸出が伝統的であり、木材の輸出も伸びつつあった。スウェーデンもまた世紀後半に国外需要の急激な増大という恩恵に浴したのであるが、その場合、鉄と木材ではいささか事情を異にした。すなわち、鉄工業の方が国際的に強力な競争相手があるため伸び悩み、一八五〇―七〇年のあいだに生産量が一割程度増大したにすぎないのに対し、木材加工業の方は、ヨーロッパ大陸における工業の発達と都市化にともなう建築ブームがもたらした需要拡大によって、めざましく発達した。これには製材技術の改良も大いに貢献している。世紀半ばに従来の水力に代わって蒸気鋸が使用されるようになると、木材は筏に組んで河口の工場まで運搬された。ボスニア湾沿岸にはノルランドから切りだされた木材の製材工場が立ち並んで活気を呈した。そして、この木材工業の発達が刺激となって、他の工業を発達させた。

ノルウェーの場合には、海上運輸のサーヴィス業が圧倒的に大きな役割を演じている。海上運輸業の発達はそもそも木材の輸出に促されたものであるが、一八四〇年以来いちだんと拍車がかかり、一八七〇年ころには船舶保有トン数でノルウェーをしのぐ国はわずかにイギリスとアメリカだけになった。さらに、木材・海上運輸と並んで漁業の発達もめざましく、銛銃の発明によっ

**スウェーデンの産業革命**　目白押しに海岸に並んだ製材工場。

てとくに捕鯨業が盛んとなった。ノルウェーの経済発展と関連して注目すべきは、スウェーデンとの関係である。同君連合体制のもとにあった両国は一八七三年に関税同盟をむすんだが、これによってノルウェーの国内市場はいっきょに三倍にふえた。ただ、一八八八年になるとスウェーデンは保護主義に移り、ノルウェーはそのかぎりでは不利益をこうむったが、スウェーデンの商品を輸入して両国共通の市場で安売りすることで利益をえたことは事実であった。

フィンランドは以上の三ヵ国と比べて経済的発展が一段と遅れており、第一次世界大戦当時までもっとも完全な農業国にとどまっていた。フィンランドは、一九世紀中ごろになっても工業らしいものはほとんどなく、一八六六年の輸出に半分を占めていた木材も加工なしに輸出している有様であった。ただ綿工業がようやく発達しかけていた。一八五〇年代末にアレクサンドル二世の命でロシアへの商品輸出に対する関税が引き下げられると綿工業は拡大し、さらに七〇年代になると国際的な好景気にのって木材加工業が発達した。木材はイギリス・フランスなどを、紙はロシアを市場としてやがて輸出の花形となり、両者を合わせた貿易上のシェアは、七〇年代の四七%から一九一〇年当時の七〇%へと増大した。フィンランド大公国の工業はロシア帝国の関税障壁で守られている面があり、また一八八五年まではロシアの工業発達がわずかなため、ロシアを市場として利益をえていたといえる。

北欧諸国の経済発展で注目すべき点は、外国資本が大きな役割をはたしていることである。後進国からいっきょに西欧諸国なみの発展をめざしたこれら諸国では、鉄道建設などのインフラストラクチュアの分野で国家がイニシアティヴをとり、イギリス・フランス・ドイツなどの先進資本主義国の投資に大幅に依拠していた。鉄道が北欧でもっとも早く敷かれたのはデンマークであって一八四四年にコペンハーゲンとロスキレ間が開通した。その後六〇年代に、ユトランド半島を横断・縦断する線が、それぞれにイギリス・ドイツとの貿易をめざして敷設された。スウェーデンでは、鉄道建設は一八七〇年代に本格化し、工業の能率的な発展に寄与した。ノルウェーではスウェーデンより早く一八五一年にクリスチャニアとアイスヴォルのあいだに敷かれているが、その後の発達のペースは緩慢であった。

ところで、北欧諸国で工業化が比較的順調にすすんだとはいっても、それが犠牲をともなうこ

アメリカをめざしコペンハーゲンの波止場をたつ移民たち

とは避けられなかった。資本主義経済の発達にともない、農村にも市場の論理が浸透し、無産農民たちの数はますますふえていた。穀物生産に牧畜がとって代わったことによって、人手はいっそうだぶついていた。しかし、工業発達が彼らをすべて吸収することは不可能であり、農村に社会的緊張が高まって、爆発の潜在力がたまったが、そこで安全弁として作用したのが、アメリカへの移民であった。一八五〇年から一九一〇年のあいだにアメリカへ渡った移民の数をみると、スウェーデン九六万六六六二名、ノルウェー六九万一八二一名、デンマーク二六万七三〇二名となっているが、人口比からすればノルウェーがもっとも多く、デンマークがもっとも少ない。これはデンマークの都市化がすすみ、ノルウェーやスウェーデンほど農村の人口過剰が深刻でなかったためであろう。移民には波があり、それは一八六〇年代以降は景気循環に正確に対応している。つぎに移民をした人びとについて考えてみると、移民のはじめのころには、むしろさほど貧困でない小農民が渡米している。世紀の交ころになり、運賃が引き下げられ、後払い制度が確立されてはじめて、移民の無産農民的性格が強くなっている。

## 修正憲法下のデンマーク政治

一八六〇年代から九〇年代にかけて北欧諸国では、近代的な議会政治がようやく形成された。同時に注意すべきことは、そうした結果が、議会への農民勢力の進出によってもたらされたことである。工業化が急速にすすんでいたとはいえ、まだ圧倒的に農業社会である北欧諸国では、農民層が議会で政治勢力としてまとまり、従来国家形成に責任をもってきた官僚勢力に対抗し、弱体な都市中産階級に代わって、国民の一般民主主義的要求の担い手となる、という現象がこの時期にみられたのである。ただし、その具体的様相は、北欧各国の社会のあり方、そのなかでの農民層のあり方によって異なっており、それがまた議会制の発達の仕方の相違を生んだのである。

一九世紀中葉までのデンマークの農村の特徴は、貴族地主制が根を張っている反面、市場の浸透が比較的すすんでいるという点にあり、それゆえに農民たちは従属的な地位におかれていることに強い不満をもち、無産農民をも含んだ運動を一体となってすすめることができたのである。彼らは、高級官僚・大地主・特権的商人層に対して、平等と経済的自立の要求を掲げて対決し、すでにみたように、一八四六年以降はナショナルリベラルと同盟をむすんでいた。ところが、この連携にはまもなく亀裂が生じた。それは、ナショナルリベラルが政権を樹立した一八五四年から深まり、六〇年代になると議会における両者の抗争は日常化するにいたった。農民層は、小作制の廃止や地方議会における普通平等選挙の要求を、まだ実現されてはいなかったからである。

こうしたところへ、一八六四年の敗戦がやってきた。一般にこの敗戦はデンマークの内外情勢にとって重要な転機であり、いろいろな面で現代デンマークの基礎が築かれたといわれている。敗戦によって失った分を国内に残された資源の開発によってとりもどそうという考え方が生まれ、平和的な小国としての生き方を身につけていった。敗戦後のデンマークには、二つの憲法が残っていたが、そのうち一八六三年の十一月憲法はスレースヴィ公爵領を王国にむすびつける狙いをもったものであり、いまや無用化していたからこれを廃止すべきだという声があがっていた。官僚・大地主・ブルジョワジーからなる保守派は、この機会を利用して議会に支配的地位を確立しようと考え、その場合敗戦で地歩を失ったナショナルリベラルはたよりにならないので、農民勢力の指導者で右派のハンセンを抱きこんで修正憲法の議会通過を成功させ、一八六六年七月に国王の批准をえた。修正憲法によれば、デンマーク王国は従来どおり二院制の国会を有したが、下院は普通平等選挙を保持したものの、上院に関しては、六六名の議員のうち一二名は政府が任命し、一名がフェロー諸島を代表し、残りは選挙人団によって選ばれることとなった。これはのちにみる同時期のスウェーデンの議会制度と比べると、保守的な上院と進歩的な下院の対立がよりはなはだしくなる可能性を備えており、しかも両院が一致しなかった場合、スウェーデンのように合同投票を行なうといった調整の規定もなく、対立は政治的に解決される以外手だてがなかった。

保守派と農民勢力の提携は長くはつづかなかった。保守派を支える地主層が農民への小作地売渡しを喜ばず、ハンセンも農民勢力から浮き上がった存在になったからである。そのため保守派は、一八七〇年には早くも農民勢力との提携をあきらめ、今度は、ナショナルリベラルを抱きこんだ内閣を形成した。これに対し、農民勢力の側では、「農民の友協会」を基礎に、農民出身のベアと法律家・ジャーナリストのホェロップが指導者となって、「左翼党」を結成した。同党は、綱領に、古くから農民に課せられてきた「十分の一税」などの廃止、これも封建制の遺物である隷農借地(小作地)の廃止、六月憲法の復活、議院内閣制の実施——下院で多数を占めた勢力が内閣を形成する——などを掲げた。また左翼党は、ノルウェーの左翼党の例にならい、地方的組織をつくり、党新聞を発行し、組織的宣伝を行なうなど、デンマークで最初の近代的政党となった。左翼党は一八七二年の下院選挙で農村の圧倒的な支持をうけて多数派となったが、これに対し、ナショナルリベラルは、保守派と合同して、これも全国的な組織をもつ「右翼党」を結成した。こうして、右翼党を基盤とする政府に対する左翼党の抗争がはじまった。左翼党の指導者は、国民高等学校の薫陶をうけた者たちであり、この抗争は、大地主の農業支配に対し、協同組合運動を組織して対抗しつつある小規模農民の闘いを背景としていた。

抗争は、右翼党の指導者であり、修正憲法の作成者の一人であるエストロップが一八七六年首相に就任するといちだんと激しくなった。左翼党は、予算案を拒否し、財政措置を遅らせるという手段にで、エストロップの側では議会を停会にし、緊急の法令を発布して事態を切り抜けた。八〇年代半ばには、首都近郊の要塞建設問題がからんで、デンマーク国内の政治的空気は緊迫したものになった。元来コペンハーゲンには要塞が築かれていたが、首都の拡張の必要から一八五〇年代にはとりはらわれていた。エストロップは、これに代わる新しい要塞をコペンハーゲンの周囲に築こうとして、その費目を野党との抗争の的である予算案のなかに含めたのである。左翼党は、この要塞計画は、戦争の場合ユトランド半島をすててシェラン島に逃げこみ同盟軍の救援を待つ戦略を意味する、として反対し、とくに、急進派は、政府の〝軍国主義〟を非難し、デンマークはヨーロッパの強国の攻撃に抵抗することはできないのだから防衛費を支出することは浪費である、と攻撃した。

一八八四年の選挙では、下院における右翼党の議席は、総議席一〇二のうちわずかに一九と低落した。都市部での票を失ったことが原因であった。一八八五年春には農民による税支払い拒否の一揆が生じ、また左翼党に関係をもつ一労働者は、エストロップの暗殺をすら企てた。エストロップは、騎馬憲兵隊をつくって治安の取締りにあたった。いまや、国内には内乱一歩手前の雰

**襲われるエストロップ**

囲気すらも生じた。だが、保守派の結合は堅く、左翼党はいま一つきめ手を欠いていた。しかし、こうした政治状況にもまもなく転換が訪れた。左翼党の内部にボイセンに率いられたグループが生まれ、これがエストロップと妥協することによって日常的な政治を機能させようと望んだのである。これには社会民主党の勢力が伸びて、一八八四年には議会にもはいってきたという事実が、小さからぬ原因をなしている。この左翼党内のモデラート（穏健）派は、貧困労働者に対する社会立法と引換えに、右翼党が提案している要塞建設のための軍事支出を支持するという案をだした。エストロップ自身が属する右翼党の開明的な部分は、これまた、ビスマルクが八〇年代のドイツにもちこんでいた老齢年金制度に関心をもったし、またこうした措置が社会主義者の先手を打つことになるとも考えた。一八九一・九二の両年度にわたって、地方行政機関による貧困老人救済および政府資金による保険会社補助を定めた二つの法案が成立した。これは福祉国家へのデンマークの第一歩をしるすものであった。一八九一年に結党当初からの指導者が死亡あるいは落選して姿を消すと、ボイセン派の左翼党内における影響力は強まり、一八九四年には、すでに建設された要塞の維持費を認める代わりに、これ以上臨時法令はださないなどを取り決めた協定が右翼党とのあいだにむすばれ、エストロップは退陣した。

## スウェーデンの議会政治

スウェーデンの場合は、農民は、一八世紀初め以来身分制議会のなかに政治的地位を確立しており、議会を通じて、強固な官僚制の支柱である貴族地主に対して、特権の廃止・兵役の平等・選挙法の改正などの要求を一貫してつきつけていた。ただその間、一七四三年のダーラナの蜂起のような例はあったものの、概して議会外の農民運動をともなわなかった点が特徴的である。一八六六年に身分制議会が近代的議会に改編されてのち、自由主義者の勢力が弱いため、農民勢力は、上層ブルジョワジーと貴族の同盟による政府に対し強力な野党を形成したが、一八八〇年になって保護関税問題が登場し、また農民本来の要求が実現すると、彼らのあいだにすすんでいた階層分化の実態が政治面でも表面化し、政治勢力としてのまとまりは失われた。

こうした経過の出発点として注目すべきは一八六六年の議会改革である。これは、すでにみたようにカール一五世が閣僚たちのまえにしだいに権威を失ってゆくなかで頭角をあらわしてきた法相デー゠イェールが行なったものである。王の保守的統治意図に反してつぎつぎに自由主義的な改革を実行したデー゠イェールは、その一環として従来の身分制議会を二院制の近代的議会に改める仕事にとりかかったわけである。この議会改革は、当時の世論やのちの時代の教科書によって、民主主義の勝利として賛美されたが、むしろ保守的な狙いをもつものであったことに注意しなければならない。

デー゠イェールの案にもとづいて実現した議会改革によると、議会は上院(第一院)と下院(第二院)からなり、上院はさきに設けられた地方議会を通じ間接的に選挙されるが、その地方議会の有権者は納税額によって厳しい差別をつけられ、一人で二万六〇〇〇票を行使した例もある有様で、被選挙資格をもつ者は、六〇〇〇名しかいなかった。当然、上院は貴族の占めるところとなった。下院の方は、選挙権は平等であったが、財産による制限を設け、成人男子の二二%だけが与えられた。これは身分制議会だったころとほとんど変わらない数字である。そればかりではなく、都市に有利な選挙区の人数割当が行なわれた。さらに、下院だけではなにも決めることができない仕組みになっていた。デー゠イェールの議会改革を当時の他の国と比較してみると、イギリスのディズレーリは議会の有権者数を倍増する法案を準備中であったし、プロイセンのビスマルクも男子平等選挙権を北ドイツ連邦の憲法に折りこもうとしていた。デー゠イェールによる改革は、スウェーデンに牢固として存在する官僚貴族の寡頭体制を倒すのではなく、工業化がすすもうとする流れのなかで、役に立たなくなった身分制の代わりに資産による差別をもちこむことで、この体制を組みなおす意味をもっていたのである。これらの工夫によってデー＝イェールが期待したのは当時の民衆である農民の議会進出、つまり国政への参加を押えこむことであった。

ところが、実際に新議会の選挙を行なってみると、デー＝イェールのもくろみは大きくはずれた。期待されたのは下院選挙における都市中産階級の勝利であったが、現実には農民代表が進出したからである。これには、世紀半ばから行なわれてきた農業技術の改良によって農民が富み、一八六一年の課税評価が上がったために、多くの農民が選挙権をえたという理由もあるが、ともかく下院の過半数に迫る議席を獲得したのであった。デー＝イェールは、身分制議会の廃止によって党争も姿を消し、〃教育と財産〃をもった人びとによる政治が行なわれるようになることを願っていたが、下院の多くの議席を占めた農民の代表者たちは、「農民党」に結集し、上院の貴族官僚・大地主・企業家と下院の中間層知識人に対する政争をいどんだ。農民党は、〃前世紀来の不正義〃の廃止を掲げ、インデルニングとよばれる古い制度による養兵の負担、またこれも旧態依然たる収穫物による地税支払いの廃止を要求した。こうした農民党の挑戦に対して、政府の支持勢力の側でも、一八六七年一月に新国会が開かれてまもなく、与党を結成して対抗した。しかし、与党は農民党ほどまとまってはおらず、そのなかの都市急進主義者と農民議員の若干は一八六八年に「新自由党」を結成した。与党のこうした分裂によって農民党は勢力を伸ばした。一八七〇年代には、政治は、いよいよ、農民党が支配する下院と、依然保守主義者の牙城である上院との抗争の様相を呈してきた。一八七〇年にフランス・プロイセン戦争がはじまると、以前から懸案であった国防再編問題が両者間の火種として燃え上がった。デー＝イェールは、下院が政府の国防再編案をのむのと引換えに与党たる上院にインデルニング制と現物地税の廃止を認めさせようとしたが失敗し、辞任に追いこまれた。

ところが、一八八〇年代にはいると、こうした保守派の支配する上院と農民党が多数派を形成する下院とのあいだの争い、という政治的対抗図式が、一変する事態が生じた。その引き金となったのが保護関税問題である。海上運搬手段の発達によってアメリカとロシアの低廉な穀物がヨーロッパに流れこみ、一八八〇年代に小麦とライ麦の世界市場価格が半分以下に急落すると、スウェーデンの農業は大きな打撃をうけ、他国にならって保護関税の実施を求める声が強くなった。テンプタンデルの政府はこの要求に抵抗したが、一八八七年の選挙でいったんは自由貿易論者側が勝利したものの、候補者名簿の手違いから逆に保護主義派の勝利となった。自由貿易主義派のテンプタンデル内閣は退き、両派の参加する短期間の内閣がつづいたのち、一八九一年に保護関税主義を掲げる「新農民党」の設立者の一人であるブーストロェムが首相となった。彼は上院の固定した支持と、下院の変化する支持勢力のうえに立ちつつ、工業製品に対する輸入関税を引き上げる一方、国防再編問題と地税問題を二つながら解決した。

ブーストロェム

このようにして二十数年にわたる政争の種はようやく片付いたが、その結果、政界の諸勢力の組合せがいかに変動したかをみると、まず、インデルニング制問題と地税問題が解決したために農民層は政治勢力としての一体性を失った。つぎに、保護関税問題は、農民党を割り、支持派が大地主と都市の保護主義者と合流して既述の新農民党を形成した。ここに保守勢力と富農の堅固な同盟が成立し、農民が急進的な政治勢力であった時期は終わりをつげたわけである。これに対し、余剰生産もできない小農や牧畜業者は「旧農民党」としてとどまり、都市の「中央党」と並んで自由貿易主義の立場に立った。これらの自由貿易主義グループは、高関税によって生活を脅かされながらも選挙権をもたない労働者階級の強い支持をうけるにいたった。

### ノルウェー議会の闘い

ノルウェーでは、農村の階層分化の進展にもかかわらず、官僚の支配に対して農民が一つの政治勢力として抵抗する条件が、一九世紀後半にはいってもつづいていた。とくに一八五七年にはじまった恐慌が農民層に打撃を与え、ノルウェー全体に広がった農民運動は、ヤーベックを指導者とし、「農民の友協会」を通じて議会内外に影響力を強めていた。彼らは商工業の自由化や金権勢力に対する債務者の保護、普通選挙を唱えた。もっとも、この運動のスローガンは、富農の多いノルウェー中・東部ではあまり反響をよばず、議会の農民勢力に対するヤーベックのリーダーシップも確立していたとはいえない。しかも一八七〇年代になって好景気が訪れると、反教会・反王権の傾きをもつ指導方針が農民の保守的心情にあわなくなり、結局衰退した。そして、このころから、自由主義者の知識人スヴェドゥルップが、民族的主張と一般民主主義的理念を掲げて、農民をも自己の背後に結集させるようになった。この集団は「左翼党」とよばれたが、デンマークの場合と異なり、都市中産階級や労働者階級なども含めたさまざまな社会層に支持者をみいだしていたことが特徴である。しかし、その重要な支持基盤は、ノルウェーでも発展した国民高等学校で教育された農村の若者たちであった。彼らは、政治的スカンディナヴィア主義やスウェーデンとの同君連合には背を向け、ノルウェー国民の利益擁護をひたすらの関心事とする新しい世代であった。こうした左翼党は、愛国的作家ビョルンソンを思想的支柱としたが、同時に、練達の政治家スヴェドゥルップの手腕に依拠していた。そのスヴェドゥルップは、それまでの農民運動のように地方的利害にもとづいて反政府の姿勢をとるのではなく、国家機関にはいりこんで中央権力を握ることに主眼をおいたのであった。スウェーデンとの連合体制に安住してノルウェーの国政を行なってきたスタングらの保守的官僚層は、政治的スカンディナヴィア主義の熱の冷え去った一八七〇年代に、スヴェドゥルップのこの権力への挑戦に直面しなければならなかった。その材料として左翼党が選んだのが、ノルウェー政府閣僚の議会出席要求であった。

もともと、ノルウェー政府の閣僚を議会に出席させようという考えは、アイツヴォル憲法制定の直後からしばしば唱えられていたことであり、スタング自身も立法・行政両府の関係の円滑をはかる見地からこれを支持していたところであった。ただ、議会内の農民出身グループは、政府が議会を支配することを恐れ、反対していた。ところが、左翼党指導者スヴェドゥルップらは、ノルウェー国内に民族的自覚をゆきわたらせるためには行政権力も議会に集中しなければならないという観点に立って、閣僚の議会出席の必要を説き事態は一変した。そこに議会中心主義の志向を読みとったスタングら保守派の反対をまねくにいたったからである。

ノルウェー議会は、同議会への閣僚の出席を規定した憲法修正を決議したが、スウェーデン国王オスカル二世は、保守派政府の勧告にもとづき、批准を拒否した。ついで議会の決議、国王の批准拒否という事態が二度もくりかえされた。一八八〇年三月に議会が三度目の決議を行なったとき、今度は国王が譲るだろうと期待されたが、返ってきたのはまたも拒否の答えであり、しかも、憲法にかかわる問題には王が絶対的な拒否権をもつという言明がつけ加えられていた。しかし、アイツヴォル憲法には憲法修正に関する国王の拒否権は規定されてはおらず、ノルウェー議会にしてみれば、オスカル二世の言明はスウェーデン側の恣意的な解釈にほかならなかった。ノルウェー国内の空気は緊張した。議会はすでに、全国的な組織をもち、スウェーデンとの紛争や国内革命のさいに役立ちそうなライフル団体の承認を決議していた。保守派がオスカル二世の見解を支持すると、左翼党に支持されたヤーベックは、憲法の規定と人民主権の原理に立脚して王には憲法修正に関し口をさしはさむ権利はないと主張し、ビョルンソンらの急進派は即時行動を訴えた。こうしたなかでスヴェドゥルップは慎重に事をすすめ、ノルウェー政府に対し議会が成立させた憲法修正の発布を要求し、一八八〇年六月九日、議会は圧倒的多数でこれを支持した。

議会の決議に直面したスタングは、首相の座を下り、オスカル二世は新首相にセルメルを任命したが、彼も王の絶対拒否権論に固執して議会の決議を無視しつづけた。議会に残された合憲的な手段は、これら閣僚に対する弾劾であった。スヴェドゥルップは、性急な弾劾要求をおさえて時をはかり、一八八二年の議会選挙で国民の支持がもはや動かないことを確認したうえで、この措置に踏み切った。議会は最高裁判所と議会小委員会のメンバーからなる弾劾法廷を設置し、同法廷は一八八四年二月二七日、セルメルのほか閣僚七名に免職と罰金の刑を科した。オスカル二世も無理押しは賢明でないと考え、セルメル内閣を罷免したが、保守派内閣をつくることに失敗し、議会の多数派の指導者であるスヴェドゥルップに組閣を命じざるをえなかった。七月二日、スヴェドゥルップ首相は、他の閣僚とともに拍手に迎えられてストルティングの議場に着席した。ここに、ノルウェーは、スカンディナヴィアにおける議院内閣制の第一歩を踏みだしたのである。

スヴェドゥルップ内閣のもとでは、公約の自由主義的な改革がつぎつぎに行なわれた。学制の改革、陪審制度の導入、軍隊の再組織などがそれである。一八八四年に一定以上の年収をもつ男子すべてに対して選挙権が与えられたことも、そのなかに含まれる。しかし、まもなく、スヴェドゥルップの政府の非能率な点について非難の声があがりはじめ、また急進派はスヴェドゥルップが一定限度以上には改革をすすめる意欲がないことに不満を表明しだした。それでもスヴェドゥルップは一八八五年の選挙はなんとか切りぬけたが、一八八八年の選挙では敗北し、議会主義の原則に従って首相の座をおりた。この間、敗北を喫した保守派は、政党組織を通じてはじめて影響を与えられることをさとり、元首相スタングの息子のエミールが保守勢力を糾合して新政党を結成した。保守党は、古い官僚層ではなく、企業家や実業家の声を反映し、議会主義に立脚した活動をはじめた。一八八九年にスヴェドゥルップ内閣が辞職するとエミール＝スタングが政府を形成した。彼の党は議会内の多数派ではなかったが、スタングは左翼党穏健派の支持をとりつけていた。二年後には、スヴェドゥルップの指導をしりぞけた左翼党純粋派ステーンが首相となり、そのあと保守党と左翼党によるめまぐるしい政権交代がつづいた。議会主義の原則は必ずしも守られず、党派や個人間の小ぜり合いは絶えなかったが、「保守党は自由主義政党である」というスタングの言が示すように、社会改良とノルウェーの利益擁護をめざす点では、両党の抗争は、目的よりは手段をめぐるものになりつつあった。

## フィンランドの改革と言語闘争

一八六三年九月、ロシア皇帝アレクサンドル二世は、フィンランド大公として、ヘルシンキにフィンランドの身分制議会を召集した。彼が半世紀以上も眠りこまされていた議会を召集したのは、クリミア戦争の教訓から生まれたロシア本国の改革の動きを背景にしているとともに、ロシアのポーランド人弾圧に対する、とくにイギリス・フランスの非難をそらす動機に発していた。議会の開会式に臨んだアレクサンドル二世は、フィンランドを立憲君主国として統べるむね言明するとともに、議会を定期的に開くと誓約した。こうして、フィンランド大公国には議会政治を通じての諸改革と近代的発展の時代が訪れた。その最初の重要な措置が一八六九年の議会制度の改革であった。

すでにみたように、このころには他の北欧三国で身分制議会から近代的議会への移行が多くの問題をはらみながらも終了していた。しかし、フィンランドでは、専制君主国家ロシアとの微妙な関係を配慮して、慎重に旧来の議会制度を手直しするだけで満足しなければならなかった。新立法は議会を通過し、皇帝の批准をえた。それによると、議会は五年ごとに召集されることになった(一八八〇年からは三年ごとに改められた)。諸身分は平等の権限をもち、それぞれの身分から同数の委員がでて委員会を形成することとされた。僧侶身分には中・高等教育の教員も含められ、また都市の男子納税者全員が市民身分の選挙権をえた。ただし、女性と都市の貧困者、および農村の無産者、つまり全人口の三分の二は選挙資格から除かれた。なお、議会への提案権は大公

(皇帝)が握っていたが、一八八六年には諸身分も発議権を認められている。議会制度以外の制度改革としては、地方自治制度の確立、教会制度の整備が行なわれ、また一八七八年には、新徴兵法が制定されて、二一歳以上の青年が三年の義務兵役に服して大公国の国防にあたることとなった。また、経済面では、すでにみたような工業化の先触れとなるような諸措置がとられていったのである。

19世紀のフィンランド農民の生活

　さて、こうして再開された議会の内外でフィンランドの政治をいろどることになったのは、言語問題であった。アレクサンドル二世の統治下においてスネルマンはようやく時代の子となり、一八五六年にヘルシンキ大学の哲学教授となったのにつづいて、一八六三年春にセナーッティ(大公国政府)の蔵相に任ぜられ、経済的な近代化の諸施策を指導したが、同時に、従来にもまして大公国の言語に関するプログラムを推進した。同年夏、スネルマンはアレクサンドル二世と会見し、それが決定的な影響を及ぼして、「言語宣言」の発布をみるにいたった。言語宣言は、フィンランド語を用いている住民すべてに関して、フィンランド語にスウェーデン語と対等の地位を与えたものであって、彼らは、役所でフィンランド語を使って諸手続きを行ない、フィンランド語で書かれた公文書をうけとる権利を与えられたのである。ただし、フィンランド語を使用できる官吏は少なかったため、その実行には二〇年間の猶予を与えることとし、また役人同士の使用言語はスウェーデン語に限られていた。

このようなスネルマンの言語計画は、大公国内にその熱烈な支持者と強硬な反対者を生みだした。反対運動の急先鋒となったのは、言語学者のフロェイデンタールたちであった。もともと、オーランド諸島はもとより、フィンランドの南西部の沿岸にはスウェーデン語を日常語とするスウェーデンからの渡来者が住みついていた。しかし、フロェイデンタールが主張したのは、こうした庶民たちの利益ばかりではない。当時ヨーロッパには、フランスのゴビノー伯爵が考えだした人種論が流行しつつあり、その影響をうけてフロェイデンタールらは、スウェーデン人がもともとのフィンランド人より優等な人種であると主張したのである。フィンランド人は、東方のロシア帝国奥地の西シベリアなどに散在する遅れた少数民族と同じ系統の言語を用いている人種であり、スウェーデン人が征服し、同化したからこそ西欧文化の恩恵に浴し、社会的発達も可能になったのだ、したがって知識階級がスウェーデン語をすてるということは、フィンランドをアジ

ア と同じ野蛮な状態に突き落とすことになる、と彼らは主張した。そして、こうしたフロェイデンタールの説の支持者は、一八六〇年代に「スウェーデン人党」を形成していった。スウェーデン語を用いている知識人のなかには、また、言語はたんなる伝達手段にすぎないのだから、むしろ自然の成行きにまかせるべきだという二言語主義のグループもでてきた。彼らは、言語問題よりも経済・教会・教育などの分野で自由主義が発展することの方を重視し、その指導者としてはメケリンが頭角をあらわしてきた。

以上のような動きに対しては、スネルマンの支持者たちも手をこまねいてはいない。彼らもまた力を結集して、これも六〇年代に「フィン人党」を形成し、スネルマンの言語計画の実現に努めることになった。その指導者となったのが、歴史家でもあり、『フィンランド史』を書いたことで知られるフォルシュマンであった。この人は、コスキネンというフィンランド語のペンネームを用い、のちに、ユルヨ－コスキネンというフィンランド名で爵位をうけている。スウェーデン人党とフィン人党両者のあいだには、新聞・議会・大学・官庁を場として政治的抗争が展開され、七〇年代・八〇年代には最高潮に達した。とりわけ中等教育をどの言語で行なうかが争いの焦点となった。この〝言語闘争〟がいかに激しいものであったかは、一八八〇年代にメケリン派が発表した党綱領がスネルマンの容赦ない批判を浴び、二言語主義を維持できなくなって党が分裂してしまった、という事実によっても知ることができる。ただし、フィン人党のなかにも、しだいに、言語闘争一点ばりの首脳部に対して、思想や宗教の自由を求め、労働問題や婦人問題をもとりあげるべきだとする自由主義者のグループがあらわれ、八〇年代に党を割って「青年フィン人党」を結成するという事態がおきている。そのため、残った党員の方は、「老フィン人党」とよばれるようになった。

## 北欧三国の社会主義

ここで、やや時代をさかのぼり、デンマーク・ノルウェー・スウェーデンにおける社会主義運動の歴史を振り返ってみよう。これら三国がようやく工業化の道をたどりはじめた一八七〇年ころの状況をみると、産業労働者の数はいたって少なかった。もちろん広い意味での無産階級に属する人びとはおびただしく存在していたが、その大部分はさまざまなカテゴリーの農業労働者たちであって、産業労働者そのものの人数は、デンマークが三万五〇〇〇人(一八七二年)、ノルウェーが四万六〇〇〇人(一八七五年)、スウェーデンが九万人(一八七五年)という程度にしかすぎなかった。これらの工業化初期の産業労働者たちは、貧困・飢餓・疾病に苦しみ、失業や老年の不安に脅かされており、悪い居住状態のうえに一日一二時間以上も働かなければならなかった。しかも、労働協約などはなく、ストライキは一揆的行為として罰せられ、また政治的権利はまったく保障されていなかった。彼らのあいだには、それ以前から組織がなかったわけではないが、それはたいてい、自由主義者が主導したもので、相互扶助・宗教宣伝・飲酒反対運動などに力を注ぎ、労働者そのものが主体となったものではなかっ

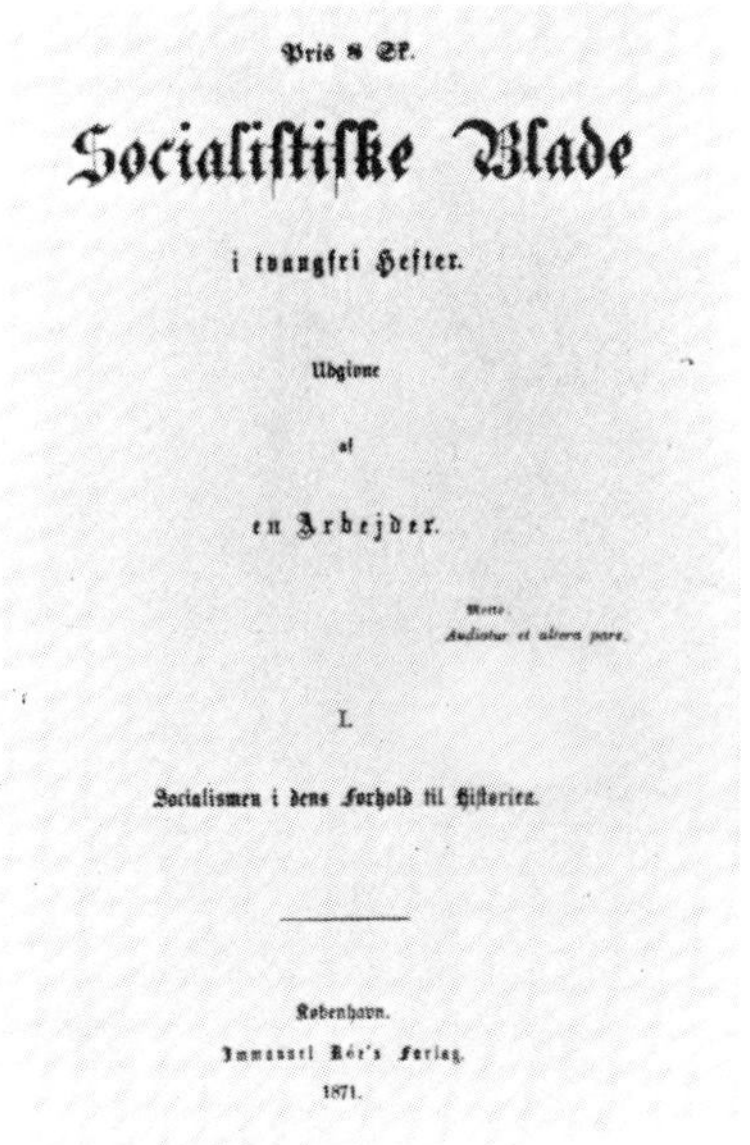
Pris 8 Sk.

Socialistiske Blade

i tvangfri Hefter.

Udgivne

af

en Arbejder.

Motto.
Audiatur et altera pars.

I.

Socialismen i dens Forhold til Historien.

København.

Immanuel Rée's Forlag.

1871.

『社会主義者』とピオ

た。だが、そうしたなかでも、労働運動ないし社会主義運動とよべるような動きがしだいに姿をあらわしてきた。

北欧三国のなかでもデンマークは、本格的な社会主義運動や労働運動が他に先がけてはじまった国だといえるであろう。これには、当時のヨーロッパ大陸の労働運動や社会主義運動の中心地であったドイツやフランスに地理的に近かったことや、工業労働者がコペンハーゲンに比較的集中して存在していたことがあずかっていよう。デンマークにおける社会主義運動は、デンマーク陸軍の元中尉で、フランス・プロイセン戦争にフランス軍義勇兵として参加し、一八七一年のパリ＝コミューンをつぶさに体験したピオが、その同じ年に第一インターナショナルの支部をコペンハーゲンにつくり、『社会主義者』と称する週刊新聞を発行したのにはじまる。彼の掲げる綱領にはラッサールの影響がみられるといわれる。資本主義を非難し労働者階級の団結をよびかけるピオの運動は急速に首都に広まった。しかし、一八七二年五月、彼が石工のストライキを支援したデモを首都で強行したさい、当局は騎兵隊を動員してこれを取り締まり、ピオら指導者を逮捕するとともに第一インター支部を解散させた。

この弾圧によって、デンマークの社会主義運動はしばらく沈滞していたが、その間にも、一八七六年に「社会民主党」がつくられ、出獄後亡命したピオに代わって彼の心酔者たちが党を運営するうち、一八八〇年代になると労働運動はふたたび活気づいてきた。そして、党は、一八八四年には二名の代表を下院に当選させ、議院内閣制と一八四九年憲法の復活を要求する左翼党を支持して活動した。このころ同党が採用した党綱領は、資本主義的企業と並んで労働者の〝生産連合〟をつくるといった初期のユートピア的な構想をすてて、生産手段の没収を要求するようになっていた。同時に注目すべきは、党が小屋住み農民のあいだにも食いこんでいったことであり、世襲農園の小農への分配、土地購入のための信用機関の設立、未開墾地の収用と農業労働者への貸与といった農業綱領をもっていたことが特徴である。この社会民主党の農業綱領に驚いたのは自営農民の支持に立脚していた左翼党であった。それまで左翼党は進歩的勢力の急尖鋒として、社会民主党と組みつつ保守派と対決してきたのであるが、社会民主党の農業労働者をも対象とした急進的な綱領は、左翼党が許容しうる〝左〟の限界をはるかにこえていたからである。一九〇一年に保守派のあとを襲って政権の座についた左翼党は、以後むしろ保守派に接近し、社会民主党に対して敵対的な態度をとるようになった。そしてこうした左翼党の急激な右旋回についてゆけない一部の急進的分子が脱党して「急進左翼党」を形成し、社会民主党との協力をつづけることになったのである。

つぎに、ノルウェーに目を移すと、すでに触れたように、一八四八年に、サン＝シモンの影響をうけた学生トラーネが無産者の協会をつくったのが、この国における社会主義のはじまりであった。彼は述べた。「社会主義とは、一方に賃金を支払う者がおり、他方に労働をする者がいるという古い慣習を打ち倒して、代わりにめいめいが自分の労働に応じた報酬をうけとるという慣わしを導入することである。こうした慣習にもとづく社会にだけ、人間のあいだに真の自由と平等とキリスト教的友愛が存在する」。彼の運動はたちまち各地の町や村に広がり、二年間のうちに三〇〇の協会ができ、二万名が参加したといわれる。トラーネは、小屋住み農民に対する土地の廉売、職人に対するギルド的制約の廃止、保護関税の廃止、アルコールの販売制限、普通選挙権などを訴え、一万三〇〇〇の署名を集めて国王に嘆願したが、黙殺されると国会に綱領をもちこんだ。だが、彼の運動の拡大に恐れをなした当局は、国家の安全を害したという理由で一三三名を罰し、トラーネを四年の刑に処した。こうしてトラーネの運動は崩壊したが、このような早い時期に社会主義運動が行なわれたのは、他の北欧国家に例をみない。

こうした先触れのあと、ノルウェーで工業化の萌芽が生じてようやく近代的な意味での労働者階級が生まれはじめたが、当初は左翼党が彼らの利益をも代弁しており、労働者階級独自の党はなかなか形成されなかった。一八八七年になってはじめて、小さな政治グループとこれも小規模な労働者団体がいくつか集まって「ノルウェー労働党」がつくられたが、依然として左翼党への依存から脱却することはできなかった。これは、一つには、左翼党の指導者スヴェドゥルップがかつてトラーネの影響をうけ、労働党員同様に社会主義に対する理解をもっていたからである。いま一つには、スウェーデンの支配に対するノルウェー解放のための闘争という、いわば挙国的な課題のもとに労働党もまた結集した結果、労働党独自の活動をすることは困難であったからである。このようにして、ノルウェー労働党は、成長の歩みも遅かったし、九〇年代以降イエッペセンの起草した諸原則を掲げたものの、いま一つ明確さを欠いていた。そして同党は、世紀の交にいたるまで選挙では左翼党の候補者を支持する有様であり、独自の代表四名を国会に送りこんだのは、ようやく一九〇三年のことにすぎなかった。ただ、注目すべきは、労働党がこうしたコースを歩む一方で、「赤色青年」と称するより急進的な団体が存在し、ロマンティシズムと革命的な情熱をもって軍国主義の廃絶、サボタージュ、直接行動をよびかけていたことである。

　スウェーデンについてみれば、一八八一年にパルムによってマルメで結成された「スウェーデン社会民主協会」が社会民主党の前身である。パルムはもともと仕立て屋であったが、諸国をまわるうち、ドイツとデンマークの社会民主主義運動の理念にひかれ、スウェーデンに帰国後は諸地方の労働者組織を講演して歩き、社会民主主義の思想を広めたのである。そして、一八八九年には、パルムの主宰で「社会民主労働党」の設立大会が開かれるにいたった。大会では同党は独自の綱領をつくることなく、ドイツ社会民主党の一八七五年のいわゆる「ゴータ綱領」をそのまま認める有様であった。したがって同党は、究極目標としては生産手段の社会化による無階級社会の実現をめざしていたが、直接的な目標については、労働条件の改善に限る者と、将来の社会主義実現の前提条件としての普通選挙の要求を掲げる者と、ベルイェグレンが指導するグループのように、議会的手段によらず直接暴力に訴えることを主張する者とに分かれた。党は結局これらの中道をとることになり、ブランティングの指導下に普通選挙権を断固としてめざすことを決定した。

この大会の数ヵ月後、パリで第二インターナショナルの結成大会が開かれ、「スウェーデン社会民主党」も、一九ヵ国の各国代表の一つとして参加している。この大会も、革命を否定し現存する資本主義体制のもとで労働者の社会的条件の改革を唱える〝修正主義派〟と、マルクスの革命思想を賛美しながら革命の準備はなにもしない〝急進派〟が対立したが、スウェーデン社会民主党の場合は、たしかに両者の矛盾のうえに立ちながらも、革命の脅威を政治的威嚇の手段に用いつつ、労働者階級の政治参加を求めるという、実用的な対応によって問題を解決しようとしていた点に注目しなければならない。ところで、こうした社会民主党は、普通選挙権の実現のために自由党と密接に協力しあうようになった。そうした協力体制のもとで生みだされたのが、「人民議会」なる試みであった。これは、男子普通選挙権のルールにもとづいて代表を選出し、それによる「人民議会」が既存の公式のスウェーデン議会に対し政治改革の要求をだす、というものであった。そして、もしその要求が無視された場合にはゼネストに訴えて要求を貫徹することを決意し、全労働者に「ライフル協会」へ入会するようすすめていた。一八九一年にこの試みのイニシアティヴをとった社会民主党は、当時まだ党員五〇〇〇名にすぎず、提案をうけた会員五万の「普通選挙協会」も尻ごみしたが、結局承諾し、一八九三年春、ともかくも第一回目の「人民議会」が開催された。ところが、国王オスカル二世も首相ブーストロェムもこれを無視し、ゼネストも実行できなかった。「人民議会」は一八九六年にも開かれたが、初回の熱意は失われており、それに自由党側がまたもやゼネストの提案を拒否したので、社会民主党は自由党と袂を分かつにいたった。ただし、「人民議会」の試みは、それ自体は失敗に終わったとはいえ、普通選挙制への共感を国内に広めることにおおいに役立ったのである。

## 2 帝国主義時代における北欧

### 工業化の進展

一九世紀末から第一次世界大戦にかけて、北欧諸国の工業化はいっそうすすみ、比喩的な表現をあえてすれば、西欧先進諸国なみの経済発展水準に到達したのであった。二〇世紀にはいってからの飛躍的な発展の主因は、この時期の新しいテクノロジーの進歩を最大限に活用できたことであるが、とりわけ、水力発電の利用に注目しなければならない。工業化が蒸気機関に依存しているあいだは、石炭を輸入しなければならない北欧諸国は不利をまぬかれなかったが、電気エネルギーは、水資源と瀑布に恵まれたスウェーデンやノルウェーにとっては、自前で豊富に生みだすことができたのである。

水力発電は、すでに一八八二年にスウェーデンの綿紡績工場で採用され、また一八九〇年にノルウェー北部のハンメルフェストで街燈に用いられたなどの事例があるが、しかし、大工業で本格的に利用されるようになったのは、一九〇〇年代になってからであった。両国のうち、とりわけスウェーデンは、電気関係設備の生産では世界的な水準にあったし、商業銀行による投資も容易であった。これに対し、それらの条件を欠くノルウェーは、工業の規模もはるかに小さかった

ノルウェーの人工肥料工場

が、それでも一九一二年には労働者一人あたりの使用馬力は二〇年前の二倍になり、またリューカンの瀑布に設けられた発電所は世界最大を誇った。こうした新エネルギー源の開発によって、旧来の産業は活気づき、また新しい工業が育っていった。スウェーデンでは鉄工業に電気炉・電気冶金術が採用され、紙・パルプの生産が増大し、電気タービン・ボールベアリング・自転車・事務器械などの工場が誕生した。またノルウェーでは、廉価な電力を利用して新しい工業が建設された。ノルウェー人が発明した窒素法による肥料用硝酸の生産が、「ヌルシュク＝ヒドル」とよばれる電気化学工業会社によってリューカンなどで大規模に行なわれるようになったし、そのほか、アルミニウム・亜鉛・ニッケル・合金などの電気冶金業もノルウェーの代表的工業となった。

ただ、こうした発展も、前節で指摘したように、国際的な好条件に恵まれたためであることに注目しなければならない。スウェーデンの経済史研究者ヨードベリの言を借りれば、「一九世紀の後半から第一次世界大戦にいたる期間に、経済的諸変数は、たとえそれがいかに北欧諸国の手の及ばない要因によっていたにもせよ、スカンディナヴィア諸国にとって幸運な組合せになっていたのである。端的にいえば、小国が進歩発展をとげるためには、だれか他人がその条件をつくってくれることが楽なのである。だが、大切な点は、たんに小国であればよい、ということだけではない。世界貿易が、一九世紀から第一次世界大戦にかけてそうであったように、特別なかたちで機能する時期に、大規模な対外貿易をともなう小国である、ということが必要なのである」ということになろう。だが、さらに、世界貿易のあり方ばかりでなく、政治経済を含めた、いわゆる帝国主義時代の国際関係の構造のなかで北欧を位置づけてみる必要があるように思われる。この時期に、列強の軍事的利害の交錯したバルカン半島では、諸小国は、相互に拮抗し、軍備と列強の戦略的要求の重圧のもとで経済発展をゆがめられていた。これに対し、ヨーロッパ大陸の列強抗争の焦点からへだたっている北ヨーロッパでは、同じ当時の国際関係が、極端にいえば第一次世界大戦に向かう国際関係の過程そのものが、順調な経済発展のために幸運に作用していたといえよう。北欧諸国は、二〇世紀にはいっても、ますます貿易にたよることができたし、もっぱら経済的な動機にもとづく先進諸国からの投資を期待することができた。工業発展のための外資をさして必要としなかったスウェーデンに対して、ノルウェーは、前述のノルスク＝ヒドロをはじめ主要な輸出産業は圧倒的に外資にたよっていたが、第一次世界大戦中の海運業の発展によってその多くを買いもどすことができた。デンマークは、輸出産業としての工業をもたない欠陥を農業の機械化で補いつつあったが、世紀の交には輸入が輸出より五割も上まわるという状態になり、多額の国際借款によって投資をつづけていたが、これも第一次世界大戦で対外債務の大部分を返済することができた。ただ、そうはいっても、国際的な好条件を利用するには、北欧諸国の側の主体的な努力が必要であり、それはとくに、この時期の北欧諸国の相互協力や中立・平和維持の努力にうかがわれるが、これらについては、のちの項目で述べる。

### デンマークの「体制変化」

一九世紀末から第一次世界大戦までのあいだに、デンマークでは、保守派（右翼党）の長期にわたる支配がくつがえって左翼党が政権の座につき、ついで同党の分裂によって生じた左派の形成する「急進左翼党」（以下、「急進党」とよぶ）が野党の地位に立ち、ついには政権を握る、という経過が、議会政治を通じて生じている。この左翼党の分裂と政権のより左への移動という現象は、左翼党の中間的な性格と、小農や労働者階級による社会改革要求の圧力の強まりを示すものであった。

前章にみたエストロップの退陣は、保守派（右翼党）の弱体化を意味したが、反面ボイセンら左翼党指導者の右旋回の結果でもあり、党内にはこれに対する不満が高まった。そのため、一八九五年の選挙では、左翼党反ボイセン派だけで下院議席の過半を占め、これをベアの後継者クリステンセンがまとめて「左翼改革党」と称した。左翼改革党は三年後の選挙でも絶対多数を占め、クリステンセンはこれを基盤に、エストロップの退陣によって弱体化した保守勢力とその政権を手玉にとった。さらに一九〇一年の選挙では、下院の総議席一一四のうち保守派(右翼党)がわずか八議席をえたにすぎないのに対し、左翼改革党が七六議席を獲得し、社会民主党も一四議席と進出した。保守派のなかにも自由主義に傾斜するグループが生まれており、デンマーク国王も議会主義の原則に従って左翼党勢力の政権参加を認めざるをえなくなった。ただし、国王は、首相には左翼党議員でない知識人のドインツァーをすえたが、内閣の実権は、教育相として入閣したクリステンセンが握った。これは当時「体制変化」とよばれ、国民大衆からはデンマークの政治史に新しいページを開くものとして歓迎された。

ドインツァー内閣は、保守派の上院支配にもかかわらず、保守派内の自由派の協力をえて左翼党の意図する改革をつぎつぎにすすめた。一九〇三年には、教育改革のほか、税制の面でも、農民層が廃止を要求していた「十分の一税」や、古くからの不平等な地税が廃止され、近代的な税制が実施された。翌年には、一八七四年に与えられたアイスランドの自治が著しく拡大された。

ところが、与党となった左翼党の内部では、クリステンセンら党主流が大農の利益擁護に傾きがちな点に対する不満が強まり、さらにクリステンセンらが将来のヨーロッパ戦争において中立

**「体制変化」後初のドインツァー内閣閣僚**　右から２人目がドインツァー，５人目がクリステンセン。

を守るためには軍事費増額が必要という考えを示すにいたって、急進派は公然と反旗をひるがえし、除名されると小農や都市の知識人・小市民を背景に急進左翼党を結成した。この分裂劇で退陣したドインツァーに代わり首相となったクリステンセンは、ボイセン派残党と保守派の支持に依拠しつつ政権を維持した。一方、急進左翼党は、これに対し野党の立場をとり、陸海軍の警察力程度への縮小・非武装的中立、内政面では社会立法や民主的税制、さらには農村無産階級を小農民化するための大土地の分割などを綱領に掲げ、また社会民主党との提携を深めた。

　クリステンセン内閣は、国王フレデリック八世と良好な関係を保つ一方、社会民主党までもとりこんで、婦人を含む全納税者に地方選挙権を与える法や、労働組合の運営する失業基金に国家補助を与える法を制定するなど、安定した長期政権になるかと思わせたが、法相のスキャンダルから退陣し、「穏健党」(旧ボイセン派)、左翼党と短期内閣がつづいたあと、サーレが初の急進左翼党の内閣を形成した。だが、サーレは、社会民主党の支持をえていたにもかかわらず下院で絶対多数を制することができず、そこで、上下両院の選挙制の平等化、婦人参政権を唱えて総選挙に臨んだが、かえって穏健党と左翼党が多数を占め、この二者の合同した左翼党内閣がベアンツェンを首相として成立した。しかし、一九一三年の選挙では、左翼党は敗北し、緊密な協力関係をむすんだ急進左翼党と社会民主党がついに下院の過半数の議席を獲得し、サーレがふたたび首相となって急進左翼党の内閣を形成し、社会民主党のゆるがぬ支持のもとに七年間つづくという、エストロップ以来の長記録をつくった。

**スウェーデンの選挙法改正**

スウェーデンでは、二〇世紀にはいっても、デー＝イェールが時代を先取りして制定した外見ばかりが近代的で中身は北欧諸国中もっとも保守的な議会制度が生きており、一九〇五年になっても国民のわずか八％が下院の選挙権を有していたにすぎなかった。しかもその一方、すでにみたような重工業の急速な発達によって労働者階級が数と力を増し、国政への参与から疎外されていることへの不満を高めつつあった。こうしたなかで政界の勢力配置をみると、企業家・大土地所有者を基盤とする保守勢力が上院を支配して立ちはだかり、これに対し、下院で自由主義者が社会民主党に依拠して諸改革をすすめようとしていた。そして、この対立の争点となったのが、とりわけ選挙法の改正問題であった。

社会民主党の選挙権拡大要求は、同党が自由主義者をつきあげて一八九一年に行なった「人民議会」の試みにすでにうかがわれるが、その後自由主義者のベリストロェムやベリが形成した「人民党」が一九〇〇年に「自由党」に発展解消すると、同党は下院での普通選挙の実施を、社会立法の要求と並んで綱領のなかに採択し、ここに自由党と社会民主党が協力し合う素地が固まった。一九〇二年になると、これら野党勢力の普通選挙要求をめぐる大規模な紛争が生じている。

いったい、この少し以前から、保守勢力の基盤のうえに立つ政府の側には、野党に対するある程度の譲歩と引きかえに軍備を強化しようという動きが生まれていた。ドイツ帝国に対する露仏同盟の成立という国際対立下に、フィンランドに対してはじまっていたニコライ二世のロシア化政策は、スウェーデン北部の鉄鉱山の重要性の増大とあいまって、スウェーデンの支配層のあいだに対外的な脅威感を高めており、政体の民主化によって人民を国防に動員することの必要が認識されつつあったのである。詩人のヘイデンスタムも、世紀末に発表した「市民の歌」のなかで、愛国主義の名による政治的平等を説いていた。こうした雰囲気のなかで、野党側も対価を期待して政府の国防法案を認めたが、一九〇二年に政府がだしてきた選挙制改革案は時期遅れの代物であり、自由党も社会民主党もこれをはねつけ、男女普通平等選挙権を要求した。同時に社会民主党は労働者にゼネストをよびかけた。その結果、五月に、議会外行動としてはスウェーデンに先例をみない一二万名の参加するゼネストとなった。このゼネストの結果といえるか否かは別として、上下両院は、政府に対し、普通選挙と比例代表制に立脚した新たな法案を提出するよう要求した。

一九〇五年は、隣接するフィンランドとロシア本国で革命の動きが生じ、またなによりもノルウェーのスウェーデンからの自立問題が日程にのぼって、スウェーデンの政界はゆれ動いた。ノルウェーに対するブーストロェム内閣の強硬態度はスウェーデン議会においても非難の的となっていたが、八月初めに成立したルンデベリの内閣が、ノルウェーの平和的な分離の協定を首尾よくまとめて一一月に辞任すると、スウェーデン政界の関心は、ふたたび内政問題にたちかえった。

スターヴ

この年の九月に行なわれた下院選挙で自由党が二度目の勝利をえたことにかんがみ、摂政グスタヴ殿下は同党の指導者スターヴに組閣を命じざるをえず、スウェーデンではじめて、議会に対する責任内閣制のルールが勝利したが、首相スターヴは、ロシアの政情とノルウェー分離にからんだ社会民主党や「青年社会党」(アナーキストの団体)の反軍国主義アジテーションを念頭においた取締法を制定する一方、兵役と納税をはたした二四歳以上の男子に普通平等選挙権を与える改革案を議会に提出した。ところが、この法案は下院を通過したものの上院では圧倒的な差で敗れ去った。スターヴは下院の再選挙によって改めて自由党の力を示し法案をとおすことを思いついたが、国王のがえんずるところとならず、首相の座をおりざるをえなかった。

スターヴ退陣のあと、企業家で上院の穏健な保守派議員であるリンドマンが首相となったが、リンドマンは一九〇七年の議会に、さきのスターヴの下院選挙法改正案を引き写しにし、また比例代表制を上下両院に適用した法案を提出した。今度は、少数の頑迷な上院議員を除いて保守派もこの法案に賛成し、新しい選挙制度は一九〇九年に発効するにいたった。ただ、リンドマンは、保守派の立場から社会民主党を公然と敵視していたし、また改正案そのものも、納税能力のない貧困者や定住していない農業労働者を選挙権から除外しているために、社会主義者の支持をとりつけることはできなかった。こうして無産大衆の政治参加への門が遅ればせに開かれようとしている一方で、労働争議が激化しつつあった。一九〇二年のゼネストは、経営者側を結束させ、同年中に「スウェーデン使用者協会」が生まれて、ストライキに対しロックアウトでこたえるようになった。労働者側も対抗手段をエスカレートさせ、一九〇八年にはイギリスで募集されたストライキ破りをスウェーデンに運ぶ船に爆薬が仕掛けられる事件がおこり、一九〇九年には、ささいな労働争議がゼネストにまで拡大するという事態になった。しかし、企業家側もこうした事件にようやく事の重大さをさとりはじめ、議会の諸政党は、労働者の生活を保護するさまざまな社会立法のために協力しはじめた。また、これらの社会立法は、都市の上下水道整備などの、経済発展の波にのった諸措置によって裏打ちされた。

以上の過程は、スウェーデンの保守派＝支配層が、革命的な危機をいわばぎりぎりの段階で、譲歩によって回避する才覚をもっていたことを示すものであり、その後の同国の発展路線に大きな影響を与えたといえるが、その後も、国防問題をめぐってスウェーデンの内政はなおも緊張をつづけた。すなわち、一九一〇年に、リンドマン内閣は「Fボート」とよばれるスウェーデン初の戦艦の建造を決定していたが、翌年の下院総選挙で保守派が敗北を喫し、国王グスタヴ五世の要請でスターヴが首相に返り咲くと、彼はさっそく、軍事費削減という選挙時の自由党の綱領にもとづいて「Fボート」の建造を延期した。このため、保守派が憤激して国内は騒然となり、探検家スヴェン＝ヘディンは『警告の言葉』(一九一二年)というパンフレットを配ってロシアの脅威を説き、保守派が戦艦建造の募金をするという状況になった。こうしたなかでスターヴは軍備強化の必要を認めるにいたり、ただし自由党の綱領との抵触を避けるため、新しい選挙後に兵役期間の延長を計画する程度にとどめようとした。しかし、保守派と自由党の一部はこれに満足せず、「国防の友」というグループが生まれ、また全国各地で国防強化のための署名運動が行なわ

王宮におしかけた「農民の行進」

れた。その代表三万人――大部分は富農であった――は、ストックホルムの王宮に向け「農民の行進」を行ない、国王グスタヴ五世に嘆願書を手交した。ところが、王は、王宮のバルコニーから、彼らを激励し、スターヴの見解を否認する演説を行なった。これに対抗してストックホルムの労働者もまたスターヴに激励のデモ行進をなしたが、スターヴは、国王に、議会民主主義の見地から抗議し、王が拒むと首相の座をおりた。国王は後継首相に保守派のハマーショルドを任命し、ハマーショルドは一九一四年春下院を解散して信任を問い、支持勢力の絶対多数を確認したうえで、軍事改革にのりだした。

## ノルウェーの独立

一九世紀末から二〇世紀初めにかけて、ノルウェーには、スウェーデンとの連合から離れようとする動きが強まった。両国のあいだには、いろいろと問題はあっても、一八七〇年代から八〇年代にかけては、連合そのものが問われるような状況はまだ生まれていなかった。ところが、八〇年代後半になると、外務行政機構の問題をめぐって、深刻な紛争が生ずることになった。スウェーデン・ノルウェーの外務行政は、スウェーデン人の外相が管掌し、そのもとにスウェーデンの外務省がいっさいを取り扱っていた。こうした状態は、ノルウェー人の自覚が高まるのにつれ、しだいに自分たちの発展の障害と感じられるようになっていた。またことに、世界第三位に躍進したノルウェーの海運業は、海外に自前の領事館はなく、ノルウェー人の利益を二のつぎと考えるスウェーデンの領事館にたよらざるをえない有様であった。

こうしたところへ、従来国王が一手に握っていた外交指導の権限が、しだいにスウェーデン議会の手に譲られるようになった。一八八五年になると、対外関係の省議は、スウェーデン政府閣僚三名によって行なわれることとなり、ノルウェーは著しく不平等な地位に立たされることとなったのである。スヴェドゥルップ政府はこれを正そうと考え、首相みずからストックホルムに赴いたが、交渉に失敗し、失脚の一因をつくった。しかも、事態はそれだけで収まらず、スウェーデンに対する悪感情がつのるなかで、諸政党のなかにスウェーデンからの分離を主張する声がではじめ、とりわけビョルンソンの崇拝者であった左翼党急進派の青年たちは、ノルウェーの完全独立を夢みるにいたった。

スヴェドゥルップの退陣後、エミール＝スタングを首相とする右翼党内閣が、左翼党穏健派の支持によって成立したが、解決策をみいだすことができず、一八九一年に退陣した。そのあとに成立したのは、ステーンの率いる「純正左翼党」の内閣であった。純正左翼党とは、スヴェドゥルップら穏権派の主導に不満を抱いて一八八八年に分裂した左翼党急進派である。議会は、領事の分離は純粋にノルウェーの問題であるとの解釈に立ち、挑発を恐れる右翼党の懸念を押しきって法案を可決したが、国王が、法案の裁可を拒否したため、一八九三年四月ステーン内閣も総辞職した。一八九五年六月七日、ノルウェー議会は、一部の急進的分子を除いて、連合全体のあり方についてスウェーデンと交渉を欲するむねの決議を行ない、右翼党のハーゲルップ内閣がこの課題と取り組むことになった。

連合に関するノルウェーとスウェーデンの委員会は作業にとりかかったが、一八九八年には暗礁にのりあげてしまった。スウェーデン側が強硬態度を崩さなかったからである。万一に備えノルウェー側では、軍事公債の発行、国境の保塁建設、海軍の建設など、軍事的準備をすすめた。一九〇二年になると、自由主義的なスウェーデン外相ラーゲルハイムのイニシアティヴで交渉が再開され、ノルウェー側でも一九〇三年に純正左翼党が選挙に敗れハーゲルップが首相として返り咲いたことがあって、領事を個別におくというところまで話合いがすすんだ。ところが、ここで、事態は急転直下、悪化した。スウェーデン側で、妥協的だったラーゲルハイム外相が締めだされ、強硬派のブーストロェム首相が采配をふるうことになったからである。スウェーデン側がだしてきた草案は領事の任免権をスウェーデン外相が握るというものであったからノルウェー議会は一致してこれに反撥し、一九〇五年二月七日、両国外相は、交渉が公式に閉じられたむねを宣言した。一九〇五年三月一一日、ミケルセンの内閣が成立した。

ミケルセンは左翼党に属していたが、社会主義者を除いてすべての政治グループを内閣に含め、強い指導力を発揮して事にあたった。国内世論がわいているこのときを失してはならなかった。ミケルセンは、大詰めに備えて軍事的防備をひそかに固めるとともに、国際世論の獲得にも努めた。北極探検で名をあげたナンセンはロンドンでしきりに論文を発表し、大きな影響力を与えた。五月一七日の憲法記念日はとりわけ盛大に祝われた。五月二七日、ロェーヴランに率いられたノルウェー代表は、オスカル二世に対し、領事分離の法案を提出した。王は老齢で病身でもあったが、法案が実現しても事態の改善にはならないと考え、連合の崩壊を見越したうえで法案の裁可を拒否した。ノルウェー側はただちに内閣の総辞職を申しでたが、王は後継内閣のあてがないとして認めず、友好の言葉で代表団と別れた。帰国すると、熱狂的な歓迎が代表団を待っていた。ノルウェー側がつぎにとるべき措置についてはいろいろと意見があったが、ミケルセンは連合を終わらせる好機だと決意していた。六月七日朝、彼は、徹夜の議論を重ねた議会に対し、内閣の総辞職を表明するとともに、簡明な二つの決議を提案した。その第一は、責任ある内閣の付与という立憲君主の責務をはたさないオスカル二世はもはやノルウェー王ではなく、したがってスウェーデンとの同君連合も解消した、とするものであり、第二は、オスカル二世に対しその息子のベルナドット王子をノルウェー王にむかえたいむねの意思表示をなしたものであった。このミケルセンの考えは、法律的には問題がなくはなかったが、スウェーデンとの連合を事無く終わらせる妙案であることには変わりがない。白夜の季節のクリスチャニアの街頭には、民衆の興奮が渦まいた。

### 新ノルウェーの歩み

六月七日のノルウェー議会による事実上の独立決議に対するノルウェー国民の見解を問うために、八月一三日国民投票が実施された。投票率八四%で、そのうち三六万八二〇八票が賛成、反対はわずか一八四票であった。しかし、ノルウェー政府には、穏便な解決を望むかぎり、スウェーデン政府の了解をとりつける責務が残っていた。当然のことながらオスカル二世は六月七日の決議に対し強い抗議の電報を送った。スウェーデン国民のあいだには、怒りが広がり、老国王に対する同情のデモが行なわれた。群衆をむかえたオスカル二世は、彼らの忠誠に感謝したが、ノルウェーに対する国民の激情を挑発するような言辞はいっさい慎んだ。またスウェーデン国内にも、平和を愛好する自由主義者がいて政府の対ノルウェー政策を批判しており、労働運動はメーデーの日に「ノルウェーに正義と平和を」という決議を行なっていた。

六月二〇日にスウェーデンの議会が開かれると、議員の見解は分かれており、一方では武力の行使を主張する者がいるかと思えば、他方には連合解消の宣言を要求する者がいる、という具合であった。結局議会は中をとって、連合法は解消するが、両国の国境に中立地帯を設け、国境沿いの要塞を破壊する、という条件をつけることにした。ノルウェー側世論はこの条件に激昂したが、両国政府の努力がみのって八月三一日にカールスタッドで代表間の交渉が開始された。ノルウェー側は、首相ミケルセンとともに、はじめて創設された外務省の大臣としてロェーヴランが出席していた。会談では国境要塞の問題で双方が譲らず、決裂一歩手前までいったが、スウェーデン側が妥協案をだし、歴史的な要塞を保存するなどの修正を行なったためノルウェー側も折れ、九月二三日にカールスタッド協定が調印された。一〇月に両国議会は協定を批准し、同月二七日、オスカル二世はノルウェー王を退位すると言明した。

こうしたスウェーデン相手の交渉と並行してノルウェー政府が努力したのは、諸外国から独立の承認をうることであった。外国の各首都に代表が派遣されて、公式あるいは非公式に諸政府に働きかけた。なかでもナンセンやヤールスベルグの活躍はめざましく、諸国の世論や政府をノルウェーに好意的に傾かせるのに貢献した。承認獲得の努力と関連して注目されるのは、独立後のノルウェーが君主制をとり、王をスウェーデンから招こうとしたことである。分離独立という行為は、当時のヨーロッパの保守的な空気のなかでは革命と同様衝撃的な事件であり、そうした印

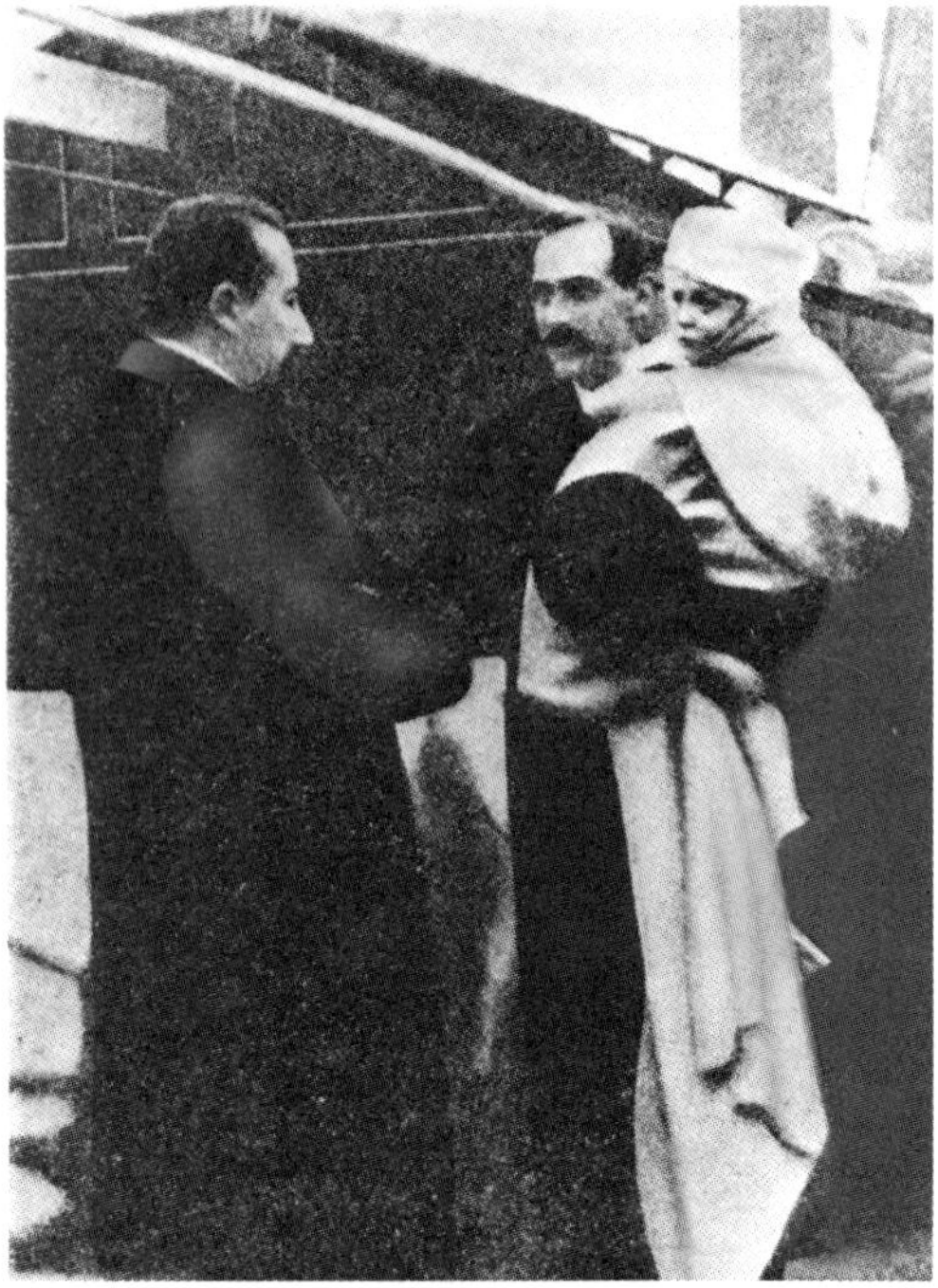

新国王ハーコン7世と息子のオーラフを歓迎するミケルセン首相

象をやわらげる必要があったからである。

カールスタッド協定がむすばれると、諸外国はあいついでノルウェーの独立を承認した。ただ、ベルナドット王子のノルウェー王即位は、スウェーデン側から拒否された。しかし、これはもともとノルウェー側が手順として要請したものであって、めざすところはデンマーク王クリスチャン九世の孫であり、イギリス王エドワード七世の娘モードと結婚しているカール王子であった。ノルウェーでは、一八一四年のときのクリスチャン＝フレデリックの記憶が生きており、その再来を望む気持からカール王子の名が浮かび上がってきたのである。カール王子は王位をうけるにさき立ち、人民投票に委ねることを強く望んだ。一一月一二・一三の両日人民投票が行なわれた。投票率はあまり高くなかったが、二五万九五六三票対六万九二六四票の大差でカールへの賛票が投じられた。一九〇五年一一月一八日、カール王子はノルウェー議会によって、国王に推戴され、ハーコン七世を名のり、一一月二七日、ノルウェー憲法を遵守することを誓った。

すでに述べた二〇世紀初頭のノルウェーにおける急速な工業化の進展にともない、利権問題・社会問題が発生し、これらが独立したばかりのノルウェーの政治をゆさぶった。当時、ノルウェーの資源開発には、イギリス・ドイツなどの資本がしきりに投ぜられ、とりわけエネルギー源である瀑布が投機目的で内外人に大量に買われている状況が、国民のあいだに自国の存立への不安をかき立てていた。ミケルセン内閣は、一九〇六年、政府の特別許可なくして株式会社が瀑布を買うことを禁ずる法案を議会に上程し、ただちに成立した。これは慌しく立法がなされたので「恐慌法」とよばれたが、事実上、外国資本による発電所建設の途を閉ざしたことになる。ただ、時限立法であったため、翌年政府は新しい恒久的な法案を提出した。急進的な勢力はこれに満足せず政局は紛糾し、疲労困憊したミケルセンが退きローェーヴランが継いだが、翌〇八年には連立内閣そのものが、ノルウェー労働党によって支持された左翼党急進派によって倒され、クヌッドセンを首相とする左翼党急進派の内閣が成立した。この新内閣のもとでさきのカストベルグによる利権法の起草がすすめられた。これは、瀑布や鉱床の購入に制限を設けるにあたって国内の会社をも対象としたほか、地方自治体に属しない個人が森林を買うことも禁じたものであった。野党はこれを憲法違反の疑いがあると攻撃し、つづく選挙で与党は議会の多数派を占めることができなかった。そこでローェーヴランの新連立内閣が成立し、そのもとで利権法案が少差で可決された。

ノルウェー国内の関心は、このころから社会立法へと向かった。一九〇九年から一五年にかけては、ノルウェーで社会立法が躍進をとげた時期であるが、そのイニシアティヴをとったのは左翼党であった。とりわけその推進者となったのは、クヌッドセンとカストベルグであった。社会立法に対する抵抗はもともと少なかったが、とくに一九一二年の国会選挙で、禁酒協会・青年組織・ランスモール運動などの有力団体が左翼党の旗印のもとに集《つど》い、右翼党と、左翼党右派が分離した「独立左翼党」が二四議席に落ちこんだのに対し、いまや急進派で占められた左翼党が七〇議席をうるという大勝利を収め、第二次クヌッドセン内閣が成立すると、かねてのカストベルグの構想に立脚した社会政策がいっきょにすすむことになった。まず、選挙の翌年、社会問題省が設立され、カストベルグみずからその大臣となった。ついで一九一五年には、一八九二年の工場法が改められ、全産業労働者のための保険が設けられ、健康保険が拡大されるなど社会立法が堰を切ったように成立した。母親や庶子の社会・経済的地位を向上させる法も国会を通過した。だが、左翼党政府の社会立法努力が労働争議の分野に及ぶと、たちまち、経営者・労働者双方の側の強い抵抗に直面した。カストベルグは、政府による強制的な調停あるいは仲裁の制度を成立させようとしたが、左翼党は強行策を避け、一九一五年により限られた立法を実現させた。

## ロシア化政策と抵抗

一九世紀末にはフィンランドにも民族弾圧の波が押し寄せてきた。その背景としては、国際対立の深まりとドイツの脅威の増大のなかで、ペテルブルクの西北周辺地域の一つであるフィンランドをロシア帝国が軍事的に掌握する必要がでてきたこと、フィンランドだけを特別扱いできないという大ロシア＝ショーヴィニズム、帝国主義時代にあってフィンランド大公国をロシア産業の独占市場として確保したいという願望などがあったと思われる。一八九八年にフィンランド総督に任命された軍人ボブリコフは、〝ロシア化〟と俗称される一連の大公国自治の収奪政策にのりだすことになった。

ボブリコフを前に「二月宣言」に署名するニコライ2世

ロシア化の第一弾は、一八九九年二月一五日にニコライ二世の名でだされた「二月宣言」であって、フィンランド大公国が行なう立法でロシア帝国全体にかかわるものは、ロシア帝国政府の承認をえなければならない、とするものであり、フィンランドの自治を奪いさる性格をもっていた。フィンランド人のあいだには危機意識が高まり、五二万人の署名簿を携えた代表が二月宣言の撤回を請願すべくペテルブルクに赴いたが、ニコライ二世は面会を拒否して皇帝に対する人びとの幻想を打ち砕いた。ボブリコフを代弁者とするツァーリ権力は、一九〇〇年には大公国行政府内でのロシア語使用を規定した言語宣言をだし、一九〇一年には、大公国の自前の軍隊を廃止してフィンランド人青年をロシア帝国軍隊に編入する徴兵法を発布するなど、矢つぎばやの措置にでた。

こうした露骨な自治の侵害に対して、フィンランド人は、ロシアのユダヤ人組織の名を借りた「カガーリ」という地下組織をつくり、手段をつくして徴兵に抵抗した。この運動はロシア化を非合法な措置であるとし、フィンランド大公国の憲法上の諸権利を不服従運動によって守ろうとするもので、「憲法主義者」・「消極的抵抗派」などとよばれた。この運動の中核は青年フィン人党で、法律家の活躍が目立っていた。これに対して、ロシア帝国に対して正面から抵抗することは破滅につながるので、可能な事柄については譲歩して民族的な存在という最後の一線を守るべきだとする派があり、協調主義者とよばれ、歴史家で老フィン人党のユルヨーコスキネンが指導者であった。国民の人気は圧倒的に憲法主義者のうえにあり、協調主義者は誤解と誹謗にさらされながらセナーッティに残ってロシア側の理性に訴えようとした。しかしボブリコフは、徴兵をサボタージュした官吏を罷免し、コサック兵によるデモ弾圧を弾劾したトゥルク上級裁判所の判事を入れかえ、さらにこれに抗議デモが行なわれると、一九〇三年四月、皇帝から独裁的な権利を授けられ、憲法主義者のおもだった政治家をシベリアへ送り、あるいは国外追放にした。

憲法主義者による消滅的抵抗が功を奏さず、意気沮喪の色が濃くなってくると、〝アクティヴィスティ〟と称し、ロシア化に対する積極的抵抗を説くグループがあらわれた。その指導者であるシリアクスは、もともとジャーナリストであったが、彼の新聞が発禁処分をうけると、『自由の言葉』という地下新聞をストックホルムで発行し、これをひそかにフィンランドに搬入した。ロシア化に対するフィンランド人の抵抗運動はロシア帝国の反ツァーリ権力運動の一環だという認識をもつシリアクスは、やがてバルト海路を利用した彼の新聞搬入ルートをロシアの革命運動の「北欧地下ルート」として役立て、『イスクラ』のような新聞や、通信、はては人間までもロシアへ運びこんだ。

一九〇三年九月に、追放された憲法主義者たちがストックホルムに集まって以後の方策を練ったとき、シリアクスはロシアの革命諸党派との連携を説いたが、いれられなかった。シリアクスはやがて絶望的な孤立に陥ったが、おりしも一九〇四年二月、日露戦争がはじまった。日清戦争当時たまたま日本に滞在していたシリアクスは、日本に勝ち目があると考え、ストックホルムにやってきた武官明石元二郎に接触し、明石を通じて日本の参謀本部から一〇〇万円を引きだして反ツァーリ運動諸党派の連合運動を工作し、汽船ジョングラフトン号を密航させてバルト海沿岸に武器を揚げようとした。もちろん、ロシアとの休戦にもちこめば事足りる日本側と、ツァーリ権力の打倒による解放を望むアクティヴィスティとでは、利害に大きなへだたりがあり、その意味ではシリアクスの行動はリアリズムに徹していた、といえる。

なお、フィンランドの労働運動ないしその政治的代弁者としての「社会民主党」の抵抗運動に対する態度について一言しておくならば、右派・左派の分裂に対応して分かれていた。両派ともロシア化には反対であったが、マケリンらが民族的権利の防衛は労働者階級への選挙権の拡大につながるとして、憲法主義者に協力したのに対し、ヴァルパスらは、協力はブルジョワジーへの妥協を意味する、として公然たる協力は拒否していたのである。

### 一九〇五年の大ストライキ

一九〇四年六月、ボブリコフは、フィンランド人の一青年ショーマンによって暗殺された。彼は組織とは関係なく、自分だけの判断でこの挙にでたもので、その場でピストル自殺をとげている。ロシア総督を暗殺した結果の報復をフィンランド人は恐れたが、後任のオボレンスキーは、弾圧政策をむしろ緩和した。当時ロシアは日露戦争に忙殺されて、フィンランドで困難がおこることを得策としなかったためであろう。しかし、フィンランド人はこれをロシアの弱みとうけとり、反抗の気運は強まった。彼らのあいだには、大衆行動への自信が蓄積され、またアクティヴィスティの啓蒙によってロシアの革命情勢への関心が育っていた。一九〇五年一〇月、ロシア本国でゼネストが発生すると、フィンランド人の反応はすばやく、一〇月二九日夜には憲法主義者の会合が開かれ、翌日には自然発生的にストライキがおこりはじめた。そしてロシア本国で皇帝が譲歩し「十月宣言」を発したという情報が伝わると、三一日には、あらゆる産業・交通機関・郵便事業を巻きこんだゼネストが実施され、警官すらも職場放棄に参加するにいたった。

同日夜には、ヘルシンキ市のセナーッティ広場で憲法主義者が集会を開き、不法な状態の撤去、政治犯の釈放、議会の召集と改革をオボレンスキーに要求した。この集会は青年フィン人党を主とするブルジョワ勢力のほかに、労働運動の一部、マケリン派も参加した。これに対し、ヴァルパス派はフランス革命のイメージからきた国民議会の召集という独自の要求を掲げ、しだいにマケリン派を圧倒した。ことに、ヘルシンキ西北方の工業都市タンペレでは、寡勢の憲兵を群衆が武装解除した結果ツァーリ権力の崩壊必至という楽観ムードが流れ、労働運動が憲法主義者をひきずって、国民議会の開催に加え、セナーッティに代わる臨時政府の樹立、およびフィンランドの内政上の完全独立を要求した「赤色宣言」を一一月二日発布し、各地の労働運動とアクティヴィステ

**1905年の大ストライキ**　ヘルシンキのセナーッティ広場に集まった民衆。

ィの喝采を博した。

こうしたなかで一一月四日、ロシア皇帝は宣言を発し、フィンランドに対し、二月宣言の効力を停止すること、および同宣言にもとづく違法な諸法令の撤回を約束した。ブルジョワジーを代弁する憲法主義者はこの宣言に満足してストライキの収拾にのりだしたが、労働者階級は応ぜず、ついに国内武力対決の萌芽というべき事件に発展した。さきに警官の職場放棄にともない国民のあいだに自警組織がつくられていたのであるが、内部にしだいに対立を生じ、一一月五日、ストライキを解除して開店しようとする商店を労働運動側の自警団が実力で阻止しようとし、中産階級出身の学生が多くを占める自警団と一触即発の事態にいたった。この事件は、きたるべき一九一八年の内戦の序曲ともいうべきものであった。

## 改革と第二次ロシア化

一九〇五年の大ストライキののち政治の主導権を握った憲法主義者が、セナーッティを握った。大ストライキの成果として、保守派の抵抗はあったものの身分制議会から一院制普選国会への変革が実現し、一九〇七年には、これにもとづいて第一回目の国会選挙が行なわれた。フィンランドでも他の北欧諸国とくにスウェーデンと基調が同じ社会構造を反映した多党現象を呈し、老フィン人党・青年フィン人党・スウェーデン人党・農民党・社会民主党が票を競った。ただ、スウェーデン人党の存在が物語るように言語問題が政治の大きな論争点になっている点がフィンランドの特色であった。選挙結果は、社会民主党が二〇〇議席のうち八〇議席をえて第一党となり、増加しつつある工業労働者ばかりでなく、農業労働者や小作農民のあいだにも勢力を扶殖していることを示した。農民党はもっぱら自作農の利益を代表していたのである。

一方、このころ、さきのゼネストのさいの武力衝突事件の延長線上の出来事もまた、発生していた。一九〇六年七月末、ヘルシンキ沖合いの要塞島ヴィアポリで駐留ロシア軍兵士が反乱をおこしたとき、「フィンランド人労働者自警団」(赤衛隊)が多数これに加わるとともに、革命が目の前に迫っていると判断して、ヘルシンキ市民にゼネストをよびかけた。この動きは、これに反対する自警組織(白衛隊)の復活をよびおこし、ついには死者をだす衝突に導いた。

その後ツァーリ権力のフィンランドに対する政策は、一九〇八年ころからふたたび抑圧的なものとなり、いわば第二次のロシア化政策時代が到来した。しかも今回のロシア化は、以前のものと比べていっそう巧妙で、

『フィンランディア』の作曲でフィンランド国民を鼓舞したシベリウス

かつ徹底して行なわれた。一九一〇年三月には、ニコライ二世は、大公国の自治の権利を実質的に奪う法律をロシア帝国国会に制定させた。この新立法によって、セナーッティはいまや、大公国の市民権を享受するロシア人官僚が支配するいわばロシア帝国の出先機関にすぎなくなり、フィンランド人の手に残された国会も、ロシア皇帝に解散権、法案の拒否権を握られて、実質的に機能を停止するにいたった。この間社会民主党はフィンランド国会で第一党の地位を保ちつづけたが、同党の内部対立はいよいよ深まりつつあった。この時期になると、伝統的にロシア帝国との協調によるフィンランド人の利益の擁護を説いてきた老フィン人党も、ツァーリ権力からはもはやいかなる理性的な態度も期待できないことを悟り、農民党から右のブルジョワ諸党派は、ロシア化に対する非暴力的抵抗に結集した。社会民主党はまたもこれに対する対応の仕方をめぐって内部で対立し、マケリンらは、ブルジョワ諸党派と協力して大公国の自治を守ろうとする「民族的路線」を唱えた。これに対し、ヴァルパス、クーシネン、シロラらは、ブルジョワ諸党派が一本化してくる状況に対して、いっそう階級闘争堅持の立場を強めた。このグループは、党機関紙の編集局所在地にちなんで「シルタサーリ派」とよばれた。

**社会主義運動の動向**　二〇世紀にはいるころから本格化してきた工業化にともない、北欧諸国では労働者階級の層が厚くなり、労働運動・社会主義運動も強化されてきた。産業労働者の人口をみると、スウェーデンでは三二万五〇〇〇人に達していたし、ノルウェーも一九〇〇年には七万六〇〇〇人、デンマークでも一八九七年に七万三〇〇〇人を数えていた。労働運動も前進し、ストライキなどの手段による階級闘争が強まるなかで、とくに生産部門で企業主たちは労働組合の権利を認め、団体協約をむすばざるをえなくなっていた。上記の北欧三国のいずれにおいても、社会民主党は全国労働組合連合を指導下におき、また選挙法の改正にともなって国会への進出もめざましく、第一次世界大戦直前のころには、スウェーデン下院で議席の三分の一、デンマーク下院で四分の一、ノルウェー議会でこれも四分の一という勢力を占めるにいたっていた。こうしたなかで、企業家の側も、労働賃金の引上げ、労働時間の九―一〇時間への縮小、一九世紀末にはじまった社会立法の推進を強制された。労働保護法のかたちをとってはじまった社会立法の諸措置は、疾病保険の義務化(ノルウェー、一九〇九年)、老人年金保険(スウェーデン、一九一三年)、団体協約違反問題の仲裁裁判(デンマーク、一九〇〇年)、労働争議への国家の介入(スウェーデン、一九〇六年・デンマーク、一九一〇年)などがある。社会立法はまた農民をも対象としており、企業が森林を買うことを禁じた法(スウェーデン、一九〇六年)、国家の援助による貧農への土地分配を定めた法(ノルウェー、一九〇九年)などが成立している。つぎに各国についてみることとしよう。

デンマークでは、急進左翼党の形成以後、同党と社会民主党との協力関係がつづいていた。そして、一九一三年には社会民主党の支持によって急進左翼党の政権が成立している。いったい、デンマークの社会民主党および労働運動は、北欧三国のなかでももっとも平和的な性格をもっていたといわれる。デンマークは北欧のなかで一番都市化がすすんでいる国であったが、工業化が比較的緩慢で他の北欧二国ほどの急激な変化をもたらさなかったのであり、このことが、デンマークの労働運動が尖鋭な性格を欠いたことの一要因と思われる。すでに一九一三年に、デンマーク社会民主党は、綱領をいわゆる改良主義的なものに変えている。同党はドイツの社会民主党とつねに接触しており、発展の階梯もほぼ後者のそれを踏襲していたのであるが、従来「ゴータ綱領」に従ってたてられていた原則を、一九一三年には、「エルフルト綱領」をモデルとした綱領を採択し、かつ現実の行動においてはベルンシュタイン的な修正主義の道を歩むにいたった。もっとも、他方では、社会民主党主流のこうした方針にあきたらず、一九一〇年に「労働組合反主流同盟」なる名称のグループが生まれている。これはサンディカリズムの色彩を帯びた運動であって、議会内での活動にはかかずらわるべきでなく、労働組合内部で活動すべきであると説いていた。

ノルウェーでは他国の社会民主党にあたる労働党は、二〇世紀にはいっても、第一次世界大戦にいたるまでは、目立った活躍はほとんどしていないといってよい。すでにみたように、同党は長らく左翼党の陰にかくれた存在であり、一八八四年の議院内閣制の実現にせよ、一八九八年の男子普通選挙権の実現にせよ、重要な一般民主主義的改革は、自由主義を掲げる左翼党があらかた独力でなしとげてしまっており、労働党の出番は訪れなかった。一九〇五年にノルウェーが独立したとき、労働運動や労働党は共和政体の実現を要求したが、これも王制に対する列強の強い支持があって実現せずに終わった。こうして、ノルウェー労働党は、政党政治の世界における経験を十分積まないままに、二〇世紀へはいってからの水力発電を利用した急激な工業化とスウェーデンよりはなはだしいテンポの労働者階級の激増という事態に直面したのであり、契機を与えられれば同党がいっきょにラディカルな政治集団となる条件は整っていたのである。すでに、一九〇五年のロシア革命の影響をうけて、同党の若手党員は急進化しつつあった。一九〇六年以降においては、強い個性をもち、まれにみる雄弁の才を備えた二七歳のトランメルが、労働党内に左翼グループを形成した。ここにもまたサンディカリズムの影響がみられたのであり、トランメルは暴力行使の必要を説き、ゼネストを社会革命にいたる有効な手段と考えていた。アナルコ＝サンディカリズムの性格をもった運動は、北欧諸国のなかではノルウェーでもっとも勢力をはった。

スウェーデンの社会民主党は、ノルウェーの労働党とは対照的に、自由党と協力して一般民主主義の実現に努めてきた経験をもっており、それだけにブランティングやリンドクヴィストらの党指導者は、議会内での闘争ないしは政党政治への習熟を通じて目的を達成しようとする方向を、いよいよ強めていった。また、その目的にしても、綱領のなかに原則として謳われている未来の革命のスローガンを実現するよりは、党が現実に成功してきた個別の政治的・社会的・経済的改革を継続的に行なってゆくことの方に傾いていった。これは、同党が大衆組織になるにつれ、労

ブランティング

働者階級のみならず、農業労働者・小作農民・小農民・中間階級的知識層を広汎に抱えこんでいったことの帰結でもあった。さらに、社会民主党指導者が、普通選挙権獲得のための闘争の過程で、議会外での組織的行動が過剰に行なわれる場合には、いたずらに大きな犠牲を強いる共倒れに終わるという認識をもつにいたったことも否定できまい。たとえば、一九〇二年に行なわれた三日間のストライキは、企業家の側に、将来の不安に備えて「スウェーデン使用者協会」を形成させることになり、企業家側のこの組織は労働組合よりも急速に伸長し、一九〇九年には、一連の小規模な労働争議がたちまちエスカレートして両組織のあいだの力の対決となり、ロックアウトとゼネストの応酬になった。そのあげく、企業家側は労働組合を圧伏することはできなかったし、労働組合側も資金が枯渇し、争議はしだいに火元の現場へと縮小して休戦となった。社会民主党は、この争議によって、党員大衆の半数近くを失い、痛手の修復に一〇年近くかかったといわれる。

もっとも、以上のような社会民主党指導者の方針に正面から対立する党内勢力も、少数ではあるが無視できない力をもっていた。党の創立者のパルムは、すでに一八九一年に指導部と手を切って秘密組織の形成を説いていたし、すでに触れたベルイェグレンは、一八九七年に「社会主義青年協会」を樹立して、これを彼のアナルコ＝サンディカリズムの鼓吹の足場としていた。しかし、この協会のなかにも見解の対立が生じ、一九〇三年には一部のグループが協会を脱して「社会民主青年協会」を結成した。党は一九〇八年にベルイェグレンを追放し、社会主義青年協会は衰えたが、社会民主青年協会の方は、軍隊の廃止、漸次的改革の場としてよりは急進的宣伝のための議会活動、自由党との協力に対する非難を主唱した。一九一二年には彼らは、党内に独自の組織を設け、党の機関と新聞を握ろうとして党指導部と抗争するにいたった。

## 小国中立への志向

スレースヴィ戦争におけるデンマークの軍事的敗北、および政治的スカンディナヴィア主義の名のもとにデンマークとの連帯を謳っていたスウェーデン・ノルウェーの威信失墜ののち、北ヨーロッパ諸国においては、国際紛争に対して中立の立場をとることが国是となっていったといってよい。いったい、一八六〇年代は、ヨーロッパないし世界の諸地域で国家の体制再編成がなされた時期であったということができる。ドイツの統一は、従来もすでに強国であったプロイセンを中心として、中部ヨーロッパにいっそう強大な国家が出現したことを意味するし、オーストリア＝ハンガリー二重王国の出現は、諸民族の反抗に悩むハプスブルク帝国の建直しにほかならなかった。ロシア帝国は農奴解放を含む一連の改革によって近代的強国への道を歩みつつあったし、大西洋のかなたでは、アメリカが南北戦争をへてこれまた国内統一をなしとげたのである。こうした一方で弱小諸国の側にもさまざまな動きがみられた。本書ですでにみた政治的スカンディナヴィア主義の運動や国家の政策はその好例であるし、バルカン半島でも、諸民族国家間の連邦をすら将来にみすえた同盟の形成が生まれつつあった。しかし、こちらの方の動きは、それぞれ内部に大きな弱点を抱えているうえ、さきに述べた諸強国の体制再編成の過程そのものによってつぶされていったのであった。こうして、六〇年代の再編成期が終わり、列強が帝国主義時代に向けて活動準備を終わったとき、諸小国の側では、国家的規模の拡大したこれら諸強国の勢力（パワー）やその背後にある軍事力と自国のそれらとのあいだの落差が決定的なものとなっている現実に、直面せざるをえなかった。この落差はもはや量的なものにとどまらず、質的な意味をもっており、国際権力政治において行動主体（アクター）としての能力をほとんどもたない〝小国〟という概念が明確に浮かび上がってきたのである。

こうした国際関係の新たな段階で、列強の対立抗争の焦点となったバルカン半島の諸小国が、民族国家単位の権力政治という伝統的な対応によって相剋と社会的進歩の停滞という状況に陥っていった過程は、本シリーズの『バルカン現代史』に詳しく描かれているが、こうしたバルカン半島の諸国民に比べると、北ヨーロッパの諸国民ははるかに幸運だったといえるであろう。ここでも諸国政府の掲げる国家目標は、民族国家の発展であったといえる。しかし、これら諸国の経済発展は、すでにみたようにきわめて順調であり、社会福祉の増進が保守勢力による軍備強化の取引き材料とされることはあっても、国内の社会矛盾をナショナリズムの高揚で外らすという切実な必要には、北欧諸国の政府は直面しなかったのである。加えて、北欧地域における民族分布は、スレースヴィのデンマーク語住民が自民族の国家の境界の外にとり残されている例などを除けば、それほど複雑ではなかったし、新興のバルカン諸国と異なり、北欧諸国相互間の境界線が一九世紀以前から定まっており、この点での国境紛争がおきる余地はほとんどなかった。さらに、この時代の北欧地域は、地理的な意味で、列強の相互抗争の中心から相対的に隔絶されていると考えられており、強国同士が北欧地域に軍事戦略的な拠点を求めて働きかける状況は生まれるにいたらなかった。こうしたなかで、一九世紀末から二〇世紀初めにかけて、北欧諸国政府は、それぞれに列強の紛争の外に身をおくための〝小国中立〟外交に努めたのである。しかし、それですら、けっして安易なものではなかった。

デンマークは、スレースヴィ戦争によって小国の軍事的悲哀をなめた結果、列強の紛争に巻きこまれないことをひたすらに国是としたが、一八九〇年代には、そうした見通しもある程度存在した。当時はまだ第一次世界大戦前史を特徴づける列強の国際対立の図式は未完成であって、フランスやロシアと植民地をめぐって対立するイギリスは、まだドイツとは敵対しておらず、むしろ同盟のとりざたさえなされていたからである。こうした状況下では、ドイツは、イギリスの艦隊の支援を背景にロシアの海軍との軍事的バランスを実現することを期待できたし、またロシアは、デンマークが中立国の立場で、バルト海への入口であるズンド海峡をおさえてくれることを利益としていた。そのためデンマーク首相ドインツァーは、列強が国際協定によってデンマークの永世中立を保障してくれるよう働きかけたが、成功はしなかった。

ところが、二〇世紀初めにはいると、強国間の関係は変動し、デンマークをめぐる国際的条件も変化してきた。なによりもイギリスとドイツの対立が前面にでてきて、それを軸に同盟の対抗図式が形成されていったからである。ドインツァー内閣で国防相を勤め、ついで左翼党政権の首相となったクリステンセンは、イギリス・フランスがドイツに対し二正面作戦を強いるものと考え、その場合、一つはライン河岸、いま一つはバルト海沿岸ないし南ユトランドが戦場になるものと想定した。クリステンセンは、ドイツが後者つまり第二戦線に備えてデンマークを占領するのを阻止する手だてはないが、その代わり、デンマークの国防力をある程度強めておけば、逆にイギリス・フランスがデンマークの領土に侵入しようとする企ては事前に諦めさせることができる、と考えていた。そこで、イギリス・フランスの侵入を防げるだけの十分な軍備をデンマークがもつことをドイツが信用すれば、デンマークはドイツ軍の占領をまぬかれ、ましてや自国領土を両強国間の軍事衝突の外におくことができる、と計算した。こうした方針にもとづいてクリステンセンは国防・外交政策をたてたのであるが、一方ドイツ側も、デンマークがバルト海の出口とユトランド半島の国境を防衛してくれることを期待しており、すでに一九〇三年に皇帝ヴィルヘルム二世がコペンハーゲンにクリスチャン九世を親善訪問している。

ところで、クリステンセンは、右の構想にもとづいてデンマークの国防政策を転換させたものの、デンマーク国内の世論が親英的なため、ドイツ側の誤解をまねかないことが必要であると考え、国防次官リュートケンをドイツに派遣して参謀総長モルトケに対し真意を説明させたが、席上モルトケは、デンマークの独立は、ドイツに対し〃好意的中立〃の態度をとるか、あるいは同盟をむすぶことにかかっている、と述べた。リュートケンは、一九〇七年三月の会談で、クリステンセンを代弁し、デンマークはドイツに対し〃好意的中立〃――ドイツの利益に適合した国防――の態度をとる、それが維持できない場合はドイツと同盟する用意がある、と言明した。この一連の秘密会談の内容がデンマーク紙にもれたため、反独感情が国内にまきおこり、正式の協定はむすばれなかったが、デンマークの〃小国中立〃政策をめぐる国際的条件の厳しさを物語る事件であったといえよう。

つぎに、スウェーデンやノルウェーはどうであったろうか。スウェーデン（ノルウェー）もまた、スレースヴィ戦争ののちは、プロイセン・オーストリア戦争を先例として、あいつぐ戦争に対し絶対的中立の立場をとるようになった。ただし、スウェーデンの場合は、国際協定によろうとする動きにでず、外交を通じて中立の地位を確保してゆこうとした点が特徴である。これは、スウェーデンが、デンマークに比べて、地理的にも、また軍事力のうえからも、安全保障上はるかに有利な立場にあったからであろう。もっとも、スウェーデンの中立外交のあり方にもさまざまな段階があった。スレースヴィ戦争後から一八八〇年代ころまでは、スウェーデン外交にはスレースヴィ戦争の余燼がまだみられる一方、スウェーデン国内には国際関係に関する危機意識はそれほど存在してはいなかった。スウェーデンの国内世論は、自国の外交的働きかけを無視してドイツがスレースヴィをかってに処理していったことに反感を示していた。

ところが、九〇年代にはいると、こうしたスウェーデン国内の雰囲気は一変した。自国の安全に関する脅威感がにわかに高まってきたのである。これにはいろいろな理由が考えられる。ノルウェーの分離的な傾向が強まってきて、国境の不安が感じられるようになったこともあろう。また、これは一八九九年に本格化したのではあるが、ロシア帝国によるフィンランドの〝ロシア化〟政策が露骨になってきたことも、スウェーデンの世論によって大きな脅威とうけとられた。しかも、この同じ年に、木材の鋸職人がロシアから大挙してスウェーデンにくるようになり、これが実はスパイだという噂が流れた。そして、こうした外的契機にも多分に刺激されながら、スウェーデン国内に〝九〇年代ナショナリズム〟がおこってきたのである。これは、すでに触れたように、スウェーデンにおける大衆民主主義の発達にともなうナショナリズムの高揚とみることができるかと思われるが、ともかくこうした風潮のなかで、ロシアに対抗する勢力としてのドイツに対する友好的感情がわきおこってきた。

二〇世紀にはいると、スウェーデンのドイツ接近傾向はますます強まってきた。新国王グスタヴ五世はこうした流れの代弁者となった。スウェーデン国内のロシアに対する友情は、一九〇五年の革命後ツァーリ権力がフィンランドに対して妥協的な政策をとったために一時緩和したが、まもなく〝ロシア化〟が再開され、またロシアの木材鋸職人がふえだすと、ロシアに対する敵対感情はぶり返した。そして、これに対応したかたちで、親独感情とナショナリズムが強まったのである。たとえば、そうした運動の旗手であったスヴェン＝ヘディンは、ロシアがスウェーデン侵略の意図をもっているといい、スウェーデンが独墺伊の三国同盟に加入するよう主張していた。また地政学者のチェレーンも、一九一三年ころ、パン＝ゲルマン主義の思想を発展させていた。こうしたスウェーデンの親独傾向は、また、ドイツとの貿易が拡大し、とくにノルランドの鉄鉱がドイツによって必要とされるようになったこととも明らかにむすびついている。ただ、ここに注目すべきは、国内のこうした動向にもかかわらず、スウェーデン政府の対外方針自体は、〝小国中立〟外交の路線を守りつづけたことである。トロッレのあとをうけた外相タウべは露骨な親独主義者であったが、ドイツ側の要求に対しては両国参謀総長同士の会見以上には応じようとせず、いわんやドイツとの同盟はまったく考えなかったし、穏健自由党の外相エーレンスヴァルドは、一九一二年の議会で、列強ブロックの外に自国をおくという政府の決意を表明した。

ノルウェーのスウェーデンからの分離独立が、迂余曲折はともかくとして、平和裡に行なわれたことは、両国が民族的衿持と利益を犠牲にして平和を確保したことを意味し、国境沿いの非武装中立化の措置と並んで、北欧全体の平和に貢献したものといえる。さらに、ノルウェーは、分離独立後、ドイツ・ロシア・イギリス・フランスから、国際協定による恒久中立と領土保全の保障をえようとした。しかし、ノルウェーの要求が、将来におけるスカンディナヴィア共同防衛の構想を含むものであったため、列強の保障は領土保全だけに限られることとなり、一九〇七年、ノルウェー領土保全条約が成立した。ところが、スウェーデン側は、ノルウェーの意図に疑いをもち、この条約はスウェーデンの侵略を想定し列強をスカンディナヴィアに介入させようとしたものだ、と非難した。

以上みたように、第一次世界大戦に先立つ時代の北欧諸国は、いずれもなんらかの手段で〝小国中立〟の地位を、自己の安全保障のために摸索した。その道程はけっして平坦なものではなく、北欧諸国同士のあいだにも対立がなかったわけではないが、ともかく北ヨーロッパが、全体として列強の干渉から隔離された中立的地域に向かって歩みつつあった、ということはいえるであろう。しかし、北欧諸国の側の努力もさることながら、ノルウェーがスウェーデンから分離独立をとげた一九〇五年に、ドイツはモロッコ事件に関心を奪われていて、スウェーデンに加担して介入する余裕はなかったこと、ドイツ・ロシア・イギリスなどの列強が、一九〇七年の独露秘密協約、一九〇八年のスウェーデン・デンマークを含むバルト海・北海現状維持条約の成立にみられるように、バルト海の勢力均衡を欲していたこと、さらには、北欧諸国がドイツ・イギリス双方への通商上の依存をいよいよ深めつつあったこと、などの国際的環境も大きく作用していたことをみおとすわけにゆかない。

　ところで、北欧諸国政府が、さまざまな客観的好条件に助けられながら、北ヨーロッパを国際紛争に対する中立的な地域として形成しつつある一方で、各国国内運動のレヴェルで、中立と軍備縮小が唱えられていた。そのもっとも徹底した唱導者は「デンマーク平和協会」であって、「すべての要塞が破壊され、軍事兵力が国境と領海を巡邏する警察力にまで縮小されてはじめて、中立は国の独立維持を保障する」という、非武装中立の方針をもっていた。こうしたデンマークのいわゆる〝国防ニヒリズム〟は、一九〇五年にノルウェーの平和的分離が実現して北欧地域内の緊張が緩和されると、スウェーデン・ノルウェー両国においてもある程度の影響をもちはじめた。北欧諸国の平和協会全体としてはそこまで徹底すべきか否かについて一致していなかったが、スカンディナヴィア平和会議というかたちで国家を横断してむすびつき、北欧地域における率先した軍縮を勧告するにいたった。北欧諸国の平和運動は、さらに、国際紛争の平和的解決の手段として仲裁裁判制度を発展させることにも力を注いでいた。

## 3　第一次世界大戦と北欧の中立

### 大戦勃発と北欧三国

第一次世界大戦がはじまりかけていた一九一四年八月八日、スウェーデンとノルウェーは、戦火がいかに拡大しようとも、互いに戦いあわないことを誓い、これにまもなくデンマークも加わった。そして、一二月一八日には、スウェーデン国王グスタヴ五世のイニシアティヴで、三国の国王がマルモェに会合し、自国が戦争の圏外にとどまるむねの共同宣言を行なったのである。この北欧三国共同の中立の決意表明は、一九一七年にクリスチャニアで開かれた三国王の会合において、あらためて確認された。そのさい、グスタヴ五世は、ノルウェー王ハーコン七世に対し、一九〇五年の両国の別離の傷をいやす責務を語り、「古い類いの結合ではなく、新しい結合を、……理解に満ちた心からの同盟をつくろう」とよびかけた。軍事技術が発達し、交戦国の国民と資源が総動員された〝総力戦〟下の中立は、なまやさしいものではなかったが、三国が大戦の期間を通じともかくも中立をまっとうしえたのは、相互協力によるところが大きかった。

中立維持の困難さは、すでに緒戦の段階から、三国を襲った。とりわけ大きな脅威にさらされ

大ベルトでのデンマーク海軍による機雷敷設作業

たのはデンマークであった。戦争がはじまるとドイツは、イギリスの艦隊がデンマークの水域をとおってバルト海南岸のドイツの諸港を攻撃することを恐れ、デンマークに対し、大ベルトに機雷を敷設するよう要求した。デンマークが拒めば、ドイツ側は自分の手でそれを実行するばかりか、デンマークの沿岸地帯をすら占領しかねなかった。さりとてデンマークがドイツの要求に応ずれば、今度はイギリスが、自国の市場に依拠しているデンマークの貿易を圧迫する挙にでる恐れがあった。急進党サーレ内閣下のデンマークは、政界・軍指導者が協議したすえ、大ベルトのみでなく、小ベルトとズンドにも機雷を敷設することにした。幸い、イギリスはデンマークの苦しい立場に理解を示し、とくにバルト海に軍艦を派遣するという動きは示さなかった。このようにして、デンマークが戦争に巻きこまれる不安は当面去ったが、戦争がデンマークの経済にもたらす影響に対処しなければならなかった。デンマークにとっては、ドイツもイギリスもともに農産物の市場であったし、また両国は、デンマークの工業・農業が必要とする石炭や人工肥料の供給国でもあった。そこでデンマーク政府は、早速両国との交渉をはじめた。イギリスは、デンマークに対し原材料や工業製品の供給をつづけることを約したものの、特定の品目はドイツに再輸入されないことを条件とした。

こうして、戦時下にデンマークの中立国としての地位を確保する外交努力がいちおうの成果を収めている一方で、議会は懸案の憲法修正の問題に取り組むことになった。これは、かねてサーレ内閣が上下両院の普通平等選挙権と婦人参政権を提案して保守派ならびに左翼党の同意をえられないでいたものである。しかし、保守派・左翼党もついに折れ、改正案は議会の圧倒的多数の支持で可決され、一九一五年六月五日、国王によって批准された。これによって、下院は二五歳以上のすべての男女が選挙権をもつことになった。ただし、上院は、四年の任期とし、うち議席の四分の三は三五歳以上の全市民の間接選挙、残りは前議席の構成に従い比例配分するという、保守勢力の退潮を防ぐ狙いをもつ配慮が加えられた。修正憲法は、戦時下の選挙キャンペーンが国内の一致を乱すという恐れから発効を延期された。

ノルウェーもまた第一次世界大戦の勃発によって深刻な危機に直面したが、それはデンマークのような直接の戦火波及の恐れとは異なり、食糧確保の不安というかたちをとった。一九一四年はあたかもアイツヴォル憲法制定の百周年にあたっており、国民はナポレオン戦争以来の平和な歳月を祝ったが、七月末に突如はじまった大戦争の危機は、彼らにかつての飢餓の悪夢を思いおこさせ、人びとは理性を失った食糧の買込みに走った。商人たちは私的な配給制を試みたが、商品はたちまち底をつき、物価は舞い上がった。パニックは八月初旬にはおさまり、ノルウェー国民はまた平常の生活にもどったが、政府はすばやく食糧対策にのりだした。食糧備蓄のための食糧委員会がつくられ、政府への物資徴発権の付与、食糧生産の奨励、穀物・馬鈴薯の酒精飲料への利用禁止、石炭・穀物などの必需物資の輸出禁止などの措置があいついでとられた。また海運業に多くをたよるノルウェーとして、船舶の強制保険制度、またややのちには、政府が四割を負担する船荷保険会社が設立された。こうした政府の対策も一因となって、大戦の勃発後二年間は、ノルウェー人の日常生活にたいした変化はおこらず、とりたてた失業問題も生ぜず、物資の流通もほぼ正常であった。ただ海運業は、船が機雷やドイツ潜水艦によって沈むなどの損害をうけたが、それを上まわる新造船が建造されていた。内政に目を向ければ、一九一五年に、はじめて女性が参加した国会選挙と地方自治体の選挙が行なわれた。労働党が躍進ぶりをみせて票数のうえでは左翼党に迫ったが、選挙制度に阻まれて、ストルティングの一三九議席中一九議席をえたにとどまった。

スウェーデンでは、八月に戦争が勃発したとき、国防問題はまだ解決をみておらず、政党間にも激しい政治的抗争が存在したが、戦争に対して無条件中立の立場をとることについてはほとんど反対はなかった。八月二日、社会民主党のブランティングは、ハマーショルド首相に対し、政府の中立維持の努力を評価し、政府を支持するむねの言明を行ない、スターヴもまた、国民の団結のために、自由党が歩兵の訓練期間延長提案に対する反対を取り下げるむねを、公然と通告した。このようにして、危機にさいしての政党間の休戦が実現した。こうしたなかで、まず軍の再編成案が、保守党と自由党の大部分の議員の賛成のもとに可決された。

大戦勃発直後にスウェーデンは中立の立場を明らかにしたとはいえ、当初は、スウェーデンが中欧列強側に参戦するのではないかという観測が外部では行なわれていた。ロシアが海軍によるスウェーデン急襲を企図したのも、そのような予想からであった。一九一五年にはいってからも、協商側のイギリス・フランス・ロシアは、スカンディナヴィアを西欧列強とロシアの連結のために制覇することを考えていた。この計画は、協商側が、ダーダネルス海峡から黒海をめざすという別の選択肢を選んだために実行されなかっただけであった。一方、ドイツ側は、一九一五年と一六年の二度にわたって、スウェーデンを反ロシアの同盟に誘いこもうと企てた。しかし、国際法の専門家でもあるハマーショルドは、厳正中立の方針を掲げ、北欧三国の協力と巧みな外交によってこれを貫こうとした。

中立国スウェーデンの地位を脅かしたのは、しかし、交戦諸国の軍事的な必要ばかりではなかった。スウェーデンもまた、完全な自給自足は期待できず、とくに食糧に不安があった。農業の

ベッセマー炉を用いたスウェーデンの鉄鋼生産

発達にもかかわらず、穀物生産は国民の需要をまかなうには足りず、人工肥料や家畜の飼料はまったく国外に依存していた。工業についてみても、石油・各種金属を含む多くの原材料を輸入しなければならなかった。また輸出面では、スウェーデンが生きるためには、木材・パルプ・鉄鉱・各種機械の海外市場を必要としていた。こうして海外貿易にたよるスウェーデンは、協商側の封鎖作戦とドイツの機雷に対する対策に悩まされたのである。

以上のようにして、北欧三国は、緒戦のうちからそれぞれ中立小国の悩みに直面したとはいえ、大戦の最初の二年間は、むしろ交戦諸国から経済的な意味で注目を浴び、利益をえていた。中立国としての立場を利用して、北欧三国は、生産を拡大し、工業化の過程で諸外国に負ってきた莫大な債務を解消し、富を蓄えることができたのである。

## デンマーク・ノルウェーの苦悩

ところが、こうした北欧三国は、一九一六年ころから急速に苦況に直面するにいたった。デンマークにとっては、その先触れともいうべきものが、デンマーク領西インド諸島に対するアメリカの要求であった。デンマークはこれまで、イギリスに対し、一八四五年に在インド植民地を、五年後にはギニア海岸の領有地を、というように海外領土をしだいに手放していたが、西インド諸島の植民地だけは残していた。ところが、一九一四年にパナマ運河が開通した結果、同地の戦略的重要性はにわかに高まり、一九一六年になるとアメリカは、その売渡しをデンマークに要求するにいたった。同諸島は人口も減りつつあり、財政が枯渇してきているうえ、黒人が多くを占める住民のあいだには不穏な空気が高まっていた関係もあり、デンマーク政府が議会にその売渡しを提案した。社会民主党は賛成したが、左翼党は戦後まで解決の延期を主張し、保守党は反対するという有様で簡単には決着がつかなかったが、結局年末に国民投票にかけられた結果、大多数の支持をえ、一九一七年四月に、西インド諸島を二五〇〇万ドルでアメリカに売却した。

このころまでにデンマークをめぐる国際環境は厳しくなり、経済状態は悪化しはじめた。一九一七年初めにドイツは無制限潜水艦戦を宣言し、イギリス付近を航行する船は交戦国、中立国を問わず無警告で撃沈することとなった。連合国の側でも中欧列強に対する封鎖を強化し、中欧列強側に渡りそうな物資の中立国向け輸出を厳しく制限した。このため、デンマークの農民はは なはだしい飼料肥料の不足に悩まされ、農業生産はおちこんだ。工業も原材料の不足に直面し、多くの工場が閉鎖、あるいは操業短縮となり、一九一八年初めには、組織労働者全体の四分の一が失業するにいたった。

大戦後半の国際環境によっていっそうゆすぶられたのは、北欧諸国のなかでもとりわけ貿易と海運業への依存度の高いノルウェーであった。一九一五年秋には、漁獲物の輸出をめぐって、ドイツとイギリスの抗争の板ばさみになっている。食糧不足に悩むドイツは、イギリスの封鎖を突破してノルウェー海域に船をだし、ノルウェー漁民から直接魚を買いとっていたが、これに気づいたイギリスは、石炭・石油の供給制限を楯に取引きの禁止を要求してきた。しかしそれでは漁民の生活が脅かされるので、ノルウェー側は交渉して、イギリスが特別の予算を組んでノルウェーの会社から漁獲物を買い取るようにさせた。ところが、この協定は、思わざる禍をノルウェーにもたらした。まず、イギリスの資金が流れこんだことによってノルウェーの物価は高騰し、貧困者への政府援助すら必要となった。しかもイギリスとの協定で魚の価格が定められている一方で設備品・石油・石炭の価格が上昇したために、漁業が大きな打撃をうけた。ドイツ側はイギリスとノルウェーの漁業協定を知って激怒し、明らかにその報復措置として、北氷洋のノルウェー船に対する潜水艦の攻撃を放置し、そのためわずか九日間に一一隻のノルウェー船が沈没し、一〇名の船員が救命ボートにのったまま飢えと寒さで死ぬ、という結果をひきおこした。

ノルウェーの世論は激怒し、政府が交戦国の潜水艦をノルウェー水域から締め出すむねの宣言を行なうと、ドイツ側は最後通牒で応酬し、事態は険悪化した。イギリスはノルウェーに軍事援助を与える意向を表明し、ノルウェーの中立は危殆に瀕した。しかし、デンマークとスウェーデンがノルウェーの側に立つ強い態度をみせたこと、ドイツが漁獲物などの輸入のためにノルウェーとの貿易協定を必要としたこと、また小規模とはいえノルウェーの軍事力が連合国側に投じられるのは得策でないと判断したこと、などによって、ドイツ側は、事件は落着したむね通告し、ノルウェーは虎口を脱したのであった。

ドイツが無制限潜水艦戦に踏み切るとノルウェーの被害は甚大になった。一九一七年三月だけで、一〇万六〇〇〇トンに及ぶノルウェー船舶が失われた。しかし、海運業はノルウェーにとって死活の産業であったから、政府はイギリスと交渉した結果、イギリスがノルウェー船を徴用し、これにイギリス国旗を掲げて武装させる、という解決策に達した。こうした工夫によって、ノルウェー船の損失はしだいに減ってはきたが、結局大戦を通じて持ち船の四九・三%を失うという大損失をこうむった。これは当の交戦国であるイギリス一国の船の損失をすら上まわっており、このためノルウェーの商船保有トン数は世界の四位から六位に落ちた。

## スウェーデンと中立

北欧三国のうちで、スウェーデンは自給自足の可能性という意味では、もっとも恵まれていたが、同国の内外事情もまた、一九一六年ころからしだいに厳しくなった。農業生産の不振もあって、物資の供給は不足がちとなり、物価は急騰した。大戦の勃発から一九一八年初めまでに生活費は倍増したといわれる。政府はイギリスと交渉して輸入状況を改善しようとしたが結実しなかった。スウェーデンの場合も、一九一七年の二月にドイツが無制限潜水艦戦にはいったことによって、困難は本格化した。しかもその後アメリカが参戦すると、協商国側の中立貿易に対する圧迫は増大した。スウェーデンの船で機雷に触れたり、魚雷によって沈没するものが数をまし、一九一四年から一八年のあいだに、二七〇隻が失われたという。

内政をみると、大戦の初めに形成された諸政党の挙国一致体制は、一九一七年までにくずれており、野党も政府攻撃をはじめていた。一九一七年春になると、議会は政府が横暴であるとして政府提出の海軍関係出費を拒否し、このためハマーショルド内閣は退陣せざるをえず、そのあとに同じく保守党の指導者の一人スヴァルツの内閣が成立した。このころになるとスウェーデンの社会情勢は厳しくなり、じゃがいもの供給が不足したことから食糧暴動も発生していた。対外政策に関する意見はもはや一致してはおらず、保守派はドイツなどの中欧列強側に同情的であり、野党側は協商国側に傾斜していた。さらに、ロシアに二月革命（グレゴリー暦で三月）が発生し、また中欧列強国内で反体制的な動きが強まったことが影響して、スウェーデン国内では憲法の民主化を要求する声が高まりつつあった。スヴァルツ内閣は、親独的と非難されていたハマーショルド内閣よりもやや連合国（協商諸国およびアメリカ）寄りに対外方針を変え、この結果、穀物・家畜飼料・とうもろこしなどが食糧不足に悩むスウェーデンに運ばれることになった。しかし、国内不安は簡単にはおさまらなかった。

自由党は議会に選挙法の改正を要求した提案をだし、議場では激しい討議が行なわれた。六月五日には、二月革命直後のロシアの首都ペトログラードを訪れてきた社会民主党のブランティングがスヴァルツを追及した。大衆運動は高揚しており、議事堂外の広場にはデモ隊が押しかけていた。首相が答弁に立っているあいだに、警官隊とデモ隊のあいだに衝突が発生した。こうした状況がつづくうち、九月にはスヴァルツ内閣のもとで下院の選挙が行なわれることになった。議会で選挙権問題の解決をかちとれなかった野党勢力の力が試されるおりでもあった。野党勢力が民主的憲法の実現を謳って選挙戦に臨んでいるさなか、ルクスブルク事件として知られるスキャンダルが発生した。アルゼンチンに駐在するドイツ代理公使のルクスブルクという人物が、スウェーデンの外交チャネルを使って、ドイツにアルゼンチン船の魚雷攻撃に関する暗号電報を送っていたことが発覚したのである。政府与党は世論の非難のまえに立たされた。選挙が行なわれてみると、保守党が八六議席からいっきょに五七議席に転落したのに対し、自由党が五七議席から六二議席にふえ、社会民主党が八六議席をえた。保守党が敗北した結果、スヴァルツ内閣は退陣し、迂余曲折ののち、国王は自由党右派のエデーンに組閣させた。しだいに改良主義の戦術を採用していた社会民主党は、入閣の方針を定め、七名の自由党出身閣僚と並んで、蔵相ブランティングを含む四名の閣僚を送りこんだ。このようにして、議院内閣制は、スウェーデンにともかくも根をおろしたのである。

エデーン内閣は、一九一八年三月一日、イギリスと暫定協定をむすんだ。のちにむすばれた補足協定とあいまって、同協定は、小麦・ライ麦・とうもろこし・飼料・肥料・石油・コーヒーを、それらがドイツに再輸出されないという条件で、イギリスからスウェーデンに輸出することを約していた。これらの物資のスウェーデンへの引渡し高は、予定分を含め、一九一八年を通じ五〇万トンに達した。一方、スウェーデンの側からは四〇万トンに及ぶ船舶が協商国側に貸与された。またスウェーデンは、中欧列強側との関係断絶にいたらないよう話合いはつづけながらも、対ドイツ輸出を制限することとした。

## 大戦下のフィンランド

第一次世界大戦が勃発すると、当初は戦火の脅威の薄かったバルト海沿岸地方も、戦争の長期化にともないドイツ軍の東方進撃の対象となる恐れが濃くなり、ロシア帝国は、自国兵と現地住民を動員してフィンランド大公国の中・南部に要塞を建設しはじめ、またフィンランドへの駐留ロシア軍を増強し、一九一六年にはその兵力は四万に達した。こうした軍事的措置とあいまって、ツァーリ権力は、フィンランド総督をペトログラード防衛の任務をもつ第六軍司令官の指揮下におき、思想・言論の統制、スパイ活動の取

ドイツのロックステット兵営で行進するイェーガー隊

締りを強化させた。こうしたなかで、かつてのアクティヴィスティの流れを汲む人びとのあいだでは、今回も国外勢力との連携によってフィンランドの解放を実現しようという考えが強まってきた。当初はスウェーデンに注目していたが、スウェーデンでの工作を通じてむしろドイツとのむすびつきが発展した。ドイツの戦争指導者のあいだには、中欧から東欧にまたがる大帝国を勝利の暁に実現する構想があり、フィンランドもその保護国として予定されていた。これはもちろん、構想でしかなかったが、フィンランドのアクティヴィスティは、ペトログラートの進撃路としてドイツ軍にフィンランド上陸を行なわせ、これに呼応して現地で蜂起をおこせば、自国の解放が可能だと考え、学生を主とするフィンランド人青年をドイツへ送りこんで軍事訓練をうけさせた。ドイツ軍部はフィンランド上陸は行なわず、彼らを大陸の戦線で使うという違約をして紛糾をひきおこしたが、結局、イェーガー（ヤーカリ）隊と名づけられた彼らは大戦末期に帰国して、内戦における白衛隊の士官を構成することになる。

## フィンランドの独立

大戦によって加速された第二次ロシア化の重圧に喘ぐフィンランドにとって、新しい局面をもたらしたのは、一九一七年のロシア「二月革命」であった。ロシア本国におけるツァーリ権力の崩壊の結果、フィンランドでは、ロシア人が実権を握っていた旧セナーッティは消滅し、一九一六年の選挙で国会に一〇三議席をえていた社会民主党が、ブルジョワ諸党派と提携して、自党の指導者トコイを副議長（事実上の首相）とする新セナーッティを形成した。ペトログラートに成立したロシア臨時政府は、これを承認したが、自己をかつてのフィンランド大公（ロシア皇帝）の地位にあるものと解釈し、トコイ政権が「内部的独立」を拡大してゆくことを許さなかった。連合諸国との約束を守って大戦を完遂しようとするロシア臨時政府にとっては、フィンランドの制度的位置づけなどは、他の被支配民族の問題と同様憲法制定議会の開催まであとまわしにしてしかるべき瑣末事であったし、それにフィンランドに迂闊に自由を与えれば、ドイツがここを経由地として、ペトログラートに進撃してきかねない、という危惧があったからである。

　ブルジョワ諸党派と社会民主党から六名ずつ入閣しているトコイ政権のなかでは、社会民主党が〝内部的独立〟の完全実現により積極的であったが、臨時政府の冷淡な反応に直面して、同政府への対決の姿勢を強めるボリシェヴィキ党に接近するようになった。ボリシェヴィキ党は、フィンランド人のロシアからの分離権を認めることが、かえって両国の革命と再結合につながるとして、フィンランド社会民主党の右の要求を支持していたからである。フィンランド社会民主党は、七月六日、「権力法」と俗称される法案を国会に提出した。これは、対外関係と軍事の問題を除いて、フィンランド大公（いまや臨時政府）が握っていたフィンランドの最高権力をすべてフィンランド国会に移す、という内容のものであった。ブルジョワ諸政党の側からは、ロシア臨時政府の意向を忖度した異議が唱えられたが、社会民主党の原案は一三六票対五五票で可決された。ところが、臨時政府の側では、フィンランド国会のこの独自な行動を憤り、同国会の解散を決定し、セナーッティにその発布を要求した。トコイ政権のブルジョワ諸政党閣僚は賛成し、これにフィンランド総督スタホヴィッチが一票を加えて過半数となり、セナーッティは国会解散の布告を行なった。こうしたブルジョワ諸政党の態度の底には、権力法が社会民主党の優勢な国会にあらゆる権力を握らせてしまうことへの不安が働いていたのである。

ここにおいて、社会民主党は閣僚を引き揚げ、新たにセタラを副議長（首相）とするブルジョワ諸政党だけのセナーッティが成立し、そのもとで一〇月に行なわれた総選挙では、社会民主党の議席は九二に落ち、国会での勢力関係は逆転した。ロシア臨時政府の権力を背景としたブルジョワ諸政党の行動は、社会民主党をしだいに対決姿勢に追いこんでいった。しかもフィンランドにおいては、春以来、とくに食糧不足が深刻化して社会不安が高まり、各地でデモ・大衆集会が開かれるようになっていた。失業も増大し、社会情勢はしだいに尖鋭な階級対立を露呈しつつあった。

すでに八月ころから、労働争議に対して学生などの参加する「白衛隊」が結成されて暴力を振う動きが各地にみられたが、これに対抗して秋ころから労働者側の自衛組織「赤衛隊」も武装するようになった。ロシア臨時政府がドイツ軍の上陸を恐れて増強したフィンランド駐屯のロシア軍兵士のなかでは、ボリシェヴィキ党の影響力が支配的になっていた。

一一月一一日の新国会開催日に、社会民主党拡大委員会ならびに国会議員団は「われわれは要求する」と題した共同声明を発表した。この声明は、「パンと正義」が必要であるとして、食糧不足の緩和、失業者の就業、地方行政改革、保安隊の解散、八時間労働日制の実施、小作農民の解放、老齢者身障者保険、税制改革、権力法の承認、フィンランドの国内的自由に関するロシアとの協定、を要求していた。これらのうちでもとりわけ権力法の承認という要求は、同法採択当時の国会の復活を要求するにひとしく、その意味では労働者階級による権力掌握の要求にほかならなかった。これよりさき、すでに一一月七日から八日にかけて、ロシア本国では、「十月革命」を通じてソヴィエト政権が樹立されていた。フィンランドでも権力が労働者階級の手に移ることを予想して、一一月八日、社会民主党と労働組合連合の代表は革命中央評議会を結成していた。同評議会は、一三日、ヘルシンキに在住するロシア＝ボリシェヴィキが革命を激しくよびかけるなかで、「われわれは要求する」の受諾を国会に迫って、ゼネスト突入を宣言した。緊迫した情勢は、フィンランドにおいても社会主義者による革命政権樹立が日程にのぼっていることを思わせた。

　ところが、革命中央評議会は、ゼネスト突入後、それ以上には、権力を掌握する方向へ踏みだそうとはしなかった。一方、「十月革命」以来、ブルジョワ諸政党のあいだには、フィンランドの最高権力の扱いに関して方針の変化が生じはじめていた。あれほどロシア（臨時政府）の意向を忖度して権力法に反対した非社会主義諸党は、いまや、ボリシェヴィキの革命がフィンランドに波及してくることを恐れ、以前とは逆にロシア（ソヴィエト政権）の意向を問うことなく、一方的に最高権力をフィンランド側に移行させてしまうことを、望むようになったのである。ただ、彼らはその移行先については従来の危惧を捨てなかったが、結局農民党が社会民主党に同調したので、最高権力の国会へのさしあたりの移行が、フィンランド国会で可決された。同時に、地方行政改革法や八時間労働法規も、可決された。こうしたブルジョワ諸党による譲歩が行なわれてゆくなかで、革命中央評議会は、ゼネスト参加勢力の尖鋭な部分である赤衛隊の主張をおさえて、一一月一九日、ゼネストを解除するにいたった。その背後にあったのは、社会民主党が国会内の中間派勢力を抱きこむことによって、議会的な手段で同党による臨時政権を樹立しうるであろう、という見通しであった。しかし、実際にはゼネストはブルジョワ諸党を威嚇するとともに結束させる効果も生んでいたのであり、農民党がブルジョワ諸党側にまわることによって、スヴィンヒューヴドが、社会民主党の推す対抗候補のトコイを破ってセナーッティ議長に当選し、革命中央評議会のもくろみははずれたのであった。フィンランドにおいて革命が未発に終わったことは、ロシアのソヴィエト政権指導者を失望させた。フィンランドにおける革命の成否は、ソヴィエト政権指導者にとってたんに革命地域の拡大という以上に、フィンランドがペトログラートの防衛上重要な軍事戦略的地位にあるという点からも、大きな関心事だったのである。

スヴィンヒューヴドは、セナーッティ議長に就任すると、一二月四日、フィンランドの独立宣言を国会に提案した。この提案は、ロシア側との交渉を宣言の前提とすべきだという社会民主党の主張を一〇〇対八八で押し切って、一二月六日採択され、ここにフィンランドの独立は実現した。そこでスヴィンヒューヴド政権は、ただちに列国から独立の承認をうる工作を開始したが、いずれの国もロシアの情勢の不安定にかんがみ承認を留保し、結局ソヴィエト政権に接触を求めざるをえなくなった。スヴィンヒューヴドみずからが率いる代表団が一二月三〇日ペトログラートを訪れ、ソヴィエト政権に対し、正式に独立承認を要請した。ソヴィエト政権側は、人民委員会議の討議にもとづき、一二月三一日、独立を承認した。翌年一月四日、全ロシア中央執行委員会は、この決定を支持した。

## フィンランドの内戦勃発

独立宣言後、スヴィンヒューヴド政権をいただくブルジョワ諸党は、社会改革には目を向けず、反体制的動きを力でおさえようとして国内秩序維持のため「強力保安隊」創設の権限を政府に与える法案を、国会で成立させた。これはフィンランド国内の対立を公然たる衝突へと導く重大な契機となった。社会民主党内部では、権力奪取による革命を主張する勢力が強まり、急進化する赤衛隊を把握するという名目で、積極的な革命支持者が党委員会に加えられた。この間にもフィンランドの労働運動や赤衛隊は、スヴィンヒューヴド政権に代表されたブルジョワ勢力との対決の姿勢を強めていった。

一月一九日、カレリア地峡の港市ヴィープリで赤衛隊と白衛隊のあいだに衝突がおこり、現地のロシア軍もこれに巻きこまれた。この報をうけたロシアからの帰国将軍マンネルヘイムは、ボスニア湾沿岸の都市ヴァーサで二八日、配下の白衛軍による実力行使に踏み切った。一方、ヘルシンキの社会民主党委員長シロラも、ヴィープリ事件を知ると赤衛隊の行動を決意した。社会民主党委員会は二五日権力掌握を決定し、二七日から二八日にかけての夜間、赤衛隊は首都を制圧、革命政権を樹立した。

こうして内戦がはじまったが、革命政権は、状況に引きずられて樹立された面が強かった。社会民主党がゼネスト中止によって革命政権樹立の機会を逸した前年一一月中旬と比較すれば、ブルジョワ諸勢力もスヴィンヒューヴド政権下にはるかに結束を固めていた。革命政権の行政機関としては人民委員会議がつくられた。革命政権は、内戦終了後にとるべき国家形態を構想し、二月二三日に憲法草案を発表したが、それによるとフィンランドは、普通選挙による議会をもつ共和国とされ、議会が人民委員会議を選出し、その議長が共和国の首長の地位を占めることとなっていた。ただしスイス憲法にならい、個人に元首としての権限を与えることはせず、議会にその地位を与えていた。革命政権は社会改革にも着手し、一月三一日に小作農民に土地を供与するむね宣言したが、内戦下の実行は困難であり、もっぱら小作農民を赤衛隊に参加させるための宣伝的意味しかもたなかった。このほか革命政権は、一月二九日の宣言で、銀行を国家の監視下におくとし、また大工業の社会化も示唆したが、この点は徹底を欠き、労働者のあいだから、革命をサボタージュしている工業や企業の社会化が行なわれていないのを不満とする声があがった。革命政権がさまざまな面で準備不足であったことは否定できない。

### 白衛軍の勝利

革命政権は南部ないし西南部の諸都市を手中に収め、はじめ二万の赤衛隊を組織していたが、その数はのちに七万にふえた。赤衛隊参加者の出自は、そのもっとも多くが労働者であった。これに対し、スヴィンヒューヴド政権は、ヴァーサに脱出して中部および北部の農村地帯を把握し、白衛隊の勢力はこれも当初の二万足らずから五万となった。白衛隊の主力を占めていたのは自作農民であり、官吏と学生の参加が目立った。最近の研究によれば、小作農は赤衛・白衛両隊にほぼ同じ程度に参加していたようであり、このことは内戦が都市の問題として発生したこと、またそこに都市と農村の対立という影もさしていたことを物語っている。さらに、スヴィンヒューヴド政権に結集したこれらの勢力が、内戦を革命政権を使ってフィンランドの独立を奪おうとするロシアの企てに対する闘い、とうけとっていたことに注目し

**内戦に勝利した白衛軍のパレード**　中央の黒服がスヴィンヒューヴド，１人おいが右がマンネルヘイム。

なければならない。はじめ両軍のあいだには陣地戦がつづいていたが、三月一〇日の赤衛隊の攻撃の失敗が白衛隊の攻勢を誘いだす結果となり、四月初旬には激戦ののち工業都市タンペレが白衛隊の手に落ちた。戦闘経験をもつドイツ帰りの士官をもつ白衛隊に対し、義勇兵のみからなる赤衛隊は、軍事技術上不利であった。しかも四月三日、ゴルッ将軍に率いられたドイツのバルト師団九五〇〇名がスヴィンヒューヴド政権の要請にもとづいて南部のハンコ岬からフィンランドに上陸した。このころから赤衛隊は総崩れとなり、バルト師団は四月一三日ヘルシンキを占領し、また白衛隊も赤衛隊を急追して二五日にはヴィープリ郊外に迫った。ここにおいてマンネルら革命政権首脳は二六日、最後の拠点ヴィープリを脱出してペトログラートへと向かった。この内戦における両軍の死者はともに三〇〇〇名を越えた。

ロシア＝ソヴィエト政権は、フィンランドの内戦にさいしては、義勇軍・武器・食糧のいずれの点でも革命政権を支援する意思を表明していた。しかし、自身が内外の混乱に直面しているソヴィエト政権の援助能力は限られていた。フィンランドの革命政権はシベリアまで代表団を派遣して余剰穀物を求めたが、結局、ヘルシンキへ送ることができたのは、貨物列車一本分だけであった。軍事面では、フィンランド駐在のロシア軍兵力は一〇万に達していたが、ソヴィエト政権は、一貫してその撤兵作業をすすめた。ソヴィエト政権は内政干渉の非難をうけることを恐れており、またドイツとのブレスト＝リトフスク講和でフィンランドからの撤兵を義務づけられた事情がある。ロシア軍兵士は去るにあたって武器弾薬を赤衛隊に引き渡したが、義勇兵として残ったのは、スヴェチニコフ大佐以下一〇〇〇名程度であった。フィンランドの革命政権とロシア＝ソヴィエト政権の関係で興味深いのは、両者が三月一日に、「社会主義国間にむすばれた世界最初の条約」といわれる条約をむすんだことである。これは両国間の「友好と兄弟的関係の強化」を謳ったものであるが、ペトログラートでの交渉においてフィンランド革命政権側は、対等の原則を強く要求し、具体的な細目についてもなかなか折合いがつかなかった。たとえば、ロシア側がだした、自国に居住する相手国の市民には市民権を与え合うという提案は、ツァーリ権力によるロシア化を想起させるという理由で、フィンランド側の強い抵抗にあったし、また領土画定の問題では、北氷洋への出口をフィンランド側が要求したのに対して、ロシア側代表が漁場を奪われるとして渋り、レーニンの介入によってようやくペッツァモを譲るという一幕があった。歴史的にロシア帝国の領土でありながら、フィンランド人と同系統の民族が居住する東カレリア地方の帰属については、議論がまとまらず、解決は今後に残されることになった。

# III　戦間期の北欧

## 1 第一次世界大戦直後

### フィンランドと東カレリア問題

国内戦争で白衛軍が勝利したのち、ヴァーサの政権はヘルシンキに帰り、五月、スヴィンヒューヴドは摂政となり、パーシキヴィが首相に就任して君主政体への布石をしいた。独立フィンランドが君主を戴くことは大公国時代以来の憲法に照らせば違和感はなかったといえるが、そればかりでなく、革命の再発を防ぐには君主制が有効だというのが、政権を握った君主主義者の言い分であった。だが一方、ロシア皇帝による弾圧の体験は、フィンランド人のあいだに君主制に対する不信を育ててもいた。共和主義者はストールベリを中心に野党勢力を形成していた。君主主義者の政府は、フィンランドを占領しているドイツ帝国による独立の保障を期待し、一〇月、議会はヘッセン公フリードリヒ＝カールを君主に迎える決議をするにいたった。ところが、こうした君主主義者のもくろみは、肝心のドイツ帝国が一九一八年一一月に敗北することによって、大前提から崩れてしまった。フィンランドの命運を左右するものは、いまや戦勝者である連合諸国であった。

こうした新たな国際環境のなかで、一九一九年三月、フィンランドの独立承認の前提条件として連合諸国が要求していた国会選挙が行なわれた。激動の時代をへるなかで、かつての老フィン人党・青年フィン人党という区分けは消滅し、君主主義者のつどう「国民連合党」(保守党)、共和主義者のつどう「進歩党」が形成されて選挙に臨んだ。国会選挙の結果は、選出された議員の君主制支持者と共和制支持者の割合が四七対一五三となり、共和主義者に凱歌があがった。またこの選挙では、タンネルの改良主義路線による社会民主党の再建が功を奏して、同党は八〇議席を獲得した。こうした選挙結果にもとづき、フィンランドを共和国と規定した新憲法が成立した。ただし新憲法は、内戦の記憶を反映し、間接選挙で選ばれた大統領にアメリカのそれに近い大きな権限をもたせた。新憲法にもとづく初代大統領の選出は七月二五日国会で行なわれ、進歩党のストールベリが、対抗候補のマンネルヘイムを一四三対五〇の票差で破って当選した。

**ストールベリ**

以上のあいだフィンランドは、東カレリアに対する領土的欲求から列強の対ソ干渉戦争に巻きこまれていった。東カレリアは中世以来(ノェテボリ条約以来)ロシア領であり、フィンランド領であったことはないが、この地にはフィンランド人と同系統のカレリア人が住み、とくに一九世紀には『カレヴァラ』の素材となった伝承詩などが収集された結果、東カレリアはフィンランド＝ナショナリズムの憧憬の地となっていた。ロシア革命による権力の崩壊によって現地に生じたカレリア人の分離運動がフィンランド政府に援助を求めてくると、内戦をソヴィエト＝ロシアからの独立戦争と解していたスヴィンヒューヴド政権は、これを機に同地に派兵し、東カレリアの併合もしくは勢力圏化によって国民感情を満足させ、同時に小国フィンランドの軍事的安泰をはかろうとした。すでに触れたフィンランド政府のドイツ接近の政策は、実は、こうした事業を達成するためにも必要だったのである。ところが、勝利国ドイツが東方を犠牲にして築く大帝国の北の一角に地位を占めようとするこの願望は、ドイツの敗戦によって潰えたばかりか、東カレリアへのフィンランドの派遣部隊は、内戦の敗北から革命ロシアに脱出した赤衛軍指導者が、現地で組織する強力な抵抗に直面し、しかも、ボリシェヴィキ軍、反革命軍、干渉イギリス軍、これに対抗するドイツ軍の三つ巴四つ巴の抗争に翻弄されて敗退せざるをえなかった。一九二〇年になると、ソヴィエト＝ロシアに対する革命干渉戦争はほぼ失敗に終わり、ソヴィエト政権は干渉諸勢力間の利害矛盾を巧みに衝きながら、バルト海周辺の民族政権との講和をつぎつぎに達成していったが、フィンランドも、その一環として、一九二〇年一〇月一四日に、タルトゥでソヴィエト＝ロシアとの講和条約をむすんだ。

この条約は、当時の両者の力関係をあからさまに反映したものであって、ソヴィエト政権は、ペッツァモにいたる北極海への出口、ペトログラートに間近いカレリア地峡の国境など、本来は認めたくないフィンランド側の要求を承認した。しかしながら一方、フィンランド側の東カレリアに対する関心もまた、満足はさせられなかった。フィンランド側は同地方のうちレポラ・ポラヤルヴィ地域について、自治を認めるむねのソヴィエト＝ロシア側の言質をえたが、〃自治〃をめぐる両者の解釈は食いちがっていた。一九二一年になるとソヴィエト政府は現地にソヴィエト制を導入し、これに対してカレリア人の反乱が発生すると、フィンランド政府は国際連盟に提訴したが、国内からでかける義勇兵には冷淡な態度をとった。そのため、国内には、政府の〃裏切り〃を責め、東カレリア解放をめざす亡命カレリア人や学生などの運動がつづくことになった。

## オーランド諸島帰属問題

フィンランドの国内戦争のさいに、スヴィンヒューヴド政権は、ソヴィエト＝ロシアが革命政権を手先にしてフィンランドの独立を奪おうとしているという見地から、スウェーデンに支援を求めた。スウェーデンの国論は、同政権側への公然たる加担を主張する保守派と、スウェーデンの武器による革命鎮圧に反対する社会民主党勢力に分かれたが、ときのエデーン内閣は、一九一八年一月にロシアからのフィンランドの独立を承認したものの、大戦中にスウェーデンがとってきた厳正中立の原則に反するという見地から、出兵は差し控え、ただしドイツで訓練されたイェーガー隊がスウェーデン経由でフィンランドに帰国すること、および義勇兵が白衛隊の支援に赴くことは認めた。しかし、二月になると、エデーン政府はオーランド諸島のスウェーデン系住民をロシア軍から保護する目的で同諸島に海軍を派遣した。

オーランド諸島に住みついてきた住民は、フィンランド本土のスウェーデン系住民よりも純粋なスウェーデン語を用いており、スウェーデンへの親近感が強かったが、ロシア革命がおこると混乱に巻きこまれたくないという住民の願望を契機にフィンランドからの分離運動が発生し、スウェーデンに併合を要望するにいたった。スウェーデンの出兵はこれに応えるかたちのものであって、一時はロシア軍・フィンランド軍・スウェーデン軍が狭い同諸島に併存し、これにスヴィンヒューヴド政権支援のドイツ軍までが到着するという有様になったが、交渉の結果、スウェーデン軍だけが残って他の軍隊は撤退した。ところが、スウェーデン政府はこの事件を奇貨として、オーランド諸島が自国に帰属すべきことを主張しはじめ、新興国フィンランドとのあいだに領土係争が発生したのであった。スウェーデン側は、フィンランドが東カレリアをめぐってロシアとも係争中であることに着目し、東カレリアに対するフィンランドの要求を支持する代償としてオーランド諸島を手にいれようとはかった。そして、スウェーデン政府は、オーランド諸島に対する要求をパリ講和会議に提出した。しかし、この要求は講和会議の議題からははずされてしまった。一方、フィンランド政府は、自国の行政機構におけるオーランド諸島の位置づけを急ぎ、一九二〇年五月六日、フィンランド議会は同諸島に自治を与える法律を制定した。スウェーデンの要求は国際連盟の理事会がとりあげることになり、同理事会によって任命された調査団が現地を視察したが、調査団の報告は、オーランド諸島が中立化され、かつそのスウェーデン系住民の権利が守られるという条件で、同諸島に対するフィンランドの主権を認めるものであった。連盟はこの報告にそった決議を行ない、オーランド諸島は、一九二一年六月二五日の国際条約によって非武装化・中立化された。

## スウェーデンの諸改革

第一次世界大戦直後のスウェーデン政界に衝撃を与えたのは、一九一八年一一月のドイツ革命であった。おりから臨時国会が開かれていたが、そこへドイツ革命の報がはいると、空気はいっきょに緊張した。いったい、スウェーデンでは、大戦の後半から選挙制の改革に対する要求が一段と激しくなっていた。デー＝イェールがつくりだした財産による投票権の差別は、金権政治の証左として攻撃の的となっていた。こうした情勢にエデーン内閣は、地方自治体の選挙権をより民主化する提案をなしたが、これは上院によって拒否されていた。そうしたところへ伝えられたドイツ革命の報は、スウェーデンでも同様の事態が生ずるのではないかという不安を、保守勢力のあいだにかきたてたのである。エデーンは、スウェーデンの議会政治の体質となってきた妥協の慣行に訴えて、保守派との合意をうるべく交渉していたが、国際情勢の展開が急なので、一一月一四日、国会に対し、現行の国会選挙権に対応した地方議会選挙権の提案をなすむね通告するとともに、さらに次期国会においては国会選挙権のいっそうの拡大を提議する意向であることをも表明した。

こうした政府の提案に対し、さすがの保守派も態度を変化させた。スウェーデンの歴史家アンダーソンの推測によれば、こうした態度変化の背景には、尖鋭な左翼勢力の動き、国際情勢の教訓、保守党の有力指導者が民主的改革に基本的には好意をもっていたこと、国王が保守党に問題の解決をはかるよう勧告したこと、があったと考えられる。上下両院の保守派はついに折れ、全政党が改革について合意をとげるにいたった。その結果、つぎの国会では、選挙権を拡大する法案が承認された。下院の選挙権の年齢を二四歳から二三歳に引き下げること、財産による差別をいっそうとりのぞくこと、婦人の選挙権と被選挙権を認めること、などがそのおもな内容であった。これによって、下院の選挙権保持者の全住民に対する割合は、一九%から五四%以上にいっきょに増大することとなった。エデーン内閣が内紛によって退陣したあと、一九二〇年三月から一〇月にかけブランティングが率いる初の社会民主党内閣が出現したが、同年秋行なわれた旧制度にもとづく国会選挙では、社会民主党の〃社会化〃の宣伝が逆に作用して世論が保守に傾き、保守党と農民党が勝つ結果となった。ブランティング政権は退き、またデ=イェールの率いる官僚内閣の出現となった。しかし、一九二一年に新制度にもとづく下院選挙がはじめて実施されると、保守党が六一議席、自由党が四一議席を占めたのに対し、社会民主党が九三議席を占め、第二次ブランティング内閣が成立し、一九二三年春までつづいた。

このようにして、第一次世界大戦直後の内外情勢に対応するかたちで政治制度の改革が行なわれ、漸進的な改革を主唱する社会民主党の国会大量進出をもたらしたが、この間、社会面での改革も行なわれた。一九一九年には、労働者階級の長年の要求であった八時間労働日制が臨時に実施されることとなり、一九二〇年には、これも積年の要望であった新しい婚姻法が国会で成立した。大戦直後の短期間の好景気が終わると、一九二〇年の世界的な経済不況が影響して、失業者がふえ、一九二二年初めには、その数は一六万人を越えた。物価は急落し、不況がつづいた。こうしたなかで経営者とブランティング政権は、失業救済制度、とくに不況にともなって増加した賃金紛争中にそれが適用されるべきか否かをめぐって、激しく対立した。しかし、失業者数は一九二二年をピークにして漸減し、スウェーデン＝クローネの金に対する交換価値も回復した。そして、世界の経済状況が好転するにつれて、スウェーデンは新しい繁栄の時代を迎えたのである。

## ノルウェーの急進化

戦争直後のノルウェー国内は騒然としていた。戦争で儲かったものの物資が不足しており、インフレが襲ってきた。こうしたなかで保守党と左翼党は、交互に政権を担当したが、失政が目立った。労働運動は活発化し、一九一九年には、八時間労働日制と週四八時間制が確立した。それとともに注目すべきは、労働党の勢力が伸び、しかもその急進派が党の実権を握ったことである。いったい労働党は、独立のための闘争の時代にノルウェー政界の花形であった左翼党の陰にかくれ、一九一二年に国会総議席一一七のうち二三議席を確保したくらいが限度で、あとは下降の一途をたどっていた。それが急激に影響力を増すとともに左傾したのは、第一次世界大戦によるものであった。すでに一九一五年秋、スイスのツィンメルヴァルドに反戦を掲げた左翼社会主義者が会合したとき、ノルウェー労働党の若年層はこれに参加し、左派の旗印を明らかにしていたが、その後ロシアで十月革命が発生すると、深刻な食糧難のなかで各地の工場に労働者協議会が結成され、一九一八年の復活祭のおりに開かれた労働党大会では、トランメルに率いられる左派が党の指導部を握るにいたった。大会の討議はさらに権力奪取の手段としてのゼネストを認めるか否かをめぐって闘わされたが、結局、トランメルらの主張がとおり、労働党は革命を志向する党となった。

一九一九年にコミンテルン(世界共産党)が設立されると、ノルウェー労働党はブルガリアの党についで二番目にこれに加入したが、アナルコ＝サンディカリズムの色彩の強い同党がコミンテルンの方針になじむことは困難であった。翌年になって、コミンテルンが加入党に対する厳しい条件を課すると、トランメルらは衝撃をうけたものの、ともかくこれをうけいれた。そのため、右派は党を離れ、新たに、デンマークやスウェーデンの兄弟党にならった「ノルウェー社会民主党」を設立した。トランメルは党書記長の地位をリー(のちの国連事務総長)に譲ったが、コミンテルン本部はさらにこの政治的分裂を労働組合運動にまで及ぼすよう要求した。このときは、トランメルの妥協案によって事態が収拾されたものの、その後も中央集権的な統制を欲するコミンテルン

**クリスチャニアの金属労働者のデモ**（1924年）　「ストライキ破りより吸血鬼の方がまし」などのプラカードがみえる。

本部とノルウェー労働党のあいだに紛争が絶えず、ついに一九二三年一一月三日、労働党は本部のだした最後通諜を一六九対一一〇で拒否し、コミンテルンとの縁を切った。表決に敗れた左派は、翌日、みずからを「ノルウェー共産党」と命名した。

対外関係に目を向けると、大戦中ノルウェーは中立国ではあったが、老練な外交家ヤールスベルグは、講和会議を牛耳るイギリス・フランスに働きかけ、ノルウェーの商船隊が連合国側の勝利に貢献したこと、またそのために大きな損害をだしたことを強調してその補償を要求した。そして、フィンマルクにおける国境改訂と、旧ドイツ領植民地の獲得という要求をもちだした。もっともヤールスベルグのこの行動は、ほとんど個人的なイニシアティヴに発するものであり、右の要求は国内では支持されず、連合国側にうけいれられなかった。しかし、ヤールスベルグの活躍のおかげで、ノルウェーは、同国にとって必要な石炭を産出するスピッツベルゲン（スヴァールバル）諸島に対する主権を認められ、これを国際的に承認する条約が一九二〇年二月九日にパリで調印された。ただし、ノルウェーは、同諸島に関して「門戸開放」の原則を維持するよう義務づけられた。この条約には、一九三三年、ソ連も加盟している。

## デンマークの復活祭危機

第一次世界大戦が終了したとき、デンマークの政権は、一九一八年春の選挙であらためて国民の信任をうけたサーレ首相の内閣が握っていたが、戦後処理をめぐり、同政府は、世論と保守派の攻撃によって窮地に立たされた。そして、一九二〇年の復活祭の時期に、国王によるサーレ罷免を契機にデンマークは、一種の政治危機に見舞われた。

外交上の問題とは、スレースヴィ地方の帰属問題であった。勝利した連合諸国は、戦後国際秩序の処理方針としてアメリカ大統領ウィルソンの「十四カ条」をあげていたが、その主要な柱の一つである民族自決の理念は、ドイツ領となっているスレースヴィ地方のデンマーク語使用住民の関心を、当然ひくこととなったからである。第二次スレースヴィ戦争ののち、同地方はオーストリアとプロイセンによっていったんは人民投票が約束されながら、結局、実行されずに終わったが、コンゲオー川以南のこの併合地域でドイツ化政策に抗しつづけてきたデンマーク語使用住民は、いまやデンマーク政府に対し、民族自決の原則の適用を連合諸国に要請するよう訴えるにいたった。デンマーク本国の世論もこれに同調してわきかえった。なかには、スレースヴィ地方は力によって奪いとられたものであるから、全部を返還させよ、という声もあがっていた。ただ、問題は、連合国の勝利のうえにのって、言語分布状況の複雑なこの地方をそのように処理することが、はたして大義名分をもった国境再画定となりうるか、であった。デンマークの歴史家クラウセンはこの点について徹底的な調査研究を行なったすえ、スレースヴィ南部は完全にドイツ化されているので、この地域が住民の多数の意思でデンマークにかえってくることはありえない、という結論に到達した。そこでサーレ内閣は、北部および中部スレースヴィに限って人民投票を行なうよう、連合諸国に要請することにし、諸政党もまた政府のこの決定を支持することでまとまって

人民投票区域

いった。ここには、独立国家の創出や再興という民族主義的意気にもえている東・中ヨーロッパの状況とは対照的に、民族ロマンティシズムの陶酔から醒めたデンマーク国民の現実認識の態度をうかがうことができる。

戦後処理にあたる連合国のパリ会議は、一九一九年二月および三月に、特別委員会でデンマーク人の訴えを検討した結果、六月に調印されたドイツとのヴェルサイユ条約において、スレースヴィの二つの地帯について人民投票を実施し、その結果にもとづいてデンマーク・ドイツ国境を画定するむねを約束した。ここに設定された二つの地帯のうち、スレースヴィ北部にあたる第一地帯については、地帯全体として住民の帰属意思を問うのに対し、中部にあたる第二地帯については、地方自治体ごとに、住民の意思決定をすることになっていた。一九二〇年二月、国際監視団の見守るなかで第一地帯の人民投票が行なわれると、住民の七五%がデンマーク帰属を望んでいることが判明した。デンマークの世論はこれに気をよくしたが、その一カ月後に第二地帯の人民投票が実施されると、今度はデンマーク帰属の声が過半数を占めた地区は一つもない、という惨めな結果に終わった。ところで、この第二地帯には、スレースヴィ地方でも重要なフレーンスボーの町が含まれていた。この町は、一八六四年には大部分の住民がデンマーク語を用いていたが、いまや四分の三はドイツ語住民が占めていた。これは大きな変動であるが、これを見越したデンマーク人のあいだでは、かねてから、フレーンスボーを第一地帯に含めよという運動がおこっていた。フレーンスボー運動は、第一地帯の投票結果が判明したのちには、いちだんと活気づいたが、この要求がうけいれられず、第二地帯の住民の選択が示されると、運動の目的はフレーンスボーに特殊な地位を与えることに転換した。この運動は世論の強い支持をうけ、要求をとりあげようとしないサーレは、三月二〇日の下院で彼のスレースヴィ政策に対する支持をとりつけることができなかった。

ところが、サーレ内閣は、いま一つ、内政面からもゆすぶられていた。前節でみたように、第一次世界大戦中デンマーク政府は、国民の経済生活を広範囲な統制のもとにおいていた。野党のあいだではこれに不満をもちながらも、戦時下の情勢に、一応政府の方針を支持していたが、大戦が終わると、これらの勢力は、自由主義経済の信奉者としての立場を明らかにし、諸統制の撤廃を要求して、戦後も統制をつづけようとする急進左翼党および社会民主党の与党勢力と鋭く対立した。そして、彼らは、国民の多数の支持をうけているとして、新選挙の実施を要求していた。それに、財界や保守勢力はサーレ内閣が労働運動に甘すぎると考えていた。彼らに同調する国王クリスチャン一〇世は、サーレに下院の再選挙を要求したが、サーレが、議会解散の延期をはかると、国王は、スレースヴィ問題をたねに現内閣はすでに国会の信任をえていないとして、サーレを強引に罷免し、法律家のリーベに選挙管理を目的とした官僚事務処理内閣をつくらせた。こうした国王の介入に憤激したのは、社会民主党や労働組合であった。当時デンマークでは、大戦末期から戦後にかけて労働運動が活発化し、賃上げのストライキが頻発していたが、経営者側のロックアウトの動きに神経を高ぶらせていた彼らは、サーレの罷免を機会に、復活祭終了後の時期にゼネストを準備するとともに、アマリーンボー城外に国王非難の激しいデモをかけた。この情勢にクリスチャン一〇世は、急遽リーベをおろし、復活祭の土曜日にもかかわらず全政党と交渉して彼らが納得するフリース暫定内閣を誕生させ、そのもとでさきの立法と、下院解散が行なわれた。ゼネストはとりやめとなり、経営者側は賃上げに同意した。この事件は国王の政治介入に終止符を打ち、また社会民主党の非革命的性格を党内外に印象づけた。

四月末に行なわれた下院の総選挙では、急進党は議席を半数以下に減じて敗れ、左翼党のネーアゴーアが新内閣を発足させた。新政府はさっそくスレースヴィの問題と取り組まねばならなかったが、デンマークの世論があれほど望んだフレーンスボー問題についても格別の妙案はなく、結局デンマークが本来連合諸国とむすんでいた協定を遵守することになった。六月、スレースヴィの第一地区は正式にデンマークに付与され、七月一〇日、白馬にまたがったクリスチャン一〇世がドイツとの旧国境を越えて、新しいデンマーク市民たちの歓迎をうけた。ところで、サーレ内閣は、産業労働者の八時間労働日制、小農のための土地解放などの一連の改革立法を退陣直前に成立させていたが、ネーアゴーア内閣もこれをうけたかたちで、疾病保険(一九二一年)、老齢年金(一九二二年)、その他の社会立法に努めた。デンマークの経済は、大戦直後にはきわめて好調であったが、一九二〇年ころから、高価な原材料買付けやドイツの復興による国際競争の復活によって苦況に陥り、一九二二年には失業者が労働人口の三分の一に達し、また農村にも影響が及ぶという状態になった。一九二三年にはクローネの価値が急落し、左翼党内閣は、経済政策をめぐって保守党の支持を失うにいたり、一九二四年にはネーアゴーアは議会解散・総選挙に訴えざるをえなくなった。総選挙の結果、社会民主党が下院で第一党となった。

## アイスランドの主権確立

第一次世界大戦後の北欧に生じた重要な事件として、アイスランドが完全な自治を獲得したことがあげられるが、ここで近代以来のアイスランドの歴史を簡単に振り返っておくことにしよう。カルマル連合以来、デンマーク王国の支配下におかれていたアイスランドは、一八世紀の半ばになって、デンマーク国が任命した土着の代官スクーリ＝マグヌスソンの統治に服することになった。スクーリは、アイスランド住民の生活向上をはかろうとして、農業技術の改良のためにデンマークやノルウェーの農民をつれてきたり、新型の漁船や釣具を紹介したり、レイキャヴィクに腕利きのドイツ人織師の働く毛織物マニュファクチュアをつくったりした。それまで久しくアイスランドの市場を占有していたコペンハーゲンの会社や、それにとって代わった全国貿易会社は、彼の事業を妨害したが、王国政府はスクーリの計画を支援し、そのアイスランド貿易独占を許した。しかし、そのころのアイスランドは自然災害つづきで、そうした企業設立の努力ぐらいでは回復できないほどに住民の経済状態が荒廃していた。一八世紀の年代記をみると、四三をこえる年が、地震、火山噴出、異常に長い冬、伝染病、不漁などに襲われており、その筆頭は、一七八三年の火山爆発であったといわれる。そのときは災害があまりにひどいので、デンマーク政府の調査委員会は、アイスランド島民をユトランド半島に移住させることを考えたほどであった。ちなみに当時のアイスランド人口は、三万八四〇〇人くらいであり、他のヨーロッパ諸国で人口が増した一世紀間に三分の二に減っている有様であった。だが、こうした禍にもめげず、アイスランド人は、孤島に住む強靱な民族の自我意識を育てつつあった。その糧となったのが、自分たちの用いている言語で書かれているサガの文献であった。アイスランド出身の学者アルニ＝マグヌスソンは、そうした古文献をコペンハーゲンの大学に紹介し、北欧はおろかヨーロッパの学界に、〝サガの島〟としてのアイスランドの存在を知らしめたのであった。アイスランドの統治機構をみると、宗教改革のとき以来、有名無実の存在と化していたアルシングは、一八〇〇年形式上も廃止され、代わって新たにレイキャヴィクに設立された法廷が、アイスランド全土の統治を司《つかさど》ることになった。

ナポレオン戦争のおりには、アイスランドは制海権を握ったイギリスの完全な貿易圏下におかれたが、デンマークの私略船の船長でイギリスに捕われていたヨアウェンセンという人物が、アイスランド貿易の通訳をつとめるうち、反乱をおこしてデンマーク人総督を逮捕し、アイスランドの独立を宣言して砦を築くという事件が発生している。彼の企ては二カ月とたたないうちにイギリスによって一掃され、事件はアイスランドの自治の歴史に一つのエピソードをそえたにとどまった。しかし、一九世紀も後半になると、アイスランドにも、遅い歩みながら民族的自立の動きが強まっていった。自由貿易時代にアイスランドの貿易も活気づき、貿易総額は一八八〇年代から第一次世界大戦前のあいだに三倍半に増大した。政治のうえでは、一八六六年のデンマークの憲法改正によって、本国とアイスランドの関係が一方的に規定され、アイスランド総督の権限が強化されると、アイスランドの世論は憤激した。新聞はアイスランドがデンマーク以外の国家の主権下にはいること、さらにはアイスランド人がアメリカに集団移住することをすら唱えた。国民のあいだから選出された委員会は、アイスランド移住千年祭を記念してノルウェーのストゥルティングが有しているような権限をアイスランド議会アルシングも獲得すべきだ、と主張した。こうしたなかで、政治家ヨン＝シグルソンは王国政府に妥協的な要求をだし、一八七四年六月五日、アイスランド自前の憲法の発布をかちとった。新憲法によると、アルシングは、王が拒否権を行使しないかぎり、国内の立法や財政の自由を与えられた。アルシングは納税者によって選出された三〇名の議員と国王の選んだ六名の議員から構成されていた。このように立法はかなり民心を反映しうる仕組みであったが、行政権の方はデンマーク政府の法相に対して責任を負う総督に握られ、また司法の分野では控訴はコペンハーゲンの裁判所に行なわねばならなかった。アイスランドの経済発展は遅れており、移出民は八〇年代に頂点に達したが、それでも同じころに消費者組合が生まれ、銀行も設立された。そして世紀末には大型帆船の普及を背景に水産業が発達した。

アイスランド人は、憲法の民意反映を望んで改正案をだしていったが、デンマーク本国が〝体制変化〟の時代を経過すると、事は順調にすすみ、総督が一九〇三年に廃止され、その権限は、アイスランドに駐在し、アルシングに責任を負う大臣に移された。アルシングは議席をふやし、勅選議員は逆に数を減らすことで立法権が強化された。しかし、大臣が依然として王国政府に従属していることから、デンマーク王国からの分離を要求するアイスランド人も少なくなく、とくにノルウェーのスウェーデンからの分離が実現すると、彼らの声はいっそう高くなった。そして、一九〇七年夏に新国王フレデリック八世がアイスランドを訪問したとき、「独立党」が形成された。だが、アイスランド出身者ではじめてアイスランド相となったハフステインと「自治党」は、穏健路線を唱え、本国との合同委員会の作成になる新憲法草案を支持した。こうして、第一次世界大戦がはじまったとき、アイスランドの政情は国の将来構想をめぐってゆきづまっていた。

大戦中の一九一五年六月にデンマーク王国が憲法改正を行なうと、アイスランドでもアルシングが普通選挙に改められ、勅選議員は廃された。第一次世界大戦中アイスランドが、本国よりもイギリス・アメリカとの密接な水産物貿易によって繁栄をきたしたことは、アイスランドの自立要求をいちだんと大胆にした。そして一九一八年夏、アメリカ大統領ウィルソンが戦後処理への民族自決の原則の具体的適用を明らかにしたとき、デンマーク側は、右翼党を除く全政党の支持のもとに代表をアイスランドに送って、アイスランドの自立に関する協定をまとめあげたが、その内容は、アイスランドがデンマークと同君連合でむすばれた主権国家であること、対外関係はアイスランド人の意向を汲みながらデンマークが行なうこと、などを規定していた。ただし軍事については、アイスランド側が永世中立を要望したため、協定が成立しなかった。またこの協定は、一九四三年以降においては、いずれか一方の国の立法府の三分の二と選挙民の四分の三以上の賛成、および三ヵ年の交渉期間をへて廃止しうることが定められた。アイスランド人は、人民投票により、一万二〇四〇票対八九七票の大差でこの協定をうけいれた。

## 2　戦間期の内政

### 二〇年代の内政

一九二〇年代から一九三三年にいたる時期は、北欧諸国において政権がめまぐるしく交代した時期である。デンマークやフィンランドのように内閣の平均寿命が二年というのは長いほうであり、スウェーデンやノルウェーにいたっては一年にしかならなかった。議会ではどの政党も多数を制することはできず、内閣は少数党内閣であったり、諸政党の連立内閣であったり、ときには政党間の話合いがまとまらないままに、暫定的な専門官僚内閣がつくられたりした。このように不安定な政権がつづいた理由は、一つには、どの国においても比例代表制による普通平等選挙が行なわれたことに求められるであろう。どの国でも、大企業家・軍部筋の利益を代弁する保守党、知識人や都市中間層に支持された自由主義政党、中流以上の農民を基盤とした農民党、労働者階級の支持をうける社会主義政党、という具合に、多数の政党がそれぞれの国民階層のほぼ固定した支持をうける結果、議会において一政党が支配的な勢力をもつことは困難だったのである。しかし、より本質的な理由としては、諸政党やそれらが基盤とする諸階層のあいだに利害対立や相互不信が強く、またそうした対立をのりこえて強力なリーダーシップを発揮できる政治家が欠けていた、ということがあげられるであろう。そこにはまた、第一次世界大戦直後の短い好景気の時期がすぎると、不況期が訪れ、それからなかなか脱出できなかった、という経済的事情も反映していたと思われる。強い工業力をもつスウェーデンの立直りがもっとも早かったが、それでも金本位制復帰は一九二四年であったし、デンマークやスウェーデンの場合はもっと遅れて、それぞれ一九二七年、二八年に実現している。こうした不況は、社会不安をひきおこし、労働争議を激化させていた。

北欧諸国の場合、労働運動やそれを背景とする社会民主党の勢力増大に、保守派や経済的支配層がとくに不信の目を向ける特別な事情があった。デンマークはともかくとして、ノルウェー・

**スタウニングのデンマーク社会民主党内閣**　立っているのが世界最初の婦人大臣ニーナ＝バング文相，その右がスタウニング首相。

スウェーデン・フィンランドは、コミンテルンによる国際革命運動の拠点であるソ連と隣接し、あるいはそれに近い地理的位置にあり、このことが、およそ社会主義を掲げる勢力に対する拒否反応を社会のなかにつくりだしていたのである。社会民主党は、スウェーデンのブランティング政権（一九二〇・二四年）、デンマークのスタウニング政権（一九二四年）、フィンランドのタンネル政権（一九二六年）、ノルウェーのホルンスルド政権（一九二八年）という順で、つぎつぎに議会における実力を背景に政権担当の機会をえたが、それらが標榜していた社会主義的変革にはまったくとりかかることができないまま、財界や保守派の妨害にあって退いた。スウェーデンでは、社会民主党が二度目に政権を担当したとき、急死したブランティングに代わるサンドレルらの新世代の指導者が議会の一部自由主義勢力の協力をえて大規模な軍備縮小を実現したが、デンマークのスタウニング政権は、公共事業と富裕税によって経済危機に対処しようという方針が急進党の同意をえられずに下野し、ノルウェーの労働党政権にいたっては、非社会主義諸政党の総反撃にあって一八日間で退陣してしまった。

北欧各国の共産党の実態に目を向けると、デンマークの党は弱小なうえに内部抗争が激しく、一九二六年の総選挙では〇・四％、一九二九年には〇・二％と得票率が低落する一方であったし、ノルウェーでは、一九二三年に労働党と袂を分かって独立したとき、議会に一三名の勢力を擁していた共産党は、翌年の総選挙で得票率六％、六議席となり、そのあと選挙のたびごとに支持者が減少し、一九三〇年には得票率一・四％に下落して議席を失うにいたった。スウェーデン共産党は、一九二四年にコミンテルンとの関係をめぐってホェグルンドら立党当時の指導者のほとんどが追放され、とどまった指導者が党再建に努力して下院の議席を倍加したが、一九二九年にまたもや分裂し、微弱な勢力にとどまった。このように、北欧三国の共産党の影響力がとるに足らないものになっていったのに対し、フィンランドでは、内戦後、社会的対立の最大の要因と考えられた小作農民問題を解決するために、一九一八年から二二年にかけて一連の土地改革法を制定し、一九三五年までに一二万近くの自作農を創出することに成功したにもかかわらず、共産党は強い勢力を有していた。共産党は、ソヴィエト＝ロシアに亡命した旧革命政権指導者が中心になって結成され、一九二〇年に社会民主党を割ってつくられた「フィンランド社会主義労働党」を国内合法組織に立てて活動し、一九二二年に二七議席を確保した。その後も、内戦の再発を企てるものとして解散を命じられるたびごとに党名を変えては、二〇名前後の議員を国会に送りこんでいた。フィンランド政府は、内戦で投獄した旧赤衛隊参加者の特赦を行なって人心の慰撫に努めてはいたが、国民のうち革命政権を支持した部分の反感は容易には解消せず、これが共産党への支持票を多分に支えていたと思われる。

### 大恐慌下に

一九二九年秋にはじまった大恐慌による世界貿易の崩壊は、北欧諸国の経済に大きな打撃を与えた。失業者数がもっとも多くなったのは、一九三二―三三年であるが、そのさいの失業率は、スウェーデン三一・五％、ノルウェー四二・四％、デンマーク四二・八％にのぼった。また、多くの農民が債務を支払えなくなった。労働争議も激化したが、工業化のすすんでいたスウェーデンを除くと、北欧諸国では依然として農業の比重が大きかったから、農民が打撃をうけたことの影響は深刻であった。概して農民たちは、保守的な態度で大恐慌の結果をうけとめ、都市の労働争議に反感を示す者も少なくなかった。また、ソ連と国境を接するスカンディナヴィア半島の国々では、木材の輸出国でもある伝統的な脅威ソ連(ロシア)への反感が強まる条件があった。デンマークでは、イギリスの帝国特恵関税法によってニュージーランド産の安いバターがはいってくることに怒った農民たちが、「農業者連盟」に結集し、四万人の代表が一九三五年夏アマリーンボー城外に〝農民の行進〟を行ない、国王に優遇措置を請願した。彼らは、農民の搾取者とみなす都市の資本家や労働組合に対する直接行動をよびかけ、不穏な空気をかもしだした。ノルウェーでは、農産物とくに木材価格の低落が、比較的富裕な農民の多いノルウェー東部の農村に、大きな打撃を与えていた。一九三一年になると、彼らの不満を代弁する農民党が政権についたが、おりからメンスタドで、高揚する労働運動と、ノルスク＝ヒドロが利用したストライキ破りのあいだに衝突がおこり、農民党政府は軍隊を動員して労働運動を威圧した。そのとき国防相であったのが、クヴィスリングであった。彼は振出しはロシア担当の参謀本部員であったが、逸脱した言動のために軍で出世の門を閉ざされ、個人的な不満をかかえて政治への転向を模索していた。農民党は、軍部につながりをもたなかったので、異色のクヴィスリングを国防相にすえたわけであるが、クヴィスリングは、一九三三年に農民党内閣が退いたあとは、「国民連合」という反共運動を組織して政治的野心をとげようとした。クヴィスリングは、農民の強制競売に対する阻止行動をよびかけて零細農民の人気を博そうとしたりしたが、国会選挙で一議席もえることができなかった。またスウェーデンでも、労働争議が激化し、オーダレンの木材工場でのストライキ破りを応援するかたちで軍隊が出動する騒ぎがあったが、探検家として知られるヘディンなどの保守派がヒトラーに関心を寄せた程度で、みるべき極右運動の動きはなかった。

以上のようにして、三国では、ファシズム的な動きは話題になりはしても、政治に目立った影響は及ぼさなかったといえるが、フィンランドでは、反共を旗印に掲げる運動が圧力を加えて、

**ラプア運動**　ヘルシンキに向かう農民の行進。

政権の交代まで実現させるという重大事態が発生した。一九二〇年代末のフィンランドでは、内戦に起因する社会的緊張がもともと高かったところへ、コミンテルンの指令にもとづく共産党の革命煽動が激しく行なわれ、おりから大恐慌の影響に社会的地位を脅かされつつある自作農のあいだにとくにいらだちをつくりだしていた。一九二九年一一月、たまたま保守色の濃いボスニア東岸地方の小邑ラプアにのりこんできた共産党の集会を、地元農民が襲ったのが発端となり、たちまち全国をおおう「ラプア運動」に広がった。翌年になると、ラプア運動は、共産党員から左翼的人物へとテロル行為を広げる一方、六月には、共産党の完全な非合法化を要求して国会に押しかけることを決議した。この圧力によって、農民党のカッリオ内閣は辞職し、一九一八年の内戦のさいの反革命政権指導者スヴィンヒューヴドが、引退生活からよび返されて首相となり、全共産党議員の逮捕に踏み切る一方、一万二〇〇〇名にのぼる〝農民の行進〟の要求をいれて反共法を国会に提出した。社会民主党を中心とする反対勢力が法案を否決すると、彼は国会を解散し、選挙後の保守色の濃い新国会が、これを成立させた。ラプア運動はそれでも満足せず暴力を振ったが、自由主義者として知られる元大統領ストールベリの誘拐に失敗したのちは、国民のあいだの支持を失い、しだいに衰えた。一九三一年の大統領選挙の二次選挙ではストールベリを二票差で破って、スヴィンヒューヴドが当選したが、大統領就任後の彼は、保守的な線ではあったが、政局の平穏化に努め、一九三二年にマンツァラでラプア運動がひきおこした絶望的な反乱を鎮定した。こうしてラプア運動はしだいに下火となり、そのような状況下で結成された「愛国人民連盟（IKL）」は、ファシズム政党まがいの綱領を掲げたが、一九三三年の国会選挙で一四議席を占めたものの、イギリス的議会主義を奉ずるパーシキヴィに率いられた保守党からみはなされ、一九三九年の総選挙では議席八に下落するにいたった。ただ、同党や「学徒カレリア協会（AKS）」が喧伝するソ連領東カレリアを含む「大フィンランド」の構想は、ソ連側を著しく刺激していた。

## 福祉国家への道

北欧諸国のいずれにおいても、一九三〇年代後半には極右運動の動きも目立たなくなり、政局も安定してきたが、これには、大恐慌の影響が北欧ではさ

**“スタウニングか混迷か”**　1935年のデンマーク下院選挙のポスター。

ほど深刻なものにならず、経済の立直りが比較的早く訪れたことが、基本的な原因であろう。そうした状況にのって、またそうした状況の変化をおしすすめるかたちで、どの国においても社会民主党が政権をとるか、あるいはこれに参与し、第二次世界大戦後の福祉国家につながる社会改革にのりだしていることが、特徴である。その先駆的な動きはデンマークであらわれた。一九二九年以来政権の座にあった社会民主党のスタウニング首相は、一九三三年一月、ようやく左翼党および急進党と、カンスラーガーゼ協定をむすび、農産物の輸出促進のためのクローネの一〇%切下げその他の農民援助策と引換えに、産業界の不穏な空気を鎮めるためのストライキとロックアウト禁止の時限立法、社会問題相スタインケの作成した社会改革法案への同意をとりつけることに成功した。これは必ずしも農民の不満を解消することにはならず、そのため左翼党は彼らの非難を浴びて勢力を減退させたが、〝スタウニングか混迷か〟というスローガンを掲げた社会民主党は、一九三五年の下院選挙で六議席をふやし、翌年には上院でも左翼・急進両党とあわせて過半数を制した。こうしたなかで経済状態は回復していった。スタウニング内閣のもとでは、失業者救済の大規模な公共事業が行なわれ、小ベルトに架橋されたのをはじめ、一九三七年には、シェラン島とファルスター島のあいだにヨーロッパ最長の橋が完成している。

スウェーデンにおいても、一九三二年一〇月以来社会民主党内閣を形成していたハンソンは、恐慌脱出のための大胆な財政政策、農民への援助、公共事業を含む危機対応策を案出し、デンマークのカンスラーガーゼ協定につづくかたちで、一九三三年、農民党の同意取り付けに成功した。これは意外な妥協であっただけに政界には反対も強く、計画をただちに実行することはできなかった。しかし、一九三六年秋の国会選挙では、社会民主党は二三〇議席中一一二議席を占め、農民党の三六議席とあわせて絶対多数を確保し、両党連立のハンソン内閣が成立した。国会の支持基盤も安定した同政府は、〝国民の家庭〟を標語に自信をもって福祉国家実現のための諸施策にのりだすことができた。この時期についてとくに注目すべきことは、労働紛争の第三者による調停の制度が検討され一九三八年にサルトショーバーデン交渉が結実をみたことであろう。さらに、このころまでに諸政党のあいだに世界観上の対立による抗争は目立たなくなっていた。

ノルウェーでは、前二国よりやや遅れて、一九三五年に、労働党が、ここでも農民党と連携して政権の座についた。しかし、これは、タイミングからいえば、はなはだ好都合であった。世界貿易は改善されており、造船業も上向きになりかけていた。そればかりでなく、前任の自由党内閣が社会改革の計画に手をつけており、労働党内閣は、自由党の支持でこれを成立させることができた。こうしたなかで、労働党内閣は、ノルウェー国民のあいだに〝公平な分配〟という社会的平等の観念をうえつけていった。労働者保護法が制定され、また労働者が雇用者による解雇に対して十分な補償がえられるように定めた雇用のルールなどが定められたのもこの時期である。一九三八年には実質賃金は二〇世紀初めの二倍半にもなっていた。北欧諸国のなかで、同様な発展がもっとも遅れていたのはフィンランドである。そのフィンランドでも、スヴィンヒューヴド大統領を後ろ楯とするキヴィマキ内閣が、一九三六年に、人民戦線関係の調査の行過ぎから反対派の非難にさらされるなどして退き、ついで翌年二月の大統領選挙ではスヴィンヒューヴド自身がしりぞけられ、農民党の指導者カッリオの大統領のもとで、進歩党・農民党・社会民主党三党の連立内閣が成立し、進歩的な理念のもとに、老人保険・失業保険などの社会立法を通じて、国内受益者層の増大に努めたのであった。

以上のようにして、両大戦間の北欧では、社会民主党系の政党が政権についてゆく現象がみられたが、それは、政治が労働運動をはじめとするさまざまな社会運動が体制に対する要求をつきつけるなかで展開された段階から、政治が社会の諸組織内部および諸組織間の交渉・妥協によって行なわれる〝組織社会〟への移行過程であったといわれている。

## 3　戦間期の国際関係

### 国際協調時代

第一次世界大戦後、バルト海周辺地域の国際関係は一変した。敗戦国ドイツはいまや軍備を解体されて影響力はなく、ソヴィエト＝ロシアはようやく革命干渉戦争を生きのびたばかりで軍事的に弱体であった。しかも、スウェーデンにとって伝統的に〝東方からの脅威〟と考えられてきたロシアと同国のあいだには、フィンランド・エストニア・ラトヴィア・リトアニアという独立国が出現し、そこに一種の緩衝地帯を形成していた。こうした状況下でもスウェーデンの外交は、他国の係争問題にひたすら巻きこまれまいとするきわめて消極的な方針をとっていた。それは、バルト海域の中立化の構想にもかかわりを避けるという慎重さのなかに反映していた。

すでに若干触れたように、大戦直後の対ソ干渉戦争時代のバルト海およびその周域は、ロシア革命の脅威に対する〝防疫線〟という呼称のもとに東欧に設けた勢力圏をこの地域にまで延ばそうとするフランスと、そうしたフランスの影響力の波及を阻止して自己の勢力を浸透させようとするイギリス、さらにこれら諸国による革命干渉の対象となっているソヴィエト＝ロシアの角逐場となっていたのである。こうした国際政治的力関係のなかで旧ロシア帝国領から独立をとげたバルト海東部周域諸国の動きとして興味深いことは、それらが一面では自己の独立に対するソヴィエト＝ロシアの側からの脅威を意識しつつ、あるいは意識するがゆえにこそ、バルト海域の中立化を要望していたことである。しかも、この〃中立化〃の核としてスカンディナヴィア諸国の協力が求められていた。たとえば、一九二〇年に、フィンランド政府などが、列強間の戦争の場合、バルト海がソヴィエト海軍の制圧下におかれることを憂慮して、この海域を中立化することを構想し、スウェーデン・デンマークの支持を求めている。しかも、ソヴィエト政権が内戦と干渉をくぐりぬけてしだいに安定に向かうと、バルト海中立化の要求はいっそう切実なものとなり、エストニア・フィンランド両政府は、ふたたび、バルト海において一五〇〇〇トン以上の排水量の軍艦の使用を禁止する案をスウェーデン側に提示している。しかし、これらのバルト海中立化の構想は、自国の艦隊も排除されることになるイギリス・フランスの歓迎するところではなかった。

その後、フィンランドおよび沿バルト諸国は、主要外交路線としては、ソヴィエト＝ロシア側からの脅威に対抗する軍事的提携を求めてポーランドとのむすびつきを深め、ポーランドを支持するフランスの間接的影響下にはいっていったが、一面ではこれら諸国の指導者はこうした方向を憂慮もしており、一九二一年にエストニア外相は、スウェーデンに対して〃冷静なバルト政策〟をとること、さらにバルト海とその周域において指導的な地位につくことを、要望していた。これは、スウェーデンが主導権をとってバルト海域を中立化することを暗に要請したものであるが、スウェーデン側は、バルト諸国の独立と存続に関心はもつが、それ以上にはかかわりをもちたくないむね、回答していた。

ところが、一九二二年にソヴィエト＝ロシアの西側周辺諸国間にポーランドが主導権をもつ同盟を形成する試みが挫折し、ポーランドとフィンランドおよび沿バルト国間の関係が疎遠になってゆくなかで、あらためてスウェーデンの中立的位置が注目されるようになった。スウェーデン側にも、国際連盟での活動強化と並んで、バルト海域に対する政策を積極化しようとする動きがようやくあらわれ、ドイツとソヴィエト＝ロシアに働きかけてバルト海周域諸国の安全を保障する条約をむすばせる試案も検討された。しかし、これは、独ソの接近をポーランドが望まず、またスウェーデン自身が他国の安全を保障するほどの軍事力を有していない、という理由から正式にとりあげられるにいたらず、スウェーデンのバルト海政策は、消極的なものにとどまらざるをえなかった。また、〝東方の大国〟の〝挑発されざる侵略〟に備えたフィンランドとの軍事同盟の構想も、スウェーデン外相の口から漏らされたが、立ち消えとなった。しかし、一九二〇年代半ばになると、バルト海およびその周域での緊張はしだいに緩和していった。一九二四年には、イギリス・フランス・イタリア・北欧三国・オーストリア・ギリシアがあいついでソ連を承認するのであり、このようななかで、フィンランドにしても〝東方からの脅威〟に備えた同盟を必要とはしなくなっていた。かくして、スウェーデンは、その対外政策を、国際連盟の枠のなかでの、列強対立に対する中立主義として定着させ、他の北欧諸国とともに、国際連盟内部での中立的諸小国グループの中心的役割を演じてゆくことになるのである。

ところで、その国際連盟であるが、諸国家間の〝力の政治（パワー＝ポリティクス）〟の廃絶とそれに代わる国際平和機構の確立という理念にもとづいて設立された国際連盟は、第一次世界大戦で中立を貫きとおしたとはいえ、厳しい体験を通じて現代戦争における中立政策一般の有効性に疑念を抱きはじめていた北欧三国にとって、歓迎すべき存在であり、新興国フィンランドも含む四カ国はあいついでこれに加盟した。すでに述べた東カレリア問題・オーランド諸島問題にみられるように、北欧諸国が国際紛争の解決のために連盟に期待するところは少なくなかったのである。ただし、たとえば東・中欧諸国と比べると、北欧諸国間には友好協力の体制が固められつつあり、この地域自体が列強間の国際紛争の中心舞台となる危険性は少なかった。いわば北欧諸国は、国際連盟による安全保障の受益者であるよりは供給者の立場に立っていたわけであるが、こうした事情から、北欧諸国は、国際連盟が侵略国に対して行なう集団制裁に参加することによって侵略強国の報復をうける事態を恐れており、連盟規約第一六条の修正を要求していた。これは、国際連盟が理念に謳われているような完璧な国際平和機構からはほど遠いという小国なりの現実認識によるものであったが、しかし、北欧諸国は、一九二〇年代においては連盟がまがりなりにもヨーロッパの国際協調の確立に寄与していることを重視し、そのかぎりでの協力は惜しまなかった。スウェーデンの外相ウンデーンが、一九二六年に、ドイツの国際連盟加盟を実現させるために連盟理事会における自国の議席を犠牲にしたのも、その一例といえよう。

ところで、北欧諸国の国際連盟に対する貢献を論ずるとき、見逃してはならないのは、北欧諸国の政治家が、国家を代表したかたちばかりでなく、個人のレヴェルにおいても活躍していることである。これは北欧に限らず、他の地域の諸小国の政治家や外交官についてもいえることであったが、とくに北欧の場合、極地探検家として知られるナンセンの連盟を舞台とした活動はめざましいものがあった。ナンセンは、すでに大戦中からノルウェーにつくられた「国際平和機構協会」の指導者として想を練り、連盟の誕生に陰の寄与をしたが、国際連盟が生まれて動きだすと、その高等弁務官として、ロシア＝シベリアからの俘虜の帰国や、一九二二年のロシアの飢饉の救援、ギリシアとトルコ間の住民交換実施などに努力を傾けた。革命ロシアを敵視し、なかなか飢饉救済の腰をあげようとしない当時の連盟の雰囲気のなかで、ナンセンが、たんなる人道的な見地からではなく、将来の国際対立を恐れる政治的洞察のうえにたってロシア救援を主張したことは注目すべきであろう。

## 中立政策への復帰

一九三〇年代にはいると国際連盟は、満州事変において対日協同制裁に失敗し、また日本とナチス＝ドイツのあいつぐ脱退によって威信をおとした。しかし、反面、一九三四年にはソ連の加盟をみ、また侵略に対して平和を守ろうとする各国世論の盛りあがりによって、連盟の立場はむしろ強化されてもいた。そうしたなかで一九三五年にファッショ＝イタリアのエチオピア侵略がはじまると、連盟加盟諸国は、イタリアと利害が密接なアルバニア・オーストリア・ハンガリー三国を例外として、こぞって連盟総会でイタリアの国際連盟規約違反を非難し、経済的制裁を支持した。加盟国のあいだには、事件を国際連盟の試金石とうけとる見方が広まっており、小国の動きが目立っていた。集団制裁問題に対しては従来逡巡を示しがちであった北欧諸国も、一転して積極的な態度をとっていた。すでに、イタリアが侵略をはじめる直前の八月末に、北欧三国にフィンランドを加えた外相会議がオスローで開かれ、イタリア・エチオピア間の紛争が連盟規約に従って解決されるべきであるというコミュニケを発表した。これは四カ国の国内世論を反映したものであった。たとえば、スウェーデンの諸新聞は、すでに一九三五年初頭からイタリアの侵略を予想し、連盟が強硬な態度にでるべきことを主張し、同時に〝ジュネーヴの舞台裏での大国間の取引き〟が不正義をもたらす懸念を表明していたのである。これらの見解の背後には、もしイタリアの侵略が阻止されなかったならば、向後はいかなる小国の安全も保障されなくなる、したがってスウェーデンは自国の安全確保のためにも集団行動の責任を分担すべきだ、という危機感があった。「〃消極的な不偏不党の意味での中立〃から〃共同の努力による戦争の防止〃への転換」（元外相ウンデーン）が、国民の意識のうえにおこりかけていたといえるであろう。

ところが、侵略者に対して示されるべき実力の中核的担当者であるはずのイギリスやフランスが、イタリア制裁にあたって逡巡と分裂をみせ、結局イタリアの侵略に対して国際連盟がなすすべもなく終わったことは、連盟を場とする協同制裁行動に対する諸小国の側での、決定的な意欲喪失を招いた。北欧諸国の場合、それは〃中立への復帰〃というかたちをとってあらわれた。エチオピア戦争におけるイタリア制裁の失敗が明らかになると、一九三六年七月一日、スウェーデン・ノルウェー・デンマーク・オランダ・ベルギー・ルクセンブルクの第一次世界大戦勃発時の中立宣言国とフィンランドは、共同でコミュニケを発表し、「連盟規約が不完全かつ首尾一貫性を欠いたかたちで適用されるにすぎない状態であるかぎり、規約第一六条の適用にあたってもこの事実を考慮にいれざるをえない」むねの意思表示を行なった。いずれの北欧諸国においても、保守派は、制裁が大国に対してはほとんど効果をもたないことが明らかになったとして、対外政策の目標が自国自身の安全の強化にあるべきこと、またそのためには軍備の増強と北欧諸国間の協力の増進がなされるべきことを主張しはじめた。これに対して、政権についていた社会民主党をはじめとする革新派も、基本的には集団安全保障の必要を認めながらも、現実に諸大国の側がこうした方向に歩もうとせず、そのために協同制裁に忠実である諸小国がかえって身の危険を招いてしまう結果となることをひしひしと感じていた。それゆえに、これらの勢力のあいだにおいてもまた、協同制裁の完全実施が可能とでもならないかぎりは、諸小国が連盟規約第一六条に関して行動の自由を留保することは、いわば必要悪と考えられたのである。北欧諸国の政治指導者は、集団制裁の支持からそうした義務からの離脱へと向かって、慎重にレールを敷いていった。

国際連盟規約の集団制裁規定からまぬかれようとする北欧諸国ないしオスロー=グループ諸国の態度は、国際情勢の悪化とともにますます固まり、一九三八年五月には、北欧四カ国は、連盟規約第一六条の条項を適用するか否かについては、個々のケースにもとづいて各国自由に決定する権利を保留するむねの声明をそれぞれに発したのであった。これと並行して、北欧諸国の世論は、当時の国際情勢を、侵略者対非侵略者の対抗関係といった図式においてみるよりは、むしろこれを大国同士の力の抗争状況として把握し、これに対しては北欧諸小国は中立の立場をとるべきであり、またそのために相互協力すべきだという、伝統的な、そして従来の保守派の見方に収斂していった。そして、ここに、そのための具体的方策として、北欧諸国の軍備強化と、中立的地位確保のための政治的軍事的相互協力の問題が日程にのぼってきたのである。そして、この北欧の武装中立は、軍事力の点でもっとも恵まれた条件にあるスウェーデンを中核とするいわば軍事的同盟として構想され、その第一歩としてスウェーデン・フィンランド間に軍事協力のための交渉が開始された。それは当初はスウェーデンによる軍需物資援助をテーマとしていたが、やがてバルト海の要衝オーランド諸島の協同再武装に重点を移すにいたった。同諸島の中立・非武装化を規定した一九二一年の国際条約を修正してスウェーデンおよびフィンランドの防衛に役立てようという考えは、かねて両国の軍部のあいだで抱かれていたが、両国政府は、一九三八年五月にこれを正式の外交交渉の問題とし、七月末には、フィンランドがオーランド諸島防衛のため一定限度の措置をとりうること、およびフィンランドの要請があるときはスウェーデンは同諸島の防衛に出兵しうることで合意が成立した。ついでそれにもとづき、同諸島の住民および一九二一年の国際条約参加国に対する説得工作がはじめられた。

ところが、オーランド諸島の協同武装計画は、したがってまた北欧武装中立同盟の構想は、ここで頓挫することになった。元来オーランド諸島再武装計画については、ナチス＝ドイツが糸をひく諸勢力と各国の共産党が、それぞれに敵側の陰謀であるとして反対を唱えていたが、実はナチス＝ドイツの反対はそれほどに強いものではなかった。ナチス＝ドイツは当面この方面に対する膨脹の計画はもたず、むしろ北欧諸国が戦時にも中立を守ることをもっとも期待していた。ナチス＝ドイツの関心は中東欧に向けられていたのであり、そのためにも背後の静謐を確保することが必要であったろうし、また何よりも、戦争の場合に決定的な意味をもつスウェーデンからの年間一〇〇〇万トンに及ぶ鉄鉱石の輸入のためには、バルト海が平和であることが望まれたからである。しかし、ソ連側にとっては問題はまったく別であった。そもそも北欧諸国の中立復帰そのものが、ソ連の好むところではなかった。ソ連外務人民委員リトヴィノフは、一九三七年五月、北欧諸国の国際連盟政策転換の説明のためモスクワを訪れたスウェーデン外相サンドレルに対して、「ドイツの術策に陥ったもの」という不満をもらしていたが、これは、当時ソ連が「平和は不可分である」という標語のもとに侵略国に対する集団制裁を唱えていたからばかりではない。ソ連の〝第二の首都〟ともいわれたレニングラートが臨むバルト海東部は、同国にとり軍事戦略上内海同様の機能をはたすものであり、この海域へ侵入する外敵を、周辺の諸国の協力を動員して撃攘することは、ソ連にとってみずからの安全保障にかかわるゆゆしい関心事だったからである。とりわけ東バルト海への入口を扼するオーランド諸島は、ソ連にとってこれをおさえればバルト海を制する重要な海軍基地として役立つはずであった。このような観点からソ連は、一九三八年春以降、ひそかに東バルト海の島嶼の割譲をフィンランドに迫るとともに、スウェーデンとフィンランドによるオーランド諸島協同武装に強く反対し、それに代わってソ連による監視下の再武装をフィンランドに提案しつづけたのである。

一九三九年三月、ヒトラーがチェコスロヴァキアを武力で解体すると、イギリス・フランスも従来のような宥和政策をつづけるわけにはゆかなくなり、ナチス＝ドイツのこれ以上の軍事的侵略行為を阻止するためにポーランドに保障を与え、さらにソ連と軍事的提携をめざした交渉をはじめた。だが、戦争の場合、重荷をほとんど一手に引きうけることになると考えるソ連とイギリス・フランスのあいだには、立場上の大きな違いがあった。ソ連が自国へのナチス＝ドイツの侵入経路になると考える西側周辺諸国での軍事行動の自由をえようとして、これら諸国に対する共同保障を提案したのに対し、イギリス・フランスがしぶったのも交渉難航の一因であった。ソ連の共同保障構想のなかに含まれていたフィンランドの政府も、主権と中立の侵害になるとして断固拒否した。一方、ナチス＝ドイツの側も右の動きに対抗して北欧四ヵ国に不可侵条約の締結を提案したが、地続きの領土をもつデンマークが応じた（五月三一日締結）ほかは、拒否にあった。こうしたなかで、ナチス＝ドイツの動向や東アジアでのノモンハン事件などによって危機感を深めたソ連は、八月二三日、突如ナチス＝ドイツと不可侵条約をむすんで、近づく大戦での中立の立場を確保するとともに、西側周辺諸国に対する行動の自由を手にいれた。第二次世界大戦後アメリカ軍がドイツで押収したという「秘密議定書」によると、ソ連はフィンランド・バルト三国・ポーランド東部を自国の勢力圏とすることについてドイツの了解をとりつけている。この文書をソ連はいまだに認めていないが、フルシチョフ時代にあらわれたソ連の戦史や回顧録は、この約束が存在したことを裏書きしている。

# Ⅳ　第二次世界大戦と北欧

## 1　大戦の初期

### 冬戦争の勃発

一九三九年九月一日、ナチス＝ドイツ軍がポーランドを侵略すると、同三日イギリス・フランスはドイツに対して宣戦を布告し、列強間の戦争としての第二次世界大戦がはじまった。北欧四カ国は、八月末にオスローで開かれた会議での合意にもとづき、厳正中立の立場をとることを、それぞれに宣言した。

対ポーランド戦が終了すると、ナチス＝ドイツはすぐにはつぎの軍事行動にでず、西部戦線では無気味な沈黙がつづいた。こうしたなかでソ連は、中立を宣言するとともに、独ソ不可侵条約の秘密取決めにもとづき、西部国境の安全保障を強化する外交工作にのりだした。ソ連はまず、九月一七日にポーランド東部に出兵してドイツとこれを分割し、九月下旬から一〇月上旬にかけて、エストニア・ラトヴィア・リトアニアと相互援助条約をむすび、バルト海南岸の要衝に軍事基地をおくとともに、バルト海北岸のフィンランドに対しても、交渉のための使節の派遣を要求した。フィンランド政府はバルト三国のように外相を派遣することはせず、ロシア通として知られるパーシキヴィを、モスクワに送った。会談においてソ連側は、相互援助条約の締結を提案し、拒否されると、領土交換要求をだした。

その内容は、レニングラートの安全を確保するため、カレリア地峡の国境を北へずらし、またフィンランド西南岸のハンコ岬にソ連の軍事基地を設けて対岸のパルディスキに確保した基地と協同してフィンランド湾内への外敵の侵入に備えるほか、北極海に臨む要港ムルマンスクの防衛上、北部でもソ連に有利な国境改定を行ない、それらの代償としてソ連領カレリアのレポラ・ポラヤルヴィ付近の五五二七平方キロに及ぶ領土をフィンランドに割譲する、というものであった。これは前年来のソ連の領土要求を基調にこれを大幅に拡大したものであったが、中立と領土の一体性を守りぬこうとするフィンランド政府の方針と正面から対立する要求であった。フィンランド国民のあいだには、かつての〝ロシア化〟に対する自治権擁護の闘いの記憶が蘇り、民衆は、花束をもち、「神はわがやぐら、わがつよき盾」を歌って、連絡のためモスクワとヘルシンキを往復する代表たちを、駅頭に見送った。フィンランドの外相を含む政府首脳は、こうした国民感情に押され、フィンランド側がきっぱりとした態度をとれば引きさがるものと楽観していた。パーシキヴィと軍部の長老マンネルヘイムは、ソ連の要求が西北国境に対する不安に発したものであり、彼らの軍事力の落差を考慮しないと危険であるむねを警告したが、政府の方針を動かすにはいたらなかった。

交渉の最大の難関は、ソ連側がハンコ岬の貸与を要求し、フィンランド側がこれを主権の侵害

モスクワへ交渉に向かうパーシキヴィ(左端)とタンネル(その右)をヴィープリ駅頭に見送る市民たち

になるとして全面的に拒否している点であった。一一月四日になるとスターリンはみずから会談に出席して、ハンコ岬の代わりにその周辺の諸島嶼で満足するむねを表明した。パーシキヴィとタンネルはこれを交渉妥結の好機と考え、新しい訓令に期待したが、本国政府側ではこれをソ連側の軟化とうけとりこの代案を拒否したばかりでなく、かえって態度を硬化したので、交渉は完全に暗礁にのりあげ、フィンランド側代表団は、一一月一二日、交渉を打ち切って帰国の途についた。その直後からソ連の新聞ラジオはフィンランド政府に対する非難攻撃の火蓋をきった。一一月末になるとソ連政府は、カレリア地峡の国境でフィンランド側から砲撃が行なわれたと抗議し、フィンランド政府が合同調査を提案すると、国交を断絶したうえ、三〇日、国境線全体にわたって大軍をフィンランド領に侵入させた。そればかりでなく、ソ連政府は、カレリア地峡の国境付近のフィンランド領内のテリヨキ村に、フィンランド共産党の亡命指導者クーシネンを首班とする「フィンランド民主共和国人民政府」が樹立されたと称して、一二月二日付でこれと「相互援助友好条約」をむすび、従来のフィンランド政府はいっさい相手にしない、という態度をとるにいたった。

## フィンランド援助問題

ソ連の軍事行動がはじまると、フィンランドのカヤンデル内閣はただちに総辞職し、フィンランド銀行総裁のリュティを首相とする挙国一致内閣が成立して、休戦と交渉再開の用意があるむねを表明したが、ソ連政府はすべての調停工作を拒否した。ここにおいてフィンランド政府は国際連盟に提訴し、国際連盟はソ連代表が出席を拒否したままで調査委員会を開き、理事会の決議にもとづいてソ連を追放した。〝たいていは冷静なジャーナリストたち〟をすら駆り立てたといわれるこの国際世論の興奮は、ナチス＝ドイツのあいつぐ侵略行為に対して何事もなしえないできたことに対する欧米諸国民の挫折感のあらわれにほかならなかった。

こうしたなかで、冬戦争が開始された。フィンランド軍九個師団は、二六ないし二八個師団五〇万にのぼるソ連軍をむかえ撃って善戦した。ソ連側には短時日にフィンランド軍を粉砕できるという甘い見方があったが、戦争がはじまってみるとソ連軍の戦闘技術の欠陥も露呈し、いたるところで大打撃をうけて進撃を阻止された。こうしたソ連側の軍事的誤算には、政治的誤断もお

**冬戦争**　ラップランド戦線で。

おいにあずかっていた。ソ連の指導者は、フィンランド現地の共産党地下組織がモスクワの亡命指導部に寄せた報告などにもとづいて、ソ連軍が行動をおこせばフィンランド国内ではこれに呼応した革命がおこり、クーシネンの〝政権〟に同調するものと考えていた。ところが現実には、フィンランド国内には目立った反抗らしい動きはみられず、国民は対ソ抵抗に結集したのであった。

しかし、年を越えるころから、フィンランド軍の抵抗力もしだいに底をついてきた。しかもソ連側は、そのころから攻撃軍の建直しを行ない、レニングラート軍管区に代わって参謀本部が指揮をとる全軍的態勢のもとに、二月一日からカレリア地峡に兵力を集中して大攻勢にでた。このためフィンランド側は第一次防衛線を突破され、三月にはいると第二次防衛線の要衝であるヴィープリ市がソ連軍の猛攻にさらされた。ソ連側のこの軍事戦略の変更は、政治戦略の変更をもともなっていた。ソ連側は、いまや、領土要求の貫徹という限定された目的をめざし、フィンランドの現存政府との交渉をも辞さない、という態度をとるにいたった。リュティ内閣の外相タンネルは、ストックホルムに飛び、スウェーデン外相ギュンテルの仲介で駐スウェーデン－ソ連公使コロンタイと接触して、和平交渉の糸口を求めはじめた。

すでに述べたように、国際連盟はソ連を追放し、欧米諸国にはフィンランドに義勇兵として赴こうという市民もあらわれていた。しかし、各国政府の側からは実効性をもった援助はなかなか行なわれなかった。北欧三国では、フィンランドに対する国民の同情は、連帯意識と実感をともなったものであったが、すでに冬戦争前に開かれた北欧元首会議は、ソ連の対フィンランド圧力に対し無力であり、スウェーデン政府も、フィンランド側からのオーランド諸島への軍派遣要請を拒否する始末であって、戦争がはじまってからは、三回とも事実上中立の態度をとっていた。列強の動向をみれば、ドイツには、内戦のときの記憶からとくにフィンランドの保守派が期待をかけたが、ソ連との協調を当面利とするヒトラーの政権は、これを冷然と無視した。大西洋を隔てたアメリカでは、対米債務の返還を誠実に履行していたことからもフィンランドに好感を抱いており、世論はフィンランドへの同情に沸いたが、アメリカは当時まだ対外不干渉主義の伝統に手を縛られており、三月になってようやく、フィンランドに非軍需品の買付けを許す法案が成立をみただけであった。こうしたなかで、イギリスとフランスだけが具体的な軍事援助計画をもって立ちあらわれた。ソ連側は、英仏が兵器その他の軍需物資をフィンランドに送り、さらに正規軍をすら派遣しようとしている様子をみて、フィンランドとの和平を急がざるをえなくなった。ソ連のフィンランド侵略には、小国に対する交渉の失敗で失われた威信を列強が動けないあいだに軍事行動で回復しようとした焦りがうかがえるが、それがかえって英仏の干渉を招き、軍事衝突の危険さえでてくる事態はソ連指導者にとって本末顚倒であった。英仏とドイツが和解して反ソ戦争に結束する悪夢にも、彼らは悩まされたにちがいない。一方、フィンランド側は、こうしたソ連側の和平の必要と英仏側の援助意図を秤にかけたが、英仏の援助が不十分で立ち遅れの様相を呈していることにかんがみ、三月一二日付でソ連とモスクワ講和条約をむすんだ。この条約でフィンランドは、工業都市ヴィープリを含むカレリア地峡の領土を大幅に失ったほか、国境付近の他の箇所をもソ連に割譲し、かつハンコ岬へのソ連軍進駐を認めさせられた。

## 英独戦争と北欧

英仏によるフィンランド援助の動きは、実は、対独戦争のゆきづまりに悩む両国が、冬戦争を奇貨として情勢の打開を企てたものであった。そもそも英仏は、軍事的準備の不足からポーランド支援の義務をはたすことはできなかったし、ポーランドの敗北後も、独仏国境を越えて正面からドイツに決戦を挑むことはとうてい無理と考えていた。そこから生じたのが、スウェーデンのキールナ鉱山からナルヴィク港経由でノルウェーの沿岸ぞいにドイツへ送られる鉄鉱石の輸送を妨害し、ナチス＝ドイツの戦力を間接的にそごうという考えであった。これは海相チャーチルらが熱心に主張したが、ノルウェー水域への機雷敷設という行動にはイギリス政府は踏み切れないでいた。そこに到来したのがソ連のフィンランド侵略の報であった。情勢は一変し、英仏共同の最高戦争会議は、機雷敷設という直接の軍事行動に加え、フィンランドに援軍を送るかたちで通過地であるナルヴィク港とスウェーデン鉱山を占領することをめざして、ノルウェー・スウェーデンの協力を求めるという、外交措置をも含む構想を検討することになった。

英仏側はこの構想にもとづいて、覚書をノルウェー・スウェーデンに送ったが、両国政府は、こうした協力について討議することすら拒否するむね回答してきた。一九四〇年一月六日に、今度はノルウェー水域に海軍の作戦行動を拡大するというイギリスの通告がなされると、ノルウェー政府はこれにも強い抗議を行なった。しかし、最高戦争会議は、援助軍派遣の計画をすすめ、ドイツ軍の反撃に対するスウェーデン防衛の必要も考え、一万ないし一万五〇〇〇の兵力をあてることに決した。二月末になると、ノルウェー海岸のスタヴァンゲル・ベルゲン・トロンヘイムに上陸するための兵力が着々整えられた。だが、まさにそのとき、フィンランドとソ連のあいだに和平が成立して、「フィンランド援助」計画は崩れさった。その後、英仏側は「ロイヤル＝マリン(海兵)」と称するライン川への機雷敷設作戦とセットになったノルウェー沿岸への機雷敷設計画、およびこれに対するドイツの反撃に対抗する対応作戦を策定したが、ドイツ軍の北欧侵攻能力には甘い判断をもち、またノルウェーの主権を公然蹂躪することには逡巡を感じていた。

こうした一方、ナチス＝ドイツ側では、ノルウェー・デンマークに対する奇襲占領計画が急速にすすんでいた。実は大戦が勃発するとドイツ海軍総司令官レーダーは、一〇月一〇日の作戦会議において、ソ連の協力によってノルウェーに圧力を加えてトロンヘイムに潜水艦基地を獲得することをヒトラーに進言したが、西部戦線における陸上大攻勢によっていっきょに勝敗を決しようとしていたヒトラーの関心をひくところとはならなかった。ところが、レーダーのノルウェー占領案は意外な事件によって生き返ることになった。クヴィスリングの出現がそれである。

クヴィスリングは、彼の運動が国内の民心把握に失敗してのち、しきりにナチスへの接近をはかっていたが、一九三九年夏にナチスのイデオローグ、ローゼンベルクと会見してから、両者の関係は密接化し、一二月一一日ふたたびローゼンベルクを訪れて、ノルウェー国内の〝親英分子〟の〝反独活動〟を封ずるための〝新政府〟の樹立と、その〝要請〟によるドイツ軍のノルウェー上陸をはかることを提案した。クヴィスリングはまたレーダーにも会い、さらにローゼンベルクとレーダーの手引きでヒトラーと二回にわたり会見している。

だが、ヒトラーやドイツ軍部指導者は、クヴィスリングの訪問によってノルウェー占領への関心をよびさまされたものの、クヴィスリング一党を信用する気にはならず、そうした〝政治的計画〟ではなく、まったくの武力に訴えて目的を実現する考えに傾いていった。そして一月二七日、ヒトラーはOKW(ドイツ国軍司令部)に対し、ノルウェー上陸作戦計画の立案を命じた。二月一六日、イギリス海軍がノルウェー水域でドイツ船アルトマルクを臨検するという事態がおきると、ドイツ側はノルウェー作戦の重要さをあらためて認識し、ヒトラーはとくに命令をだして計画を急がせた。ローゼンベルクに対しては、ヒトラーは、クヴィスリングの運動の援助金の増額は認めた代わり、ノルウェー人が動きをおこす構想は峻拒した。

三月一日、ヒトラーは、ノルウェーとデンマークの占領に関する公式命令を下した。北欧における英軍活動の阻止、スウェーデン鉄鉱の確保、イギリスに対する軍事的地位の改善、が目的とされていた。これでみると、デンマークの占領は、ノルウェー支配が主眼であって、いわば中継連絡地として必要だったにすぎないことが判明する。ヒトラーは、かねて準備中の西方攻撃計画とは別個のものとして、この北欧作戦発動の機会を狙った。

## ドイツのデンマーク侵攻

四月九日早暁ドイツ軍は、機械化部隊をもってスレースヴィの国境を越えてユトランド半島に侵入するとともに、首都コペンハーゲンを含むデンマーク領諸島の数カ所に上陸した。同時にドイツ側は、デンマーク政府に対し、大戦継続中はドイツがデンマークに〝保護〟を与えること、およびドイツ軍当局はデンマークの内政に干渉しないむねを通告した。スタウニング首相以下のデンマーク政府は、型どおりの抗議を行なったが、無用の流血を避けるため戦闘中止を命ずる以外に手だてはなかった。

**ドイツ軍の占領下にもコペンハーゲン市内の毎朝巡察を欠かさないクリスチャン10世**　上空を飛ぶのはドイツ機。

デンマーク占領の当初は、ドイツ軍も一応の軍紀を保ち、市民の日常に格別の変化はなかった。ヒトラーはデンマークの農産物に期待しており、またヨーロッパ〝新秩序〟宣伝の必要もあって、デンマークを〝モデル保護国〟に仕立てあげるつもりであった。占領直後、スタウニング首相は、社会民主党に保守党・左翼党を加えた連立内閣を形成したが、国内のファッショ的な分子がデモを行なうと、七月、外相をムンクからスカヴェニウスに代えるなど内閣改造で対応した。スカヴェニウスは第一次世界大戦中外相であった体験をもっていたが、ヒトラーの〝新秩序〟をうけいれざるをえないと考えており、占領軍当局に協力的な態度をとった。ナチス＝ドイツの圧力は日とともに増した。新聞は占領当初から厳しい言論統制が敷かれていたが、一九四一年になると国会はサボタージュとスパイ活動に対する厳罰を承認せざるをえなかった。ヒトラーが対ソ戦争をはじめると、政府は共産党の禁止とその党員の逮捕、独ソ戦線で戦うための〝義勇軍〟形成の許可、などの措置をとらざるをえなくなり、またスカヴェニウスは、一部閣僚の反対を無視して防共協定にデンマークを加入させるにいたった。

### ドイツのノルウェー侵攻

一方、ノルウェーに向かったドイツ軍は、ナルヴィク・トロンハイム・ベルゲンなど西海岸の六カ所と首都オスローに上陸した。深夜に召集された閣議は迅速な対応を欠き、動員令を出したか否かも定かでなく、ドイツ軍に対して効果的な抵抗は行なうことができなかった。しかし、ノルウェー政府はドイツの降伏勧告の最後通牒を拒否し、オスロー＝フィヨルドで抵抗が行なわれているあいだに国王と政府はノルウェー中部に脱出した。司令官に任ぜられたルーゲ将軍は、散逸したノルウェー軍を戦いながら後退させ、英仏軍の到来まで組織的な抵抗をつづける作戦をたてた。三週間後ドイツ軍はノルウェー南部を制圧したが、北部ではノルウェー・イギリス連合軍の強力な抵抗にあい、前進を阻まれていた。だが、五月初めにはじまったドイツ軍の西方攻撃によってフランスが危機に立つと、同月二四日、連合国側は、ナルヴィクを奪回していたにもかかわらず、ノルウェーの放棄を決定した。

ところで、ナチス＝ドイツのノルウェー対策には重大な欠落があった。ノルウェー政府が占領軍に協力するとばかり考えていたドイツ側は、同政府が降伏を拒否して首都を去ったときの対策を何も準備していなかったのである。四月九日の晩、クヴィスリングがラジオ放送でみずから首相を名のりでたが、彼がヒトラーと事前の了解をとげていたという証拠はない。ノルウェー駐在ドイツ公使ブロイアーは本国から何の訓令もうけていないことに困惑してベルリンを訪ね、外相リッベントロップに訓令をあおいだが、リッベントロップも責任を回避し、結局、ヒトラーがじきじきの電話でクヴィスリングに協力するよう命じる有様であった。しかし、ここでまたトラブルが生じた。ノルウェーの事情に通じている外務官僚のブロイアーにしてみれば、クヴィスリングが国民のあいだにまったく人気がなく、こうした人物を使っては統治がうまくゆかないことを承知していた。しかし、ノルウェーの抵抗に怒ったヒトラーは、クヴィスリングによる過激な施策を望んでいた。そこでブロイアーはヒトラーとの正面からの衝突を避けながら、クヴィスリングとは別個に行政会議と称するものを組織し、これに実権を握らせようとした。このやり方はまもなく辻褄が合わなくなり、ブロイアーが辞任すると、ヒトラーは、ナチ党の古参党員テルボーヴェンをノルウェー弁務官として派遣した。テルボーヴェンは、ブロイアーと違って、ノルウェーの政治体制には一片の理解ももっていなかったが、行政会議を道具に使ってなしくずしにナチス＝ドイツに協力させてゆこうという政治感覚はもっていた。こうしたテルボーヴェンにとっては、クヴィスリングは役に立たない理論家でしかなかったので、ドイツ本国へ送りこんで年金生活を送らせることにした。ところがクヴィスリングは、うまく逃れてローゼンベルクのもとへ走り、出番をうかがうことになった。クヴィスリングがドイツに〝抵抗した〟という神話もあるが、その実態はこれである。

テルボーヴェンは、クヴィスリングがつくっていたものをつくってドイツに協力させようと考えた。「国民連合」を相手とせず、フランスのペタン政権に似たものをつくってドイツに協力させようと考えた。そこで一九四〇年の八―九月にノルウェー国会を開かせ、伝統的な「国務院」という名を冠した政府をつくらせようとしたが、議員たちは協力しようとしなかった。しかも、ヒトラーがクヴィスリングの起用を主張して構想にとどめをさした。そこでテルボーヴェンは、新たに「弁務官大臣会議」を考案し、これにクヴィスリングを除いた「国民連合」指導者たちを含ませ、統治を行なってゆくこととした。

**テルボーヴェン(中)とレーダー(左)を迎えるクヴィスリング**

## スウェーデンの中立外交

第二次世界大戦の勃発にさいして中立を宣言した北欧諸国のなかで、地理的位置からしても、軍事力・経済力からしてももっとも有利な地位にあったのはスウェーデンであるが、同国もまたソ連のフィンランド攻撃によって大きな試練に立たされた。ソ連の対フィンランド要求をめぐって両国間に交渉が行なわれていた一〇月に、すでにスウェーデンにおいては、これにいかに対応すべきかをめぐって激しい論議が行なわれていた。社会民主党内閣の外相サンドレルは、オーランド諸島にスウェーデン軍を派遣してフィンランドを支援すべきであると主張したが、首相ハンソンをはじめとして外交問題会議の大勢はスウェーデンの介入を危険と考えており、サンドレルの意見は少数派にとどまった。こうしたスウェーデン国内の雰囲気は一〇月一八・一九日の両日ストックホルムで開かれた北欧元首会議に反映し、フィンランドの対ソ交渉上にほとんど益するところはなく終わった。ソ連のフィンランド攻撃がはじまると、時局の重大さにかんがみ、スウェーデンでは、首相の座にとどまったハンソンのもとに、社会民主党に右翼党と人民党を加えた新内閣が成立した。ただし、フィンランドの救援のために対ソ強硬態度を示そうとしたサンドレルは外相を辞任し、後任には、職業外交官であり、柔軟な外交的手腕の持ち主であるギュンテルが任命された。

スウェーデン国内では、「フィンランドの問題はわれわれの問題だ」という声が沸き、世論は東からの脅威に対する防波堤の役割をはたしてきたフィンランドへの後ろめたさをともなう同情に満ちた。この空気に押された政府は、八〇〇〇名を越える義勇兵が隣国へ救援に赴くことを許し、八万四〇〇〇挺の小銃、三〇〇のカノン砲をフィンランドに送った。しかし、ハンソン政府は、正規軍による援助は拒否し、またすでに述べたように、イギリス・フランスによるフィンランド援助軍の領土内通過要求に対しては、武力抵抗をも辞さない態度を示していた。このようにして、スウェーデン政府は、自国の安全を確保するために、姉妹国に対しても、基本的な意味での中立の姿勢をとりつづけたのである。しかし、スウェーデン政府はいたずらに手をつかねていたのではなく、フィンランドを救い、また結局は自国の安全に役立つ最良の策として、フィンランドとソ連間の早期和平実現に助力することに力をいれ、それは、外相ギュンテルの仲介工作の成功というかたちでみのったのである。

しかし、フィンランドとソ連間の休戦によって息つくまもなく、スウェーデン外交は、ナチス＝ドイツのデンマーク・ノルウェー侵攻という、より大きな困難に直面することとなった。ソ連の対フィンランド攻撃の場合と異なって、ドイツのスウェーデンに対する軍事的脅威はより直接であり、スウェーデン政府としては、フィンランドに対して示した程度の消極的な支援の態度をすら、控えなければならなかった。スウェーデン政府は、ドイツ軍の侵入に対するノルウェー軍の抵抗は大戦の一部分であるという解釈をとり、冷徹な中立の態度を貫いた。スウェーデン政府は、ナチス＝ドイツ軍と戦うノルウェー軍が、スウェーデン領を経由して武器弾薬を移動することを許さなかったし、国境を越えてはいってきたノルウェー兵は一時拘禁しさえした。スウェーデン国内での義勇兵募集も禁じられた。もっとも、ストックホルムのノルウェー公使館は、対独抗戦のための対外連絡拠点となっていたが、スウェーデン政府はこれを放任し、スウェーデンの真意の所在をかいまみせていた。

一方、ナチス＝ドイツに対しては、一応の譲歩を重ねながら基本的にはねばり強く主権を守ってゆくという、慎重な政策をとっていた。ドイツ側は、当初は、スウェーデンに対してあまり過大な要求はださなかった。ノルウェー侵攻にあたってドイツ側が恐れていたことは、スウェーデンがドイツ軍を背後から衝くことであり、また鉄鉱石の運搬をとめるといった経済的制裁の処置にでることであった。そこでドイツは、スウェーデンに対し、中立を厳守するかぎりにおいては危害を加えないむねの通告を行なった。さらに、ドイツは、ドイツ軍の傷病兵や〝一般ドイツ人〟や医薬品などのスウェーデン領内通過の許可を求めたが、それ以上のことは求めなかった。これらに対し、スウェーデン政府は、中立の態度を崩さず、〝人道的〟な配慮から通過要求は認めて、ドイツ側にスウェーデン非難の余地を与えないよう努めた。しかし、ドイツ側は、まもなく、一九四〇年五月ころから、スウェーデン領を経由する輸送を、兵士や軍需品にまで拡大させようとして、圧力を加えはじめた。スウェーデン政府は、ノルウェー侵攻の初期にこうした可能性に歯止めをかける声明をあらかじめだしていたが、このドイツの要求に対しては、ノルウェー側にも兵士や軍需品の領内通過は認めていない、という理由で拒絶した。スウェーデン政府は、こうしてドイツの要求に対応してゆくばかりでなく、積極的に自国の利益を守る手段を講じた。北部ノルウェーにスウェーデン軍の大半を集めたことがそれである。これは、ドイツ側に対しては、ドイツに供給されている鉄鉱石の産地を守るという姿勢をみせる狙いをもっていたが、同時にこの措置は、ドイツに対して鉱山を防衛することにも通じたのであり、またかりにドイツがスウェーデンの政策を不満として暴挙にでたばあい、同鉱山に駐在しているドイツ人を人質にとるという効果も生じえたのである。ドイツ側は、スウェーデンの軍事動員を警戒し、非難したが、スウェーデン政府は、ドイツ側が要求する〝中立〟を守るためだとやり返した。

スウェーデンが交戦列強からの圧力に抗して、またとくにナチス＝ドイツ側の膨脹意欲に抗して中立と主権を維持しえたのは、以上にみてきたような国内的諸条件と外交能力によるものであるが、同時に国際政治的環境のなかにもそれを可能にした有力な要因があったことを指摘しておかねばならない。スウェーデンの中立をめぐるドイツとソ連のあいだの了解が成立していたことがそれである。いったい、ドイツがノルウェーを侵攻し、英仏軍と本格的な戦闘の火蓋を切ったとき、ソ連は、両交戦国が実は馴れ合いでソ連攻撃の陰謀をたくらんでいるのではないかという冬戦争前後以来の疑惑から解放され、内心歓迎のうちに事態の推移を見守っていたが、四月一三日になると、ソ連外務人民委員モロトフが、ドイツ側に対し、ドイツがノルウェーへの軍隊輸送のためスウェーデンを作戦に巻きこもうとしている噂があるが、「ソ連はスウェーデンの中立保持に死活的な関心をもっている」と申し入れた。これに対し、ドイツ側は、その点でドイツはソ連の態度と「完全に一致」しており、「北方のスウェーデン領にまで軍事作戦を拡大する企図はもたない」と回答したのである。

## 2　大戦と北欧諸国民の試練

### フィンランドと独ソ戦

モスクワ講和条約ののち、フィンランドは、ノルウェー・スウェーデンとの防衛同盟によって自国の安全を保障してゆこうと望んだ。ところがソ連は、講和直後の三月一六日、同盟は反ソ的性格をもつもので講和条約違反であると申し入れた。そればかりではない。講和条約によってフィンランド周辺の軍事戦略的拠点をおさえこんだソ連は、ナチス＝ドイツが西部戦線で攻撃を開始し、六月一八日にフランスがあえなく降伏したのち、さらにさまざまな要求をだしてフィンランドに圧力を加えた。これらのソ連の行動は、自国の安全の不安という動機によって説明できなくはない。だが、北欧諸国全体が中立地帯となる可能性をつぶし、さらにフィンランドを締めあげる政策は、逆効果ではなかったか。

フィンランド国内は騒然としてきた。冬戦争前夜における政府の対ソ態度について、社会民主党左派の周辺で批判の声があがりだし、『自由の言葉』と題する新聞が発行された。またこれとは別に、五月下旬に「フィンランド・ソ連平和友好協会(SNS)」と称する団体が結成され、ソ連との友好をとくに労働者階級によびかけ、ヘルシンキその他の諸都市で大衆集会や講演会をしきりに開いた。SNSが対ソ交流のために政権交代を要求する言辞をなしたことから、リュティ政府が一九四〇年夏にSNSの活動を制限すると、ソ連政府はこれにただちに抗議した。

こうした事情に加えて、バルト海南岸でソ連が、七月から八月にかけ軍事的威信を背景にエストニア・ラトヴィア・リトアニアに政変をおこさせ、これを連邦内に編入したことは、ヨーロッパの外交界に、つぎはフィンランドの番だという噂を生んだ。ソ連側からのこうした脅威は、フィンランドの政治指導者の目をしだいに潜在

**“スウェーデンに向けて歩こう”** 親善速歩競技に参加するリュティ首相と市民たち。

的対抗勢力としてのナチス＝ドイツに向けさせていった。おりしも、ドイツの側でもフィンランドに関心を向ける理由が生まれてきた。ドイツはすでに、ペッツァモ産出のニッケルの売却方《かた》をフィンランドに交渉していたが、八月下旬になると、イギリス本土上陸作戦の望み薄にともなう局面打開策としてヒトラーが対ソ戦争の賭を脳裡に浮かばせたことと明らかに関連して、ヴェルトイェンスなるドイツ人商人がゲーリングの密命を帯びてフィンランドにあらわれ、北部ノルウェーを占領しているドイツ軍が本国と連絡するためのフィンランド領内通過権を要求した。ヴェルトイェンスに会見を求められたマンネルヘイムは、自分にはそのような権限はないとして、冬戦争後に大統領となったリュティに電話し、リュティからえた承諾の返事をヴェルトイェンスに伝えたという。しかし、これはマンネルヘイムの回顧録の語るところであって、リュティは戦後の「戦争犯罪裁判」でその記憶がないと主張し、だれが承諾の決定をしたのかが謎に包まれている。その後通過権の取決めは両国の軍部のあいだだけですすみ、ドイツ軍の第一陣が上陸した九月二二日の二日後になって、フィンランドの政府閣僚の大半ははじめて通過協定の説明をうけたという。フィンランドの最高政策の決定は、国際政治状況に影響されてヴェールに包まれたところで行なわれるようになっていた。

だが、ナチス＝ドイツの対ソ政策は一直線にすすんだわけではない。ヒトラーが独伊日ソの提携の可能性を考えた時期もあったようである。一一月一二－一三日にモロトフがベルリンを訪問したときには、ヒトラーはそうした関心を減じていたと推測されている。この会談ではモロトフは、ヒトラーの世界分割の構想よりもヨーロッパでの両国の利害対立の調整に関心をよせ、フィンランドからのドイツ軍の撤退を強く求めて、ヒトラー、リッベントロップと激論を闘わせた。会談のあと、スターリンの回答が思わしくないと、一二月一八日、ヒトラーは電撃戦によるソ連粉砕を目的とした「バルバロッサ作戦」の決定を下した。この決定については、一九七四年になって、当時ベルリンにいたタルヴェラ大将を通じて二日後にはマンネルヘイムが知っていた、という証言を、アカデミー会員ヴィルクナがして話題をまいたが、具体的な事実は明らかにされていない。

ナチス＝ドイツは、当時なおつづいていたペッツァモのニッケル鉱利権をめぐるフィンランドとソ連間の交渉には公然たる介入を慎む一方で、翌年一月末にバルバロッサ作戦の北部分をうけもつ〝銀狐作戦〟を制定した。そして、五月二〇日、㈠バルバロッサ計画全体はフィンランド側に知らせないこと、㈡対ソ軍事行動はソ連の侵略に対する反撃として提案すること、というヒトラー裁可の方針のもとに、フィンランドに対し、前記㈡を想定した〝軍事活動の調整〟を提案した。フィンランド側はこれをうけいれ、五月末から六月初めにかけて両国軍部間の協議が行なわれた。フィンランド側はドイツ軍の対ソ戦に対する側面的援助の約束を与えたことになった。

一方、ソ連側は、四月末から五月初めにかけて従来の対フィンランド態度を一変して宥和的になり、穀物輸出を約し、フィンランド・スウェーデン間の同盟を認めるむねの意思表示をすら行なったが、時はすでに遅かった。軍部間の協議終了とともに、ドイツ軍部隊は続々とフィンランドに上陸し、フィンランド軍の動員も六月一〇日に開始された。六月二二日ナチス＝ドイツ軍が対ソ侵略をはじめると、フィンランド政府は、ヒトラーが開戦演説でかってに同国を参戦扱いしていることに抗議し、撤回させたが、ソ連側はなおも、モスクワとヘルシンキでフィンランド政府の中立意思の明確化を求めた。その間、ソ連空軍機による散発的なフィンランド領侵入、投弾がつづいていたが、二五日になってヘルシンキをはじめとする諸都市に広汎な爆撃を行なった。リュティは、同日の秘密国会で同意をとりつけたうえ、翌二六日に宣戦布告のラジオ演説を行ない、フィンランドにとっての〝常なる脅威〟を除去するために自衛戦争にはいる、と述べた。

フィンランド軍は七月一〇日になると越境進撃を開始し、九月二日にはソ連軍をすべて旧国境外に押しだし、さらにソ連軍を追って東カレリア（ソヴィエト＝カレリア）にはいり、ペトロスコイを含む諸地方を占領した。フィンランド政府は、一一月二九日、旧領土を正式に編入することで国会の承認をとりつけるとともに、それ以上の地域はいわば軍事的緩衝帯として戦争終了後の講和会議まで占領をつづけることとし、以後は守勢に転じた。こうしてフィンランドが二度目の対ソ戦争（継続戦争とよばれる）に巻きこまれている一方で、デンマークとノルウェーではドイツ占領軍に対するレジスタンスが強まりつつあった。

デンマークにおけるレジスタンスの最初の兆は、政府の防共協定加入措置に対する首都の抗議デモであったが、一九四一年末になると、分散的にはじまっていた抵抗がまとまった組織をつくるようになった。地下新聞が発行され、サボタージュが発生した。非合法化されていたデンマーク共産党は、抵抗組織の形成に大きな役割をはたした。一九四二年四月になるとモェラーがこうしたデンマークの現状を報知するためにロンドンに脱出し、BBC放送を通じて、全力をあげてドイツの戦争努力を妨げるようデンマーク市民によびかけた。スタウニングの死後ブールが率いていたデンマーク政府は、占領軍に対する和協政策の見地からモェラーのよびかけを非難したが、放送は国民のあいだに大きな影響を及ぼしていった。

## デンマークの抵抗と解放

ナチス＝ドイツ側は、デンマーク国民のあいだに反抗的な気運が強まりだしたことに苛立ち、デンマーク政府に対する締めつけにとりかかった。ヒトラー自身も、デンマーク国王の誕生日に彼が送った祝辞に対して、国王が簡単な返事しか寄せなかったことに不信感を強めていた。一一月初め、ドイツ外相リッベントロップはデンマーク外相スカヴェニウスをよんで、対独態度の煮えきらないブール内閣の代わりにナチ派か親ナチ派の閣僚を含む新内閣を形成するよう命じた。スカヴェニウスは、ドイツ側の要求をいれて彼自身が率いる新政府を発足させ、ただナチ派の入閣だけは思いとどまらせた。その結果ドイツ側はやや態度をやわらげ、一九四三年三月には国会選挙も行なわれた。この選挙ではドイツ側が強力な支持を与えたにもかかわらず、デンマーク＝ナチ派は下院における勢力を伸ばすことができず、デンマーク国民の旧諸政党への信頼が変わっていないことを示した。

その後ドイツ軍の敗勢が明らかになってくると、デンマークでは、外と連絡をとった地下組織によるサボタージュが増加したばかりでなく、八月になると諸都市で大規模な反独デモが行なわれ、またストライキがドイツのための戦略物資の生産にはなはだしい打撃を与えた。ドイツの占領軍は、街頭で容赦なく市民を射殺し、五〇〇名を人質としてつれ去った。こうしたなかでヒトラーはデンマークに対する宥和政策がもはや効果を生まなくなったと判断した。デンマークはナチス＝ドイツが支配する〝ヨーロッパ要塞〟のもっとも弱い環になりかけていると考えられたからである。ヒトラーはデンマーク駐在全権ベストを通じて、スカヴェニウス政権に対し、ストライキおよびデモの禁止、あらゆる武器の没収、サボタージュに対する死刑などを要求し、スカヴェニウスが拒否すると、占領軍による軍政を施かせた。デンマーク軍は解体され、艦隊は港で自沈した。

しかし、ドイツ側は軍政を施いたものの、そのあとどのように対処したらよいか見当がつかなかった。これに対し、デンマーク国民は事態をいまやはっきりと認識することができた。占領権力と正面から対立することになって重苦しい迷いやためらいが吹き切れたのである。九月一八日になると、国内各地に生まれていた数知れないサボタージュやレジスタンスのグループを指揮するために「自由評議会」が組織された。こうしたなかで、一〇月一日にドイツ側は七〇〇〇名近くいるデンマーク在住のユダヤ人狩りにのりだした。レジスタンス側はただちに対応し、彼らの大部分をスウェーデンに逃がした。ドイツ当局は報復のため幇助者と疑われる者を引きたて、はてはティボリの遊園地に放火した。ならず者を組織して地下運動の情報をさぐらせ、普通の市民を襲うようなこともさせた。サボタージュに対し死刑も執行されるようになった。一九四四年一月四日には、ドイツ権力は、詩人・劇作家として知られ、説教壇から抵抗をよびかけていた牧師カイ＝ムンクを連行虐殺した。この事件はデンマーク市民の慎重な部分をも抵抗の側へと踏み切らせた。

**カイ＝ムンク**(左)　1932年，ベッティ＝ナンセン劇場で農民劇『言葉』が上演されたときの写真。

レジスタンスの動きが強まるにつれて、ドイツ側は「反サボタージュ」と称される暴力行為に訴え、デンマーク人の資産を無意味に破壊したり、無差別に

**1944年夏のゼネスト**（コペンハーゲン）

街の路上で市民を射殺したりしはじめた。満員の列車に時限爆弾を仕かけて破壊することすら行なった。一九四四年六月末になるとドイツ軍はコペンハーゲンに夜間外出禁止令をだし、巡視隊によるテロルが横行した。これに抗議して労働者は早退戦術によるサボタージュをはじめた。ドイツ側は生産の減退を恐れ、外出禁止令の時間を繰り下げたが効果はなかった。ついでサボタージュ実行者が処刑されたという噂がはいると、市民はいっさいの職場を放棄した。ドイツ当局はコペンハーゲン市と外界のいっさいの交通を遮断し、電気・水道・ガスを止めて圧迫したが、首都住民は池の水を汲み、乏しい物資の配給制度を組織して耐えた。自由評議会はストライキ中止の条件として一連の要求を掲げ、それらがうけいれられるまでは労働者は政治家による職場復帰の哀訴にも頑として応じなかった。ついにドイツ側は譲歩して封鎖をとき、要求のいくつかをいれるとした。自由評議会はストライキの中止を宣言し、人びとは職場に復帰した。

もっとも、このあとも占領軍による虐殺や処刑はつづいた。九月にドイツ軍はデンマーク警察の解体をはかり、警官たちは英雄的な抵抗のすえドイツの強制収容所へ送られた。しかし、このころになると、デンマーク国民のサボタージュは、イギリスからの無線指令によって組織的に行なわれるようになった。一部のデンマーク人はイギリスに渡って訓練をうけ、またパラシュートで祖国に降下して抵抗戦線に加わった。武器も投下された。サボタージュの成果のもっともめざましい例は、ドイツ軍がノルウェー占領軍との連絡に用いていたユトランド半島の鉄道網を麻痺させたことであった。連合軍も自由会議に協力してデンマークのゲシュタポ司令部を爆撃した。一九四五年五月、大戦の終局が訪れたとき、レジスタンスの側は、サボタージュばかりでなく、連合国軍の進撃に呼応して立ちあがるべく四万五〇〇〇の地下軍を編成し、スウェーデンで装備されたデンマーク人部隊も来援の機会をうかがっていた。しかし、ドイツ占領軍は、さしたる暴力に訴えることなく、米英軍のデンマーク進撃に先立って武器を捨て、ここにデンマークは解放された。

### ノルウェーの抵抗と解放

テルボーヴェンは、支配下の「弁務官大臣会議」にはクヴィスリング一党をあまり参加させないでいたが、はじめはとるに足りなかった「国民連合」もある程度勢力を伸ばし、一九四三年一一月には、おそらく水増しはあるにせよ、党員四万三四〇〇名を数えた。一九四二年二月一日に「弁務官大臣会議」が〝政府〟になると、その〝首相〟にクヴィスリングがすえられたが、テルボーヴェンは、ドイツ本国に、これは形式的な処置にすぎないむねを伝えている。クヴィスリングはテルボーヴェンの権力にまったく依拠していながら、相も変わらぬ非現実的な考えを抱いて、彼の〝内閣〟のなかにすら亀裂を生じさせた。たとえばクヴィスリングは、かねてヒトラーの突撃隊（SA）にならった「ヒルド」と称する親衛隊をつくらせていたが、一九四三年八月一四日の〝法〟によってこれを正規軍化しようとした。私兵をつくろうとするクヴィスリングの企てには、さすがの〝閣僚〟たちも異議を唱えたが、さらに、この八月一四日〝法〟がノルウェーをドイツの〝同盟国〟としていることに対して、〝閣僚〟たちのあいだからすら、ドイツとはまだ交戦国の関係にあるはずだ、という声があがった。実は、クヴィスリングは、ドイツ側と交渉して講和条約をむすび、ノルウェーを〝独立国〟とすることに空想的な執心を抱いて、いろいろと工作を試みていた。しかし、ヒトラーにはそのような考えはまったくなく、手を焼いたドイツ側は、テルボーヴェンを通じて以外、クヴィスリングに本国政府への直訴の道を封じることとした。

しかし、クヴィスリングのナチス＝ドイツに対する一方的な忠誠は、終局まで変わらなかった。クヴィスリングやその配下の煽動で「ボリシェヴィズムに対する戦い」を掲げたノルウェー人の軍団がドイツ軍の指揮下に独ソ戦線に参加して、甚大な損害をこうむっている。一九四三年になるとクヴィスリング〝首相〟は、五万名の正規軍を編成して独ソ戦線に送ろうと提案して、ドイツ当局から一笑に付されている。戦争が破局に近づいたころ、彼は、ノルウェー国内の三五万のドイツ兵にノルウェーの市民権を贈ろうという珍案を思いついた。クヴィスリングの夢は、「未来のゲルマン連邦」を守る「連合・共同のゲルマン海・空軍」にノルウェー人を参加させることにあったようである。

しかし、いかにドイツ側から愚弄されたにもせよ、クヴィスリングが、ナチス＝ドイツの強大な権力を背景に、「新秩序」をノルウェー市民に押しつけようとしていたことは事実であった。だが、国王と政府が亡命し、国会が奪われ、最高裁判所の判事が抗議辞職し、政治集会が禁止され、言論の自由がなく、新聞が御用化している状況のもとでは、ノルウェー市民は、長らくなじんできた立憲政治的な手段によって抵抗することが不可能であった。ここで政治組織に代わって抵抗の役割をはたしたのは、歴史のなかで培われてきたノルウェー人の組織社会であった。下からの自治の伝統を根だやしにして、ノルウェー社会にナチスばりの指導者原理を貫徹させようとする権力の試みは、非協力によって応えられた。ノルウェー人の抵抗はさらに積極的なかたちでも行なわれた。街頭での散発的な実力行使やさまざまな社会グループの抗議が弾圧されると、抵抗は地下へと移った。教師・農民・労働組合員・牧師などの代表で連絡調整の委員会がつくられ、そのメンバーのなかから武力抵抗組織の指導者が生まれていった。

抵抗する国王ハーコン7世を支持するドイツ軍占領下の落書

ここでしばらく目を国外に向けなければならない。国王とニューゴールスヴォル首相ら政府閣僚は、一九四〇年六月七日ロンドンへ移るにあたって抗戦の意思を明らかにした宣言を残したが、そのときから、亡命政府の対独戦争のための連合国への協力がはじまった。同政府が連合国のあいだで主体性を尊重されるためにも、戦争への具体的な貢献が必要であったが、その点ノルウェーは有利であった。まず、海運国ノルウェーは、五〇〇万トンに達する船舶を有していたが、その六分の一がドイツにおさえられただけで、他はことごとく、ノルウェー国旗を掲げつつ連合国に協力した。そこからえられた少なからぬ収入は亡命政府の活動資金となり、そのためにノルウェーは大戦中他国に大きな債務を負わずにすんだのである。軍事活動についてみれば、ノルウェー海軍の魚雷艇が英仏海峡の守りについたほか、カナダのトロントで訓練をうけたノルウェー空軍のパイロットが、ノルウェー空域で作戦に従事したし、地上軍もまた、海外在住者のうちから募集され、ノルウェー解放の日に備えてスコットランドで待機した。

こうした亡命政府と占領下ノルウェーのあいだの連絡は、BBC放送によるよびかけにはじまり、やがて北海の両岸をむすぶ秘密の交通網へと広がった。戦争末期までに五〇〇名がノルウェーに渡って現地の抵抗を支援したという。一九四一―四二年の冬以来、ノルウェー現地の抵抗組織は、ロンドンに設けられた亡命政府配下のノルウェー軍最高司令部の指揮下にはいった。同最高司令部はまた、イギリスが独自にノルウェー海岸にしかけた攻撃がいたずらに現地住民に対するドイツの報復を招いた事実にかんがみ、イギリスとのあいだに委員会を設けて、ノルウェー作戦に関しては一定の発言権をもつことになった。こうした組織づくりを背景に、ノルウェーでのサボタージュなどの作戦が行なわれ、ヌルシュク＝ヒドルの重水工場施設の破壊などに成功している。サボタージュは、空からの一律の爆撃と異なり、ノルウェー人の無用な犠牲を強いることがなかった。

連合国側の対独作戦全般のなかでノルウェーが占めた地位についてみれば、英米側は、ソ連の〝第二戦線〟設置の要求を満足させる便法として、北部ノルウェーに上陸する作戦「ジュピター計画」を考えたことがあったが、結局、立ち消えになった。解放は遅れる代わり、ノルウェーが直接の戦場となることはまぬかれたといえる。一九四三年からは、亡命政府と連合国側とのあいだに解放時の措置をめぐる交渉がはじめられ、戦場を除いてはすみやかに権力がノルウェー側に引き渡されるむねの了解が成立した。しかし、より問題となったのは、亡命政府と現地レジスタンスとのあいだの調整であった。亡命政府側が戦前の権力の回復を簡単に考えたのに対して、レジスタンス側には現地に密着して戦ってきた立場があったからである。交渉の結果は、亡命政府のメンバーが帰国するまで、レジスタンスの中央会議が過渡期を監督する広汎な権限を握ることで落着した。解放時の亡命政府とレジスタンスの関係は、西欧でも東欧でも問題となったが、ノルウェーの場合は、早い時期から亡命政府がレジスタンスを掌握し、レジスタンスの側の組織的な独自性があまり生まれなかったことが特徴であろう。レジスタンスのはなばなしい一員であったノルウェー共産党の指導者フルボトンは、一九四三年に諸政治グループから成る挙国的な自由評議会の形成を亡命政府に提案しているが、無視されて終わっている。

結局、ノルウェーはナチス＝ドイツが本国で敗北するまでドイツ軍の占領下にあり、領土で解放戦が行なわれることはなかった。ただ、フィンランドの対ソ休戦にともない、ドイツ軍がノルウェーに撤退してきて、それを追うソ連軍がノルウェー領にはいるという事態が、北部では生じた。しかし、ソ連側は、そのさいのノルウェー軍の作戦参加希望を簡単にはうけいれず、一九四四年一一月になってようやくノルウェー軍の小部隊がフィンマルクに送られ、その方面がまず解放された。一九四五年五月七日にドイツが降伏すると、国内戦線の戦士たちは公然と姿をあらわし、九日にはノルウェー正規軍と英米軍、一三日には亡命政府閣僚が到着、六月七日には国王ハ

ノルウェー解放の日

ーコンが五年ぶりに首都オスローに帰還した。

## フィンランドの戦線離脱

「継続戦争」の戦線は、一九四一年末にフィンランド軍が進撃を停止してから一九四五年六月にいたるまで動かなかった。ここで問題となってくるのはドイツの対ソ戦争との関係である。リュティ大統領下のフィンランド政府は、フィンランドが自分自身の独立した目的で戦争を行なっているのであり、ヒトラーの行なっている対ソ戦争とは別個のものだという立場をとっていた。そしてこの立場は、ドイツ側が行なった作戦協力の要請に対する対応を通じて示された。対ソ戦の開始とともにドイツ軍は、ラップランド地方でムルマンスク鉄道をめざして進撃し、ソ連の中枢部と北氷洋への出口の連絡を断とうとする一方、バルト海南岸を攻めのぼってレニングラート近郊に迫っていた。そうした戦況のなかでドイツ軍参謀総長カイテルは、フィンランド軍総司令官マンネルヘイムに対し、ドイツ軍に呼応して北からレニングラートを攻撃することを再三要求したが、マンネルヘイムは拒否した。フィンランド側は、レニングラート攻撃に参加することが、戦争目的を枉げかねない政治問題を意味することを認識していたのである。

ナチス＝ドイツ軍の不意打ち的な攻撃のまえに敗退を重ねるソ連側としては、少しでも重圧を減らすために、「フィンランドを中立化し、ドイツから離脱させる」ことをはかり、独ソ戦開始以来の盟国である英米に働きかけた。しかし、ドイツ軍の進撃成功にソヴィエト政権の崩壊が間近いと考えているフィンランド側は、応じようとせず、このためイギリスは、ソ連に迫られたあげく、一二月六日フィンランドに宣戦布告した。ソ連は一二月後半にイギリス外相イーデンがモスクワを訪問したさい、フィンランドに関する戦後構想として、㈠開戦前の国境の回復およびペッツァモのソ連への〝返還〟、㈡ソ連とフィンランドの同盟の締結、フィンランドの領土内における海軍基地の維持を示した。スターリンのこの対フィンランド方針は、その後休戦にいたるまで驚くほど一貫している。

フィンランド国内においては、冬戦争の場合と異なって、国内の合意は早くから怪しくなっていた。すでに一九四一年、フィンランド軍が随所で旧国境を越えて進撃する有様に、「失地の回復」という限定された戦争目的の稀薄化を恐れる声が強まりはじめ、ことに八月末に社会民主党左派のヴィーク《ヴィーク》ら六名の国会議員が「国家反逆罪」のかどで拘引されたこととあいまって、リュティ政権の国会からの離反や言論統制の傾向に対してもまた、批判を浴びせはじめた。こうした動きは、社会民主党から農民党、スウェーデン人党の内部にまで及んでいたが、まもなく平和委員会として組織化され、一九四二年になると、翌年二月に行なわれる大統領選挙に向けて政治工作にのりだすにいたった。一方、これらとは逆に、ソ連領カレリアを合併し、「大フィンランド」を実現して国際的地位を安定させようというAKSなどの動きも、国民感情に訴える一面があって目立ちはじめていた。

しかし、一九四三年一月から二月初めにかけてのスターリングラート戦におけるドイツ軍の惨敗は、フィンランドの政府・軍部指導者が対ソ戦争の前途に関して抱いていた楽観を、一時に転覆させ、二月三日にミッケリの総司令部で開かれた会議で、大統領リュティ、首相ランゲルほか二閣僚、総司令官マンネルヘイムは、もっとも早い機会に戦争を離脱すべきであるという合意に達した。こうしたなかで、大統領選挙が二月一五日に行なわれ、曲折ののちリュティが再選されると、リンコミエス内閣が発足して、早期戦争離脱の線を踏襲することになった。国際情勢をみると、一九四三年は初頭からフィンランドをめぐる動きが活発化していた。すなわち、アメリカが、ソ連との友好や国内の北欧系市民の宥和の見地から、フィンランド・ソ連間の和平の仲介を企て、ドイツとの即時断交やモスクワ講和の国境の回復、賠償などを内容とするソ連側の和平条件をフィンランド側に伝えたが、フィンランド政府は、ドイツ側の意向を打診してかえって外相リッベントロップから単独不講和の誓約を要求され、四月一〇日アメリカの斡旋を拒否せざるをえなかった。フィンランドの回答をうけとるとアメリカは、フィンランドとの外交関係継続の理由がなくなったとして、駐在武官を引き揚げ、いっさいの介入を控えた。

こうして和平の動きはしばらく途絶えたが、夏ころからソ連はストックホルムを通じて、フィンランドとの接触を求めはじめた。八月にフィンランド側が寄せた休戦条件は、ソ連の満足をえられるような内容ではなかったが、フィンランド政府が和平への意思をもっていることは、伝えられたわけである。一一月になると、駐スウェーデン=ソ連公使コロンタイが動き、これまた間接的にソ連・フィンランド間に接触が生じたが、戦後の国境を一九三九年のものとするか、一九四〇年のモスクワ講和にならうかで両国の見解が対立した。さらに一二月初めにテヘランでローズヴェルト、チャーチル、スターリンのあいだに会談が開かれ、フィンランドに関しては従来のソ連の要求をほぼ定式化したものが承認された。一方、フィンランド国内の反政府和平派は、大統領選挙で敗北したのちは、運動の目的を早期和平の要求にしぼり、八月に、リュティに対し、国会議員のほかジャーナリストや「フィンランド・アメリカ協会」の幹部も含めた三三名が署名する文書を手交した。

一九四四年にはいると、ストックホルムで試みられていた接触が進展し、ソ連側から具体的な和平条件が示され、その受諾期限も指定された。これをフィンランド政府が国会審議に委ねると、

**ソ連軍の反撃開始**　東カレリアから撤退するフィンランド兵。

少数ではあるが一九四〇年の国境は絶対認められないとする議員があり、その他の条件も受入れ困難ではあったが、在ストックホルムのコロンタイの機転で、ソ連側の〝説明〟聴取という名目のもとにパーシキヴィがモスクワに赴き、モロトフと交渉した。しかし、モロトフは賠償として六億ドルを要求し、フィンランド国内ドイツ軍の追放ないし抑留を主張して譲らなかった。帰国したパーシキヴィは事態を重大とみて和平条件の受諾を勧告したが、大統領リュティを含む会議があまりに過大な要求として拒否の態度を決めると、決然退席した。

六月九日未明、ソ連軍は、カレリア地峡で一大攻勢にでた。その激しさは一七〇マイル離れたヘルシンキにも砲声がとどくほどであったという。ソ連軍の進撃は急であり、六月二〇日にはヴィープリが占領された。このさなかに、ドイツ外相リッベントロップはヘルシンキにリュティ大統領を訪ね、単独で講和をむすばない誓約を要求した。四月の和平の動きを察知したドイツ側は、すでに穀物輸出を止めており、フィンランドの食糧・武器弾薬は底をついていた。リュティはやむをえず、ヒトラー宛ての大統領の個人書簡のかたちで単独不講和を約した。リッベントロップは満足し、ドイツの援助は再開された。

七月中旬になると前線は安定してきた。これはフィンランド軍の善戦にもよるが、ソ連側の攻勢の狙いがフィンランド全土の占領にはなく、もっぱら敵軍の消耗と一九四〇年の国境回復に限られていたからである。ソ連としてはスウェーデンを刺激したくなかったであろうし、一日も早く北部戦線から兵力を解放して、主敵ドイツの攻撃に向かわしめる必要があったのである。この段階で、またしてもストックホルムが舞台となってソ連側と、のちのフィンランド大統領ケッコネンら反政府和平派の接触が成り、八月一日リュティが辞任してマンネルヘイムが国会決議により大統領に就任し、さきの書簡がリュティ〝個人〟のものであった意味にいまさらのごとく気づいたヒトラーの独裁国家を尻目に、対ソ和平交渉を開始したのである。国内ドイツ軍を追放ないし抑留するという声明とひきかえにフィンランド政府がえた休戦条件は、一九四〇年の講和条約の復活、一九二〇年の条件でフィンランドに「自発的に割譲」されたペッツァモのソ連への「返還」、ハンコ岬の代わりとしてポルッカラ岬のソ連海軍基地化、三億ドルの賠償、戦争犯罪者の処罰、連合国加担の科で投獄された者の釈放、「親ヒトラー組織」の解散、連合国監視委員会による休戦条約執行の管理、であった。

## スウェーデンの試練

スウェーデンは北欧でただ一国、中立を守りとおしたが、注目すべきは、同国が、両交戦陣営に対して、国民一般の感情や価値感のうえでは、けっして〝中立〟ではなかったことである。何よりもスウェーデンは、スカンディナヴィアの兄弟国であるデンマークとノルウェーをドイツに不法に占領されており、これは国民感情として許すことができなかった。さらに、ナチス＝ドイツの集団的発狂ともいうべき国内状況とそれを支えるイデオロギーは、冷静な個人主義者であるスウェーデン国民のあいだに共感をよぶはずがなかった。それにもかかわらず、自国の生存のために中立を守り、またしばしばそれをすら踏みはずした譲歩をナチス＝ドイツに強いられたという点に、スウェーデン国民および政府の悩みがあったといえる。

とくに大戦の前半では、スウェーデンは、ナチス＝ドイツの強い圧力にさらされた。ノルウェー占領後のドイツ側の諸要求のうちでもっともスウェーデンを悩ましたものは、ドイツ軍による領内通過権の問題であったといえるであろう。ドイツは、ノルウェーを占領する自国軍に対する補給連絡のために、ノルウェー西岸を迂回してイギリス海軍の脅威にさらされることを避ける意味で、スウェーデン領を利用することを必須と考えていた。しかも、ドイツ側は、すでに述べたように直接戦力増強につながらない範囲でスウェーデン側からとりつけた通過権を楔として、輸送の規模・頻度、輸送物資の種類を広げていった。こうしたドイツ側の態度に対するスウェーデン側の抵抗力は、減じていた。その理由は何よりも、陸つづきの境界の向こう側にドイツ軍が存在していることにあった。すでにノルウェー侵攻前にレーダーは、ヒトラーとの会談で、「ドイツがノルウェーを占領すれば、スウェーデンにも強い圧力をかけることができ、われわれのあらゆる要求にスウェーデンを応じさせることができるであろう」と述べていた。しかもドイツは、スウェーデン経済をドイツ向けに転換させ、自国の軍需工業の下請け役を演じさせようとしていた。一九四一年には、スウェーデンのヨーロッパ大陸への輸出は、総額の八八％、ヨーロッパ大陸からスウェーデンへの輸入は、八〇％を占めるにいたっていた。

こうしたなかでスウェーデン政府は、ドイツ側の通過輸送の拡大をいささかなりとも抑えようとした。ドイツ側は、ノルウェーとドイツ本国との兵員輸送を往路・復路とも同規模、武器は別仕立ての列車で送るなどのルールを守らされ、例外を認めさせてこれを崩そうとする企ては、スウェーデン政府が厳しく斥けていた。しかし、一九四一年六月になると、ナチス＝ドイツは、目前に迫った対ソ戦争の準備のため、エンゲルブレクト師団をノルウェー北部からフィンランドへ移そうとして、スウェーデンにその領内通過を要求するにいたった。スウェーデン政府は困惑したが、フィンランド政府からも要請がだされた結果、ソ連に圧迫されている隣国の立場を考慮してこれに応じた。スウェーデン政府の対独譲歩傾向に対しては、以前からすでに国内で抗議の声があがっていたが、このときには、ヴィグフォルシュら社会民主党出身の閣僚四名が強硬に反対し、ついには国王が退位を仄してようやく反対を撤回させる有様であった。

しかし、このあいだも、スウェーデン政府は、自国を有利に操作しようとするナチス＝ドイツの圧力に対して、いたずらに手をこまぬいていたわけではなかった。注目すべきは、ドイツの脅威にさらされながらも、イギリスとの通商をつづけたことである。イギリスとの通商諸ルートが失われてしまったのちも、スウェーデンは西南海岸の、イェテボリから外に向かうルートだけは確保していた。スウェーデンは、イギリスとドイツの双方の封鎖作戦の対象となっていたわけであるが、イギリスに対しては、同国とスウェーデンの経済的友好の持続が「ドイツの圧力に対する重要な砦」であるという見地から、イェテボリを出港する船舶の安全を保障させた。またドイツに対しては、アメリカの対英援助と関係のないラテン＝アメリカ諸国との貿易を認めさせた。ドイツ側は、自己にとって必要な物資をスウェーデンからえるためにも、スウェーデンと海外諸地域の通商継続を認めざるをえなかったのである。こうしてスウェーデンは、巧みに、両交戦国側との通商のバランスを保つことによって、中立と独立を守りつづけたのである。

スウェーデンの国内情勢に目を向ければ、一九四〇年に下院の選挙が行なわれ、社会民主党が五八％の支持票と一三四議席をえて圧勝した。国民の支持を確認したハンソン内閣は、改造も行なわず、そのまま存続した。第二次世界大戦下のスウェーデンは、バッゲが一九四〇年のメーデーの日に述べたように、「あらゆる方向にトゲをたて、危険に対してハリネズミのように体をまるめ」ていようとするムードに包まれていたといえるであろう。政府は、「公共的精神、警戒、沈黙」を評語として国民に「精神的戦備」を要求した。戦時下の中立国にありがちな、とくに外国人によるスパイ行為が厳しく取り締まられる一方、軍備も増強された。ドイツを刺激しないよう配慮しながら、一九四〇年四月から一〇月にかけて四〇万人が兵役に動員された。国家の指揮下におかれる義勇兵からなる「祖国防衛隊」も編成され、ゲリラ戦の訓練にはげんだ。国防費は、一九三六年の一四倍に当たる二〇億クローネに達した。こうした費用を捻出するため、平時の国税の五割に相当する国防税をとくに高額所得者から徴収し、総額二五億クローネにのぼる国債をつのった。インフレーションを抑えるために政府は一九四二年秋に価格と賃金の凍結を行なったが、卸売物価は、一九三五年を一〇〇として、一九四二年には一八九に上昇した。封鎖による物資不足に対処するため、政府は国民経済維持省を設置し、ガソリンの供給制限、多くの食糧の配給制を実施した。しかし、食糧自給度が高くなっているスウェーデンは、もはや第一次世界大戦のおりのような飢餓状態に直面することはなかった。

スウェーデンをとりまく国際環境は、ナチス＝ドイツがスターリングラートの敗北を喫し守勢に立つことになった一九四三年以後、一変した。いまやスウェーデンは、ナチス＝ドイツとの関係断絶を迫る連合国側の執拗な要求のまえに立たされることになったからである。連合国側にしてみれば、スウェーデンがドイツに戦略物資を輸出しつづけていることは、多大な損害をだしながら行なっている対独空襲の効果を減ずるものであった。スウェーデンに対する対独貿易停止要求の主導権は、この段階ではイギリスからアメリカに移っていたが、ヨーロッパの外交に経験の浅いアメリカは、民主主義の理念を盾にしてスウェーデンのきめ細かい弁明には耳を貸そうとしなかった。連合国側は、ドイツとの貿易制限ないし廃止をただ要求するだけでなく、連合国の管理下にある物資をスウェーデンに供給したり、スウェーデンからドイツが必要としている物資を連合国側が購入する工夫をしたが、スウェーデンからドイツへの鉄鉱石やボールベアリングの輸出は、一九四四年になるとかえって従来にないほど増大した。スウェーデンにしてみれば、まだ戦争が当分つづく見込みである以上、ドイツから石炭やコークスを購入しなければならなかったし、また何よりもドイツ側の報復を恐れなければならなかったのである。

しかし、スウェーデン政府は、ドイツの敗色がみえだすと、目立たぬかたちではあったが、ドイツとの関係をしだいに弱めてゆく方策をとりはじめていた。スウェーデン政府ははやくも一九四三年六月以降、木材製品などの対独輸出をドイツからの燃料供給に見合って調整する措置をとりだしていたし、また同年夏になると、それまでドイツ軍に認めていた国内通過権の大部分を一方的に取り消した。その理由の説明としてスウェーデン政府は、ノルウェーに平和が招来されていないことからする対内対外対策であると述べていたが、一九四四年一〇月になると、ドイツとの関係悪化はドイツがデンマーク人とノルウェー人を虐待したからであり、中立政策には変わりはないと公言するにいたった。しかも、スウェーデンは、同国がまさに中立であることによって、反ファシズム陣営に対する大きな貢献をなしていた。スウェーデンは、すでにみたように、東隣の友邦フィンランドの戦線離脱を外交的に支援することによって、自己に対するドイツの影響力を弱めてもいた。またドイツの支配に対するノルウェー人のレジスタンスへの援助を、しだいに大胆なものにしていった。たとえば、スウェーデン国内には、占領下の自国を脱出してきたもののイギリスへ渡ることを禁じられている数千人のノルウェー兵がいたが、一九四三年末になるとスウェーデン政府は、彼らに内密の訓練を許可し、一九四五年までに、一五〇〇名のスウェーデン装備のノルウェー兵部隊が育ちあがり、ロンドンの司令部の統帥下に祖国解放の日を待っていた。またスウェーデン政府は、二万名のデンマーク人避難民を国内においていたし、迫害から逃れようとして海峡を渡ってきたデンマークのユダヤ人に保護を与えていた。

戦争が終わりに近づくと、はじめはスウェーデン人に「年金で生活する国民」というみくびった評価を与えていたヒトラーは、それがスウェーデン政府の巧妙な手であったことにようやく気づき、「狡猾な敵対者」で「悪漢」だとののしるようになった。一九四四年秋になってスウェーデンがドイツとの接触のほとんどを断つと、ドイツはスウェーデンの小船に対しても無差別攻撃を加え、これをバルト海にも及ぼすと警告した。このためスウェーデンは一九四五年一月にはイェテボリのルートをみずから閉鎖せざるをえず、完全な封鎖に近い状態におかれてしまった。ドイツの敗北が近づくとノルウェーやデンマークでドイツ軍が自暴自棄の破壊行動にでる恐れがあったが、スウェーデン政府は武力による阻止の決意を固めきれないままに終戦を迎えた。こうしてスウェーデンはナチス＝ドイツ崩壊の日までドイツとの国交をつづけたが、連合国側からはその立場をほぼ理解され、ポツダム会談では、スウェーデンのうけた損害をドイツ商船の割当てによって補償するという提案がなされている。

# V　現代の北欧

# 1　戦後から冷戦時代へ

## 北欧三国の戦後政治

デンマークの解放は、ソ連軍と米英軍の競合のなかに、アイゼンハワーの率いる後者が六時間早くリューベックを占領するというかたちで実現した。ソ連軍による解放をあてにした共産党の急進的な戦後政権案は実現せず、自由評議会と旧政党から同数の閣僚が参加するという四月の自由評議会決議にもとづいて、社会民主党のブールを首相とし、共産党員三名を含む臨時連立政権がつくられた。また暫定的な議会が旧メンバーで召集され、何よりも、占領下の対独協力者やその他の「戦争犯罪者」三万四〇〇〇名を裁くために「反逆法」とよばれる遡及法の立法を行なった。その結果、四六名が死刑になり、大部分の者は罰金刑か禁固刑に処せられた。占領下に制定された反共法は廃止され、共産党が公然たる活動をはじめた。

こうしたなかで、一九四五年一〇月に下院の総選挙が行なわれた。社会民主党は、〝未来のデンマーク〟なるスローガンを掲げ、企業の大部分の社会化を約束した反資本主義的な綱領を採択した。これは共産党の進出に対抗するためであったが、戦前は協力関係にあった急進左翼党と離反する結果となった。総選挙の結果は、保守党と左翼党が協力して両者あわせて議席を五九から六四に増したのに対し、社会民主党は共産党に食われ、六六議席から四八議席へと転落した。レジスタンスでの活動が国民から高く評価された共産党は、党員数は五〇〇〇にしかすぎないのに、二五万五〇〇〇票、一二・四%の得票率をえて一八名の議員を送りこんだ。一九三九年の選挙のさいにわずか三名が当選したことを省みると、飛躍的な人気の増大であった。

下院選挙の結果、少数派ではあるが一応の勝利者となった左翼党が内閣を形成し、クリステンセンが首相となった。国際収支の赤字、インフレの高進、失業増加といった経済的悪条件と取り組んだクリステンセン政府は、戦時下の配給制の継続、海外貿易に対する厳しい規制、間接税の引上げ、クローネの切下げなどの一連の措置をもって臨んだ。クリステンセン政府を悩ましたのは、南ユトランド問題であった。第一次世界大戦後もドイツ領でありつづけた南部スレースヴィには、第二次世界大戦後、プロイセンから逃れてきた難民が流れこみ、本来同地方に住んでいた人びとの生活にも深刻な影響を及ぼすにいたった。そして同地方のデンマーク系ばかりかドイツ系の住民のあいだにも南部スレースヴィのデンマーク王国への合併を望む運動が、にわかに盛りあがった。デンマークの保守党と左翼党のなかにはこれに同情する声が強かったが、社会民主党・急進党・共産党は慎重であり、また将来における紛争の可能性を恐れて合併に反対していた。一九四六年九月になると、南スレースヴィを占領管理していたイギリスが、同地方のデンマークへ

社会民主党ヘーヅトフト(左)とハンセン

の帰属を支持する態度を明らかにして事態をいっそう紛糾させた。クリステンセン首相は、デンマーク議会の見解に従ってイギリスが提案した国境変更や住民交換は拒んだものの、統合をめざした住民投票案に賛意をあらわしたため急進党の支持を失い、一九四七年一〇月には国会で不信任案を可決されて下野せざるをえなかった。つづいて行なわれた下院選挙では、社会民主党が五七議席に勢力を回復し、ヘーヅトフト首相のもとに社会民主党が政権をとりもどした。共産党の得票は半減し、議席も九と落ちこんだ。

ノルウェーの場合は、戦後政府の形成事情はデンマークと異なっており、連合国間の対立とつながるような方針上の競合をともなうことはなかった。一九四五年五月中に帰国したロンドン亡命政府の首相ニューゴールスヴォルは、ノルウェー本国で戦った人びとに政権を渡すという退陣声明をだし、ハーコン七世は〝国内戦線〟の指導者であったベルグに組閣を依頼した。ところがベルグはどの方面からも支持をえられなかったため、ドイツ軍占領下に妥協を拒否して強制収容所送りとなったオスロー市長ゲールハルドセンが首相となり、労働党を核とし、これに左翼党・農民党・共産党・祖国戦線からなる挙国連合内閣を形成した。一九四五年一〇月八日に国会選挙を行なうと、労働党は七四議席を獲得して過半数を制し、ゲールハルドセンは、この国民の支持票にもとづき、労働党の単独内閣をあらためて形成した。この選挙では、共産党も、ソ連軍がフィンマルクからドイツ軍を駆逐したり、指導者のフルボトンがレジスタンスに実名を名のって活躍した実績から、国民の人気を集め、一二%の得票率と一一議席を獲得した。

ゲールハルドセン内閣も、対独協力者の処分や戦後復興の課題と取り組まねばならなかった。対独協力者の処分についてみると、殺人の罪で死刑になった者はクヴィスリングを含め二五名とデンマークより少ないが、禁固に処せられた者の数はデンマークの二倍の二万名に達し、その他多くの者が罰金刑や財産・市民権の没収によって苦しい生活を強いられることになった。戦後の復興については、ノルウェーは大戦中の活動で商船の半分を失い、国土は爆撃やサボタージュによって荒廃し、とくに北部ノルウェーの戦災がはなはだしかったが、復興のテンポは予想外に早く、三年後には早くも国民総生産が戦前のレヴェルに達していた。政界の動きをみると、レジスタンス時代の諸勢力間の協力体制は、平時の状態への復帰とともに崩れ、諸党間の抗争が復活してきた。一九四九年の国会選挙をむかえて、争点は経済政策に集中した。復興の喫緊の課題をまえに価格・生産・分配のあらゆる分野に統制力を行使してきた労働党政府に対し、非社会主義諸党派は経済の自由化を掲げて挑んだが、結果は労働党が七六議席から八五議席へと躍進することで終わった。共産党は一一議席を全部失うという大敗北を喫した。これはチェコスロヴァキアの二月政変の反映だといわれている。

スウェーデンは第二次世界大戦を通じて中立の地位を維持しえた結果、戦火をまぬかれたのみならず、国民総生産は二〇％増大し、隣国のノルウェー・デンマーク・フィンランドとは対照的な繁栄を享受していた。こうしたなかで、大戦の終了とともに戦時挙国内閣は退陣し、一九四五年五月三一日、ハンソンを首相とする社会民主党の単独内閣が成立した。外相にはウンデーンが就任した。ハンソン内閣は、一九四四年春に採用された社会民主党の綱領を自己の指針にする、と言明した。同綱領は、「社会主義的な方向をもつ社会の改革」を謳い、累進課税による大資本の抑制、社会保険、完全雇用、労働者の経営参加を含む〝産業民主主義〟の実現、などを唱えていた。ハンソンの新内閣がこのような急進的な方向を打ち出したのは、労働運動が左傾し、共産党が勢力を拡大しつつある大戦直後の雰囲気のなかで、政界の主導権を握ろうとしたからにほかならない。一九四六年一〇月にハンソンが急死すると、エルランデルが社会民主党の後継指導者となり、首相に就任した。デンマークやノルウェーとちがってスウェーデンは戦禍からの復興の必要がなかったから、エルランデル政権は、公約どおり社会改革にとりかかり、老人年金の引上げ（一九四六年）、児童手当の導入（一九四七年）、農業の合理化（同上）、総合制をめざした教育制度の改革（一九五〇年）にのりだした。

### 北欧三国の戦後外交

第二次世界大戦の終了とともに、デンマーク・ノルウェー・スウェーデンが直面したのは、戦後の新しい国際関係において、いかにして自国の安全保障を確保してゆくか、という問題であった。その核心として登場したのが、国際連合加盟問題である。もし北欧諸国があらゆる戦争に対する厳正中立の方針を国是にするつもりであれば、侵略者に対する集団制裁を参加国の義務とする国際連合に加入することはできない。しかし、第二次世界大戦中ドイツに一方的に侵略された体験からして、デンマークおよびノルウェーでは、そうした自国を孤立させるような中立はもはや不人気であった。「四月九日を繰り返すな」という標語（デンマーク）を実行しようとすれば、強大な軍事力をもちえない両国は、国際組織による防衛に期待をつなぐしかなかったのである。

このようにして、デンマークとノルウェーは、一九四五年六月のサンフランシスコ会議において、国際連合に加入した。米・英・仏・中・ソの五大国が安全保障理事会の常任理事国として拒否権を認められる件については、多くの小国が反対したが、デンマーク代表はこれを支持し、国連成立への熱意を示した。またノルウェー代表も、サンフランシスコ会議では、ソ連と西側大国間の相異の緩和に努めた。小国の外交が大国間の相互理解と友好の確立に貢献すべきだと説いていた外相リーは、一九四六年二月一日、国連事務総長に就任したが、これは、列国がリーのみならずノルウェーの外交政策にも信をおいていたことを示すものであろう。以上の二国に対し、スウェーデンの国連加盟は翌一九四六年一一月一九日の国連総会でようやく実現している。いったい、第二次世界大戦中、中立国であったスウェーデンは、連合国の陣営のなかには数えいれられず、これら諸国の集りであるサンフランシスコ会議にも招かれなかった。しかし、国内世論は、第一次世界大戦直後とは異なり、国際的な平和保障機構に対し、強い関心を示していた。スウェーデンのギャラップ調査によれば、一九四五年六月には調査対象者の五七%がスウェーデンの国連加盟に是と答え、否とする者は一五%であったという。たしかに、大戦中の中立外交の成功にもかかわらず、軍事技術が発達し、ソ連がバルト海を軍事的に支配するにいたった戦後においては、スウェーデンが向後戦時中立を守りうる条件は乏しくなっていた。こうした世論を背景に、スウェーデン政府は国連に対する関心を表明しつつもなお慎重を期していたが、一九四六年六月二七日の国会の全会一致の決議にもとづき、加盟申請にのりだし、その年の総会で国連加入を認められた。

このように国際連合に加入したとはいえ、北欧三国は、たちまち〝東西〟間の厳しい対立に直面しなければならなかった。米・英・仏・ソ四ヵ国間の外相会議は、開かれるたびに、戦後処理の問題をめぐって対立を深め、大戦中の〝大同盟〟がもはや過去のものとなりつつあることを物語っていた。旧連合国陣営の諸大国間の友好協力があってこそ、国際連合が自国の安全保障に有効であることを認識している北欧諸国にとって、事態は重大であった。北欧三国は、はじめ、〝東西〟対立の流れの外につとめて立とうとした。たとえば、デンマークは、国連への義務は履行しつつも、ブロック形成には加担しない態度をとり、ソ連からの武器購入を企てさえした。ノルウェーもまた、大国間に〝架橋〟するという標語のもとに、東西間の紛争に巻きこまれるのを避けようとした。そこには、ノルウェーが大国間の協力の増進に寄与できるという淡い期待もあったと思われる。〝架橋〟政策は、政権を握っている労働党が東西紛争の評価をめぐって分かれ、その支持者のなかにアメリカに対して厳しい批判をもつ部分があるという内政情況にも対応しているものであった。しかし、北欧諸国のこうした中立政策は、とくに米英側の不満を招かざるをえなかった。

一九四七年三月、アメリカ大統領トルーマンが〝全体主義〟の〝膨張〟に対する防衛の名のもとにギリシア・トルコへの援助を宣言すると、国際緊張はいちだんと高まったが、その後、イタリアやフランスの政府から共産党が排除されてゆくなかで、六月には、アメリカ国務長官マーシャルが、ヨーロッパの経済復興を目的に掲げた大規模な援助計画を明らかにした。マーシャル＝

プランが発表されたとき、大部分の西ヨーロッパ諸国はそれを〝天からのマナ〟と感じた、とイギリスの国際問題年鑑は述べているが、北欧諸国の反応は必ずしもそうとはいえない。北欧諸国では、当時はまだ、東西対立をソ連の膨脹によるものではなく、ともに攻撃的な敵対者同士の抗争と考える見方が根づよく残っていたからである。民主的とはいえないギリシアやトルコを支持しているアメリカにも懐疑が向けられていた。六月二五日、ノルウェー外相ランゲは、ソ連が回答をだすまでノルウェーはかかわり合わない、と述べたが、これはマーシャル＝プランに加わることが、同国の〝架橋〟政策の方針にもとっていたからである。ところが、ソ連外相モロトフがマーシャル＝プランの真意をさぐろうとしてパリに赴き、仏・英外相と会談をはじめた六月末に、ランゲはスウェーデンを訪れて外相ウンデーンと会見し、「われわれは、たとえロシアが（マーシャル＝プランに）加わらないとしても、部外者でいることはできない」という合意に達した。これは、一つには、デンマークの外貨事情が悪く、マーシャル＝プランに加わらざるをえない状況にあったことへの配慮から、北欧諸国としての足並みをそろえる必要があったためと、いま一つには、ソ連・東欧以外の大部分のヨーロッパ諸国が加入する姿勢をとっており、加入しないこと自身がソ連・東欧ブロックへの加担とみなされる恐れがあったからだ、といわれる。両国外相は、この段階でもなお、「東にも援助が与えられるように努力しなければならない」としていた。しかし、七月二日、モロトフは合意不成立の結果パリを去り、北欧三国は七月一二日からパリで開かれたマーシャル＝プラン受入れの会議に参加することにより、分裂しつつあるヨーロッパの、西側経済圏にコミットしてゆくことになったのである。

## 北欧中立同盟の挫折

北欧三国はマーシャル＝プランをうけいれる方針を固めたのちも、国際政治に関してはなおも東西冷戦の直視を避けていた。一九四八年一月二二日に英外相ベヴィンが西欧諸国の団結を説いたのに対しても、三国の首相・外相は、一応は従来の外交路線の維持を表明していた。しかし、チェコスロヴァキアでいわゆる二月政変がおこって共産党が実権を握り、またソ連がフィンランドに相互援助条約の要求をだすと、三国の国内は緊張し、政治指導者は、これを契機として対外政策の公然たる転換を表明するにいたった。すなわち、四月はじめになると、デンマーク首相ヘーヅトフトは、ソ連の同国に対する脅威が噂されるなかで国民に警戒心をよびかけ、また四月一九日にはノルウェー外相ランゲが、東西間の〝かけ橋づくり〟が困難になっている事実を認めるとともに、フィンランドの事件はソ連が北側をうかがっていることを物語る、とした。さらにランゲは、〝神経戦〟が予想はされるものの、力の真空があれば〝戦略的重要地域〟が占領される恐れもある、としたが、同時に、北欧三国の国防政策が一致しがたいことを告白していた。

このようななかで、五月一日にスウェーデン外相ウンデーンは、ノルウェーとデンマークに対し、非公式なかたちでスカンディナヴィア防衛条約の提案を行なった。これは北欧三国によって形成されるもので、当時西側諸国がもくろんでいた同盟とはつながりをもたず、北欧だけの独立した同盟として構想されていた。ところが、デンマークはこれに関心を示したが、ノルウェー外相ランゲは、簡単には同意せず、三国間には当面する危機の評価について見解の相異があり、また戦略的地位も大戦中の体験も異なっているとして、むしろ北欧三国が一致した国防政策をもたない面を強調しつづけた。折から西側では軍事的結束の計画がすすんでおり、五月のヴァンデンバーグ決議をへて、七月はじめにはアメリカとブリュッセル条約参加国とのあいだに交渉がはじまっていた。ランゲの真意は、ノルウェーないし北欧三国の防衛をこの動きとむすびつけることにあったのである。

スウェーデンは、北欧三国の足並みをそろえることに努力し、九月にはスカンディナヴィア防衛のための共同検討の合意をとりつけることにようやく成功した。しかし、ほぼ時を同じくして、西側からは、デンマークとノルウェーに対し、当時準備が進行しつつあった大西洋同盟への加入勧誘が行なわれた。デンマーク外相はベヴィンや米国務長官マーシャルに対し、スカンディナヴィア同盟が検討中であること、またスウェーデンがスカンディナヴィア防衛のうえで重きをなしていることに注意を喚起して慎重な態度を示したが、ノルウェーは、英米に対し、スカンディナヴィア同盟が独立した協定として成立した場合にも援助が与えられるのか否かを、あけすけに質したのであった。こうして問題が具体的な性格を帯びるにつれて、スウェーデンとノルウェーの対立はあらわになってきたが、デンマークは両者の調停役をつとめ、一二月にはそのイニシアティヴで三国の外相会談が開かれている。

さて、北欧三国のさきの合意にもとづく「スカンディナヴィア防衛委員会（SFK）」の調査がすすむなかで、一九四九年一月はじめに、三国の首相・外相・国防相による会議がスウェーデンのカールスタッドで開かれた。これは秘密裡に行なわれたが、国防計画・軍隊・軍需生産面での協力を含めスカンディナヴィア防衛協定が可能であるか否かが討議されるとともに、米英両政府に対し、こうした防衛協定に関心をもつか否か、またこれに物質的な援助を与えることができるか否かを問い合わせることを決定した。スウェーデンは、協定参加国がNATOには加わらないという条件で、この決定に同意していた。アメリカ国務省はこの問合せに対し、報道担当官を通じ、「援助の供与は、集団的防衛協約（NATO）によってアメリカと連合している国に対して与えられるのが当然である」と回答した。北欧三国は、一月二二—二四日にコペンハーゲンで会合し、大詰めに近づいた共同防衛問題を討議したが、ノルウェーはいまや、スカンディナヴィアの安全保障が西欧の安全保障問題に従属する問題であると主張し、スウェーデンの主張とのあいだに架橋することは不可能であった。一月末にオスローで開かれた会合で、三国はスカンディナヴィア防衛同盟構想が破産したことを確認した。

このあと、ノルウェーとデンマークのNATO加盟はもはや時日の問題となった。ソ連は、二月五日、この動きを牽制しようとしてノルウェーに不可侵条約を提案した。ノルウェーはこれを拒否したが、「攻撃されるか攻撃の脅威にさらされないかぎり」外国軍の基地を国内におかない、と回答した。四月四日、北大西洋条約は、北欧諸国のうちでは、デンマーク・アイスランド・ノルウェーが参加して調印された。国会における批准採決では、共産党のほかには、ノルウェーの労働党党員二名、デンマークの急進党党員の一部が反対したにすぎなかった。このようにして、北欧諸国は、国際関係における軍事的立場を異にするにいたったが、これは、客観情勢に対する基本的認識の違いというよりは、自前で軍備を調達でき、しかも列強紛争への巻きこまれを避けうる地理的位置にあるスウェーデンと、自国の復興や経営のためにも膨大な軍備をもつことはできず、ひとたび東西間の戦争になれば国土が戦火に巻きこまれずにはすみそうもないデンマークやノルウェーの事情の違いによるものというべきであろう。防衛同盟交渉の終幕にあたって三国政府は、たとえ軍事的安全保障の点では一致がなくとも、他の手段でともに協力してゆく意思を確認していた。

### フィンランドの新路線

敗戦直後のフィンランドは占領こそまぬかれたが、休戦と同時に連合国管理委員会の管理下におかれた。それは名称は連合国となっていたが、委員長がソ連共産党の有力幹部であり、構成メンバー一六〇名のうち、イギリス代表二名を除く全員がソ連人であることが示すように、実質的にはソ連の機関であった。フィンランドはこの委員会の監視下に休戦協定の諸条項を履行してゆくことになったのである。しかし、それらは、フィンランドにとって重荷であるものが多かった。一方で四万を割る兵力にまで軍隊の復員を義務づけられながら、二〇万にも及ぶナチス＝ドイツ軍を国外に追放することなどは、とうてい無理と思われた。フィンランド軍は苦戦を重ねながら翌年四月までにようやくドイツ軍を撤退させることができたが、そのさいドイツ軍はロヴァニェミ市などの北部諸地域で報復の破壊行為を働いた。三億ドルの賠償は、フィンランドがソ連に与えた損害の相当額ということであったが、ソ連がルーマニアやハンガリーに課したのも同額であり、実際にはソ連の復興の必要から割り当てたものであろう。それもソ連側が一九三八年のドル価格を主張したため、実質は六億ドルに相当していた。フィンランド側ははじめ木材や紙・パルプでこれを支払おうとしたが、ソ連側は機械や船舶をも要求し、そのためフィンランドは新たな工業をおこさねばならなかった。領土割譲の結果、五〇万のカレリア地峡からの引揚げ者がフィンランド国内に流れこんでいた。

右のような重圧のもとに、しかも国内情勢を収拾し、国民生活を再建へと向かわせる難題を背負って出発したのが、休戦の年の一一月一七日に成立したパーシキヴィ内閣であった。かねてからロシア通として知られ、大戦中も柔軟な対ソ政策を進言していれられなかったパーシキヴィは、ドイツが崩壊に向かい、英米も介入を避けているなかで、ソ連と直接向きあわねばならなくなったフィンランドにとって、いわば唯一の切札であった。首相の印綬を帯びてまもなく訪れた独立記念日に、パーシキヴィは国民によびかけた。「わたくしの信念に従えば、向後フィンランドの対外政策が、ソ連に敵対する途を歩まないように指導されることこそ、わが国民の基本的な利益にかなっている。大国ソ連との平和と友好と信頼に満ちた隣国関係がわが国の第一の国是なのである」。保守政党である国民連合党の長老であるパーシキヴィは、イデオロギー的な共感から対ソ友好を説いたのではない。それどころか、彼が青年時代に留学生活を送ったロシアは、イギリス的な保守主義を信条とするパーシキヴィにとって、まったく異質の世界としてしか映じなかった。実はパーシキヴィの対ソ政策は、相手国への文化的親近感ではなく、彼らの力関係の決定的な落差に対する現実的認識にもとづいていたのであり、それゆえに、フィンランド人がその〝北欧的な生活様式〟を守るためにこそ、地理的な条件によって運命づけられているところの、ソ連の安全保障欲求への理解を示すことによって、友好関係をつくりだしておくことが必要と考えられたのである。

パーシキヴィは、農民党・社会民主党に、戦後非合法化を解かれた共産党が力をもつ「人民民主同盟(SKDL)」を加えた三者の連立内閣を形成し、賠償の几帳面な履行をはじめとする、彼の言明した政策の実行にとりかかった。翌年三月の国会選挙では、三党はいずれも四九ないし五〇議席をえて、国民がパーシキヴィの路線に信任を与えたことを示した。健康上の理由と戦犯裁判問題で微妙な立場にあったことから有名無実の存在であったマンネルヘイム大統領は、一九四六年三月に退任し、パーシキヴィが大統領となって名実ともにフィンランドの政治を指導してゆくことになった。休戦条約の課題のなかでもっとも難題であったのは、条約第一三条の戦犯裁判の規定であった。戦時国際法規に違反した行為であればともかく、〃戦争責任〃を裁く国内法上の根拠はないし、歴史的事実に照らしても納得しがたい、というのが、パーシキヴィが国民の多くと共有する悩みであった。最初パーシキヴィは、戦時中の指導者の自発的引退というかたちで処理しようとしたが、管理委員会側は、戦犯裁判問題の遅延に対して不満を表明し、ジュダーノフは、戦犯裁判の実施をフィンランドの侵略意思否定の証左とみなすとし、「フィンランドとソ連のあいだの信頼が失われればすべてが失われる」と警告した。そこでフィンランド側は、一九四一年のドイツの対ソ戦争へのフィンランドの参加、および戦時中に和平の成立を妨げた行為に対し責任をもつ元政府要人の裁判を規定した特別時限立法を制定し、こうしたなかで発足した戦争責任裁判の法廷は、一九四六年二月、管理委員会の露骨な干渉のもとに、元大統領リュティの一〇年をはじめ、被告八名全員に有期禁固刑の判決を下した。これは、パーシキヴィにとっては、フィンランドが自由を回復するための政治的代償であった。

こうしてフィンランド政府が休戦条約を履行していったなかで、一九四七年二月、連合国二一カ国はパリに参集し、イタリア・ブルガリア・ハンガリーとともにフィンランドを講和会議に招致した。その予備会議で領土割譲や賠償に関し苦衷を訴えたフィンランド側代表団に対して、ソ連外相モロトフは、カレリア地峡はレニングラートの安全保障にとって依然重要であるとして、休戦条約修正の企てを一蹴するとともに、列強間の相剋をフィンランドが利用してはならない、と警告した。二月一〇日、ソ連を含む連合国側一〇カ国とフィンランドのあいだに調印された平和条約は、領土処理については休戦条約をそのまま踏襲し、賠償については支払期間を二年間延長して八年としたほか、フィンランドの軍備については防衛的な性格のものに限るとし、地上軍三万四四〇〇名、海軍一万トン・四五〇〇名、空軍六〇機・三〇〇〇名と定め、また原子兵器・ミサイル兵器・潜水艦などの保有を禁じた。このパリ講和条約によって、フィンランドは連合国監視委員会の管理をはずされ、正式の主権国家として国際社会に復帰することになったのである。しかしながら、ソ連は、ようやく〝米ソ冷戦〟の様相が濃くなるなかで、一九四七年初夏にマーシャル＝プラン問題が日程にのぼると、平和条約の批准を延引させつつ、フィンランドの出方を注視した。パーシキヴィ政権は、当初はマーシャル＝プランに参加する予定であったが、ソ連と国境を接する東欧諸国が拒否し、チェコスロヴァキアがいったん決めた受入れを撤回すると、フィンランドは「世界政策の衝突の外にとどまることを欲する」という理由から拒否に踏み切った。九月一五日、ソ連はフィンランドとの平和条約を批准した。

## フィン・ソ友好条約

一九四八年初頭になると、ヨーロッパにおける東西対立の空気はいよいよ強まった。二月二五日にはチェコスロヴァキアで政変がおこって共産党が内閣の実権を握り、〝東西のかけ橋〟と西側でいわれていた同国が、急速にソ連に傾斜してゆくことは明らかとなった。こうしたなかで、旧連合国管理委員会の副議長であったサヴォネンコフが、突如ソ連公使としてフィンランドに赴任し、大統領パーシキヴィに対し、二月二二日付のスターリンの書簡を手交した。その内容は、フィンランドが国際社会に復帰した現在、ソ連がかねて懸案としてきた相互援助条約を締結しよう、という提案であって、その少し以前にソ連がルーマニアやハンガリーとむすんだ相互援助条約をモデルとして示唆していた。フィンランド国内は騒然となり、賛成派の人民民主同盟を除いては、諸政党はフィンランドをソ連の東欧勢力圏に組みいれることになる軍事条約の締結に強い反対を唱えた。パーシキヴィは、スターリンに一応の返書を送って、条約の締結は国会の同意によらなければならない、と説明する一方で、反撥する閣僚や各党国会議員団をまえに〝カルタゴの滅亡〟を避けねばならないと説得して、三月九日代表団のソ連派遣を決定した。アメリカ政府は、ソ連のフィンランドに対する提案をヨーロッパでの膨脹計画の一環とみなす駐ソ大使ビーデル＝スミスの進言に従い、国連提訴によって抵抗するようフィンランド政府に示唆したが、パーシキヴィのいれるところとはならなかった。

三月二五日、世界注視のもとにモスクワで交渉がはじまると、劈頭ソ連外相モロトフは、ソ連が東欧諸国とむすんだと同じ型の相互援助条約をむすびたいという提案を繰り返した。ところが、エンケル外相らのフィンランド側代表団がこれに難色を示すと、フィンランド側から対案を示すように要求した。これに応えてフィンランド側がだした対案は、かねて本国政府の訓令として準備してあった案であった。フィンランドに対して、またはフィンランドを経由してソ連に対して侵略が行なわれたとき、フィンランドは独立国としての義務を守って、自国の領域内でこれと戦う、そのさい必要であればソ連の援助をうけるかソ連軍とともに戦う、という趣旨のものであり、ほかに経済・文化協力を規定した都合八条から成っていた。するとモロトフは、この地理的限定を付した対案に賛成し、ただフィンランドが自動的にソ連と軍事協力するかたちに改めさせようとした。しかし、フィンランド側が本国の新訓令をうけたうえで、ソ連の援助の発動があくまでもフィンランド政府の必要と同意にもとづくべきだと固執すると、ソ連側は折れ、四月六日に、フィンランド案をほとんどそのまま生かした期限一〇年の「友好・協力・相互援助条約」が成立した。

前文中で、列強の紛争の圏外に立ちたいというフィンランド国民の願望を確認したこの条約は、ソ連が他国とむすんだ「友好・協力・相互援助条約」のなかでは異色のものであって、戦後のフィンランドが中立主義を打ち出してゆく余地を与えた意味で注目すべきであろう。なぜソ連がこのように全面的に譲歩したのかについては、いくつかの背景的要因が推定できる。第一には、フィンランド側がソ連の要求に対してただ拒否反応を示すのではなく、自主的な外交姿勢を背景に積極的に案を示したことであろう。第二には、ソ連側としても、フィンランド周辺の要衝をすでに講和条約で押えている以上、ヨーロッパ大陸の中心から離れているフィンランドに対しては、

フィン・ソ友好条約批准の国会傍聴につめかけた市民たち

この程度で十分、西北国境の安全保障の要求が達せられると考えたのであろう。第三に、のちに述べるように、当時の情勢下でこれ以上西側や他の北欧諸国を刺激することは避けようとしたのであろう。

ところで、このフィン・ソ友好条約の成立と前後してフィンランドでは、共産党の〝クーデタ未遂事件〟なるものがおこっている。フィンランド国内では、すでに前年末以来、ソ連による軍事条約要求の噂が広まり、緊張が高まっていたが、訪ソ代表団の顔触れが決定した三月九日夜、団員の一人に指名されていた共産党出身の内相レイノが国防軍司令官シフヴォを訪れ、左右の極端な分子が不穏な行動にでる恐れがあると警告して、対応措置を求めたといわれる。レイノはこのほか首相ペッカラの側近にも同様の情報をもたらしており、これにもとづいてフィンランドでは軍部・警察による警戒体制がとられた。ことに四月二六日から二七日にかけて、夜間、パーシキヴィは大統領の権限によって軍に兵士の休暇を取り消させ、砲艦をヘルシンキ港内の大統領官邸前の波止場に碇泊させるなどの非常戒厳措置をとった。結果は何事もおこらなかったが、保守派の新聞はこれをもって共産党のクーデタ謀略が阻止された、と宣伝し、共産党の参加する人民民主同盟は、大統領の越権行為を指弾して議会に調査を要求した。事の真相は三〇年を経過した現在もなお明らかでないが、レイノは当時すでに共産党内部で失脚していたので、党指導部の事情に通じていたか疑わしい。また共産党は、一九四六年以来国内の支持が低下しており、組織防衛に精一杯であったともいえる。この点ではむしろ、噂に乗じて国民連合党の旧指導者であるパーシキヴィ大統領が、弱体化しつつある共産党の追い落としを狙ったのだというがった見方もある。たしかにこの事件は共産党の人気低落に拍車をかけ、五月にはレイノが国会で不信任決議をされて内相を解任され、さらに七月はじめの総選挙では人民民主同盟が議席三八に減じ、一九四四年秋以来の与党の座をおりるという事態に導いたのであった。

## アイスランドの国際的地位

ここでまた、第二次世界大戦中から戦後の冷戦期にかけてのアイスランドの内外情勢を簡単に振り返っておくことにしよう。第二次世界大戦がはじまると、イギリスは、一九四〇年四月一二日にデンマーク領のフェロー諸島を占領したのについで、五月一〇日デンマークと同君連合をむすぶアイスランドを占領した。さらに翌年の七月七日には、アメリカ政府とアイスランド政府のあいだに、イギリス軍に代わってアメリカ軍がアイスランドに駐留するむねの協定がむすばれた。フェロー諸島と同様アイスランドも大戦下にデンマーク本国とは切り離され、ドイツ潜水艦の跳梁にまかされる危険性があったので、連合軍の進駐はさして抵抗なくうけいれられたのである。それに、こうした事態は、アイスランドの漁獲物のためのイギリス市場を確保することにつながっていた。そうしたなかで、ドイツ軍に占領されたデンマーク自体との隔絶は、アイスランド人をして、独立への意欲をますますかきたてさせる結果となり、一九四四年五月、国民投票が行なわれてアイスランドの完全独立が支持された。六月一六日、ヨン＝シグルソンの誕生日にアイスランド政府は独立を内外に宣言し、翌日アルシングはアイスランドを共和国と規定した憲法を採択した。初代大統領には、スヴェン＝ビョソンが選出された。

アメリカ軍は、大戦の終了後までアイスランドに駐留をつづけたが、一九四五年一〇月にアメリカ政府は、アイスランド内の三カ所に九九年の期限で軍事基地の貸与をうける目的で交渉を申し入れたが、アイスランド政府は拒否した。翌年九月になると、アルシングは、一九四一年の協定は失効したとして、六カ月以内に米軍がアイスランドから撤退するよう要求する決議を行なった。独立党のトールスが率いるアイスランド政府は、アメリカがドイツの占領業務にたずさわる期間米軍が首都レイキャヴィク近郊ケフラヴィーク空港を使用することを認める、という妥協案をだし、共産党閣僚の辞任などの反撥を引きおこしたが、一〇月五日アルシングはこれを認めた。このようにしてアイスランドは米軍の半永久的駐留の事態をまぬかれたが、その後米ソ冷戦が高まると、一九四九年のNATO設立にあたってアイスランドも招かれた。アイスランド政府は、米ソの中間の孤島という戦略的要地を占めるアイスランドが戦時下に非武装中立を守ることは困難と判断して、西側諸国の勧誘に応ずることとしたが、有事の、しかもアイスランド政府が必要と判断した場合にかぎって、第二次世界大戦中に認めた程度の便宜を同盟国に供すること、またアイスランドは非武装国家であり向後も軍隊をもつ意思のないことをアメリカが宣言のかたちで確認することを条件とした。NATO条約の批准は、アルシングの議員の四分の一が反対し、議場の窓に投石がなされるという騒然たる状態のなかで完了した。

## 2 北欧福祉国家の歩み

### 東西雪どけと北欧の国際関係

デンマークとノルウェーは、NATOに加盟することによって、国防支出をふやし、また徴兵期間を延長するという軍事的義務を受け入れたが、同じNATO所属の外国の軍隊に平時に基地を提供することは拒んでいた。しかし、六〇年代にはいると、両国政府は、NATO体制強化の要請と国内における中立主義的要求に直面することになった。まずデンマークについてみれば、一九六一年に、NATOの「統一バルト司令部(COMBALTAP)」が設立された。これは西バルトの防衛強化のために、再建されつつある西ドイツ軍とデンマーク軍の協力体制を強化する目的をもっていた。こうした動きに対し、デンマーク国内では、五〇年代後半以来共産党のなかに生じていた〝民族的共産主義〟の流れが、同党議長ラーセンらを指導者として一九五九年に離党し、「社会主義人民党」を結成し、社会主義への平和的改革の方針と並んでNATOからの脱退、自国の軍備縮小の要求を掲げた。ノルウェーもまた、NATO加盟の結果、陸海軍の刷新、空軍の強化、ナイキ＝ミサイルの首都周辺への配備といった措置をとったが、国内に外国軍基地をおかないというソ連への約束は厳密に守っていた。ただし、オスロー付近に、北極圏から西ドイツのシュレスヴィヒ＝ホルシュタインにいたる部分に防衛の責任を負うNATO北方軍司令部を設置することはまぬかれなかった。同司令部は、イギリス人の司令官の指揮下におかれ、ノルウェーはおりおりNATO合同軍による冬季訓練の舞台とされた。こうした動きに神経をとがらすソ連側は、しばしば潜水艦をノルウェーのフィヨルドの奥深く潜らせて軍事動静をさぐっていた。

ところが、一九六〇年五月、写真偵察の密命を帯びてソ連領上空を飛行中のアメリカ軍偵察機U二型機が撃墜されるという事件がおきた。その偵察機の着陸予定地がボードェ飛行場だったことから、ノルウェーは米ソ抗争のただなかにおかれた。ノルウェー政府は、同飛行場がスパイ目的で使われていることを知らなかったと言明したが、同様の事態を二度とひきおこさないむねをソ連側に約束せざるをえなかった。しかも、ノルウェー政府にとってタイミングの悪いことに、前述のCOMBALTAPの設置は、南部ノルウェーの防衛を強化する狙いをももっており、これがソ連側のノルウェー非難の調子をいっそう強いものにしていた。翌一九六二年、ノルウェー政府は、外国軍の基地をおかないという従来の約言に加えて、さし迫った脅威もしくは戦争が現実化した場合を除いては、スヴァールバル諸島を含む領土内のどこにも核兵器をおかないという保障を与えた。一方、ノルウェー国内では、デンマーク国内の動きにも触発されるかたちで、労働運動や労働党のなかに五〇年代末以来核非武装を要求する動きが強まっており、一九六〇年には二二万三〇〇〇の請願署名を集めていた。労働党内のそうしたグループはオリエンテーリング派とよばれていたが、一九六一年にはこの事件を契機に「社会主義人民党」として独立し、同年および一九六五年の国会選挙では、NATOからの脱退と、戦時を含む核兵器の不使用を唱えて、二名の当選者をだした。

一九六一年のバルト海をめぐる以上の緊張は、実は、ヨーロッパ大陸のベルリン問題をめぐる東西両陣営の対立の激化によって、いやがうえにも増幅されていた。そして、その緊張は、ソ連のフィンランドに対する態度にたちまちはね返った。一〇月三〇日、ソ連政府がフィンランド政府に覚書を送り、バルト海に西ドイツ軍を主とするNATOの反ソ連的な軍事活動の危機が強まっているとして、一九四八年条約第二条にもとづく〝協議〞を要求したのである。おり

**フィンランド大統領パーシキヴィ**(中央)**とソ連首相フルシチョフ**(右)(1956年)　大統領引退のはなむけにソ連は，友好条約の20年間延長と引きかえにポルッカラ基地をフィンランドに返還した。

からアメリカ訪問中であった大統領ケッコネンは、カリヤライネン首相を派遣してフィンランド側の意向を伝えようとしたがらちがあかず、フィンランド国内には、ソ連の新たな基地や領土の要求を危惧する空気が強まった。ここにおいて、ケッコネンは、みずからノヴォシビルスクに赴き、一一月二四日、フルシチョフと会談した。ケッコネンが帰国後述べたところによれば、席上彼は、軍事協議を要求するフルシチョフに対し、そうした両国の行為が逆に他の北欧諸国に脅威を与え、中立主義のスウェーデンを中心にスカンディナヴィア地域に保たれてきた平穏が崩され、同地域をかえって西側軍事ブロックに追いやる危険があるむねを指摘して、説得に成功したのであった。

六〇年代は、とくにその後半において米ソのデタントがすすみ、ヨーロッパの緊張が緩和していった時代であるが、そうしたなかで、北欧諸国には外交問題に対する新しい姿勢もあらわれてきた。たとえば、スウェーデンでは、その非同盟中立主義が国内の支持をうけているなかで、空軍に力点をおき海軍を縮小合理化して国防体制を建て直す措置がとられたが、一九六八年五月末になると、国会は、軍備の大幅削減を要求する決議を行なった。その理由としては、国家財政上の要請とヨーロッパにおける安定と緊張緩和の顕著なことがあげられたが、これはスウェーデンの中立政策が消極性の伝統のなかにとどまるものではないことを示唆していた。一方、フィンランド大統領ケッコネンは、北欧非核武装地帯の設置を提案した。これは、北欧三国の政策によって事実上実現している状態を制度化する意味をもっていたが、ソ連を有利な地位におくことを恐れる三国の賛同をとりつけることはできなかった。

しかし、北欧諸国が、核の時代において、自国の安全保障を世界の平和と安全の問題に切実につながるものとして認識していたことは明らかである。それは、何よりも、北欧諸国の国際連合に対する貢献の努力のなかにみることができる。初代リー、二代目ハマーショルドと、国連事務総長が代々ノルウェー・スウェーデンからでていることや、イスラエルとアラブの紛争の調停にあたったスウェーデンのベルナドット伯が暗殺されているのは、象徴的であるが、参加国としても北欧諸国は国連でしばしば一体となって活躍した。国連における北欧諸国の活動として銘記されるべきは、たとえば一九五六年のスエズ危機のさいにスウェーデン・ノルウェー・デンマーク・フィンランドが兵員を国連緊急軍(UNEF)として派兵したことである。また、北欧諸国の世界への貢献は、国連を離れたところでもみられたのであり、北欧会議がイニシアティヴをとった東アフリカ開発計画への参加はその例である。さらに、時期的には、少しのちになるが、フィンランドが超大国米ソ間の戦略兵器制限交渉(SALT)や全欧安保会議の会場を提供したのも、たんに抽象的な平和愛好の意思表示ではなく、世界平和への関心をもつ積極的中立主義国であることを示すことが自国の存立に対する国際的な保障につながるという認識に発したものであった。

## 内政の展開

一九五〇年代から六〇年代へかけてのデンマーク・スウェーデン・ノルウェー三国の内政にみられる共通の特徴としては、社会民主党系の政党が政権についていた点をあげうる。デンマークでは、一九五〇年から五三年にかけて左翼党のエーリクセンが率いる国民連合党との連立内閣がつづいたのち、ヘーヅトフトを首相とする社会民主党内閣が舞いもどり、あと一九六八年まで同党の政権がつづいたし、ノルウェーでは労働党が一九六五年まで、一九六三年の一ヵ月間を除いては、圧倒的な強さをみせて政権の座についており、スウェーデンの社会民主党にいたっては、一九三六年以来政権をおりたことがなかった。大戦後の北欧諸国の政界の大きな傾向としては、〝ブルジョワ政党〟とよばれる非社会主義政党と社会民主党のあいだに、戦間期後半にはまだ残っていた教義的な、トータルな対立が影を薄くし、個々の具体的な政策が争点とされるようになったことが指摘できる。非社会主義政党と社会民主党のあいだには、問題によっては密接な協力が行なわれるようになったし、政権についた社会民主党は、経済界指導者との太いパイプももつようになった。

デンマークでは、大戦終了の翌年から着手されていた新憲法制定の作業が、上院の廃止に難色を示していた左翼党の譲歩によって進捗し、一九五三年春、共産党を除く諸政党間に新憲法草案に関する合意が成立した。草案は、四月に開かれた新国会の承認をえたうえ、さらに、選挙年齢引下げの問題とともに五月に国民投票にかけられ、六月五日、国王によって批准された。新憲法の内容は、国会を一院制とし、人民投票の対象を拡大し、諸省および官吏に対するオンブスマン（行政監察員）制を採用し、選挙権の下限年齢を従来の二五歳から二三歳に引下げたほか、議院内閣制を確認し、またフェロー諸島およびグリーンランドに恒常的な議席を与えた。新憲法にもとづく九月の選挙では社会民主党が勝利し、ヘーヅトフトが首相に返り咲き、一九五五年には彼の死後ハンセンが社会民主党政権を引き継いだ。ハンセン内閣のもとでは、新しい国家年金制度や総合制の教育が発足したが、そのころからインフレが高進して、一九六三年にはクラウの社会民主党内閣が賃金や価格の凍結を行なわざるをえなくなり、一九六八年になると物価の上昇と失業の増大のまえに社会民主党は選挙に大敗してクラウは退かざるをえなくなった。そのあとには、バウンスゴーアを首相とする急進党・左翼党・国民連合党の連立内閣が成立したが、この〝ブルジョワ〟内閣の政策も、前任者の社会民主党内閣のそれと大差なく、価格凍結や付加価値税の増額によって経済的悪状況に対応するものであった。

ノルウェーでは、一九五〇年代初めに、労働党政権下に制度上の改革が行なわれている。従来の憲法は、国会議員の三分の二を農村地区の代表で占めることを規定していたが、工業化にともなう都市人口の増大によってこれは不適当となったため、一九五二年にこの条項を廃止し、十数年をかけて選挙区の整理が行なわれた。同年にはまた、軍事関係においてオンブスマン制度採用の端緒が開かれた。また労働党政権下において、一九五三年には、政府が価格統制の恒久的な権

**ゲールハルドセン首相**（左）**とノールウェー訪問中のマクミラン英首相**（1960年）

限を与えられた。政府が〝社会的考慮から〟私企業を再編成する権利をもつという労働党の案は否決されたが、政府は経済に対して大きな指導権限をもつにいたった。こうした労働党の政権も、先述の社会主義人民党の出現と思わざる事件によってゆるがされることになった。同党は国会での議席数こそとるに足らなかったが、諸政党の勢力が伯仲するなかでキャスティング＝ヴォートを握る立場に立った。同党は二年間ほどは労働党に支持票を投じていたが、一九六三年八月にスヴァールバルの国営炭鉱で爆発事故が発生し、二一名が死亡すると、管理不行届きを非難する世論を背景に、同党は野党による政府不信任案に同調し、ゲールハルドセン内閣は倒れ、労働党は野に下った。そのあとに右翼党指導者リングを首相とする非社会主義四党の政権が成立したが、一ヵ月後に同政権が不信任案に直面すると今度は社会主義人民党は労働党に合流し、いまいちどゲールハルドセンが政権を担当した。しかし高税や北部開発上の行政的失策が重なってゲールハルドセンらは昔日の人気を失い、一九六五年に国会選挙が行なわれると、非社会主義諸党が一五〇議席中八〇議席をえて絶対多数を占め、「中央党」(旧農民党)のボルテンのもとに連立内閣を形成した。

スウェーデンでは、社会民主党が下院に確保している議席が、選挙のたびごとに漸減する傾向をみせており、これは一九五六年の選挙まで変わらなかった。社会民主党は議会における政権の基盤を強化するために、一九五一年に農民党と連立内閣を形成したが、それ以後社会改革要求をややややわらげた。しかし、政府与党の選挙における得票数はさらに沈みこみ、連立を支える条件は弱まっていた。社会民主党は、一九五六年の投票数の落ちこみを契機に大胆な社会政策に踏み切り、翌年「全般的補助年金」を提案した(後述)。このため農民党とは袂を分かつ結果となったが、一九五八年の国会選挙から議席をもりかえし、社会民主党の単独内閣のもとにいっそうの社会改革を推進した。

フィンランドの社会民主党は、議会の四分の一近い議席を確保していたが、五〇年代末以来、対ソ関係の配慮と強い大統領制によって、六〇年代後半まで政権から遠ざかっていた。一九五八年四月の国会選挙で四八議席を獲得して第一党となった「人民民主同盟」(共産党)が組閣に失敗し、〃戦犯〃の刑期終了後のタンネルを指導者としてむかえた社会民主党のファーゲルホルムが、人民民主同盟を除く他の全政党の連立内閣を形成すると、ソ連は駐フィン大使を引き揚げ、漁業交渉や通商交渉を中断するなど、フィンランドに強い圧力を加えた。ファーゲルホルム内閣が倒れ、翌年ケッコネンの指名で農民党の単独内閣が成立すると、ソ連は外交的圧力を撤回した。この事件のあと、国民連合党・社会民主党・自由党などの諸勢力は結集し、一九六二年の大統領選挙にさいしてはケッコネンを打ち負かすべくホンカを対抗候補に立てた。ところが一九六一年の覚書危機にあたってノヴォシビルスクを訪れたケッコネンに対して、フルシチョフは、反ケッコネン勢力の大統領当選がソ連敵視へと外交路線の変化をもたらす恐れがある、と言明した。同夜ホンカは立候補をとりやめ、ケッコネンの再選が決まった。その後一九六六年になると、国会選挙で第一党となった社会民主党は、「中央党」(旧農民党)・人民民主同盟とともに連立政権を形成し、万年野党の地位から脱却した。こうして社会民主党は、ケッコネンの少なくとも対外政策の支持者に加わった。一九六八年になると、ケッコネン大統領の二期目の任期が終了し、またしても国民連合党の対抗候補が立てられ、ソ連側の反応が注目されたが、社会民主党に支持されたケッコネンは安定した得票によって三選され、ソ連側の言動はこの結果に満足の意を表明していた。

## 経済と社会

一九五〇年代になると、北欧諸国は、戦後の復興をおわり、戦前からの工業化の継続と発展をめざすにいたった。そこで注目すべき役割を演じたのが経済計画であった。すでに政府は、戦争直後の貿易不振対策として経済に対する管理体制をつくりあげていたが、それはそのまま繁栄をめざす計画化に応用されたのである。北欧諸国の経済計画の主目的も完全雇用の実現にあったが、その場合注目すべきは、国民の経済的平等が執拗に追求されたことである。ただしその場合、いわばパイの成分よりはパイの分配のあり方の方に関心が注がれた。ということは、企業を国有化（社会化）することよりは、高額所得に対する課税や、利子率の設定・配当制限・助成金を含む財政措置などによって社会的平等の達成がはかられた、ということである。北欧のいずれの国においても、計画経済は戦後政界の主要な論争点となった。ノルウェーでは、「価格および合理化のための委員会」が一九四七年につくられたが、一九五二年にその報告が公表されると、それが公共の利益に反する企業の接収権を含む企業活動に対する政府の広汎な権限を提唱していたことから激しい抗議をあびた。このため労働党政府は目標を後退させ、価格統制の法案を提出するだけにとどめた。同法は、一九五四年一月一日から実施された。スウェーデンでは、すでに一九四四―四五年に、経済学者ミュルダールを議長として、諸政党や諸利益の代表からなる経済計画準備のための委員会が活動していた。ここでも政府は、企業の接収は一定範囲にとどめ、戦時下の国防税を戦後も目的を変えて継続させ、累進課税や資本への課税によって社会改革のための財源確保をはかった。このようにして北欧諸国では、国有企業・公有企業・私的企業が並び存在し、北欧経済研究者によってしばしば〝混合経済〟とよばれる経済構造をもつにいたった。

経済計画下の北欧では、とくに一九五三年以降、産業設備の改善、交通機関の整備、農業の機械化、動力源の増大に力が注がれた。一九五〇年代後半には、北欧各国の工業発展のテンポは急速に高まった。工業のなかでも輸出部門が伸びたことは海外市場に対する依存度の高い北欧諸国にとって大きな成果であったが、そこには特化の傾向が強まり、スウェーデンは鉄鋼、機械、化学、製紙・パルプの分野で、ノルウェーは海上輸送、冶金、機械、漁業、製紙・パルプ、デンマークは、機械、電気工学、化学、食品加工の分野でそれぞれ伸びがみられた。フィンランドは、伝統的な木材加工、製紙・パルプの工業製品に加えて、戦後は対ソ賠償の副産物として機械、造船の分野が伸び、主として西欧向けの前者と東欧市場向けの後者という具合に、貿易のうえでも中立主義の基盤が生まれた。

五〇年代の経済成長によって、北欧諸国民の生活水準は上昇し、とりわけスウェーデンのそれは、ヨーロッパ諸国の大部分を凌駕するにいたった。こうした経済的変化は、当然社会構成のうえにも変化をもたらし、農業人口の比重の著しい低下をもたらした。五〇年代も末になると、全所得者中に占める農・漁業従事者の率は、デンマーク一七・五%、ノルウェー一九・五%、スウェーデン一三・八%、フィンランド三一・七%を別とすれば、いずれも二割に満たない程度に下落した。代わってサーヴィス業や事務労働に従事する人びとの比率がふえ、いわゆる新中間層の部分が著しく増大し、同時に、事務員・技術者・労働者の境界線もぼやけてきた。

以上のような経済的・社会的条件のなかで、北欧の社会民主党諸政府の社会政策が推進された。

一九五〇年代から六〇年代にかけていかにそれが推進されたかは、一九五〇年において国民所得に対する社会政策支出がデンマークで九・九％、スウェーデンおよびフィンランドが八・九％、ノルウェーが七・八％であったのに対し、一九七三年には、デンマーク二五・五％、スウェーデン二三・一％、ノルウェー二二・一％、フィンランド二〇・二％、アイスランド一六・〇％になっていたことが示している。社会政策のうえでは、すでに一九三〇年代に〝国民の家庭〟という野心的な構想をだしていたスウェーデンがトップをきっているといわれるが、社会政策はとくに一九五〇年代後半から精力的に推進された。一九五五年に導入された強制疾病保険は、従来の救貧的な発想から〝社会扶助〟的観念への転換を画すものであったが、なにより注目すべきは、社会民主党が農民党との連立政権下に一九五七年に提案した「全般的補助年金」であった。これは年金生活にはいる前にもっとも高い俸給をえていた一五年間の平均給与額の三分の二を年金として支給されるというもので、長年労働運動が要求していたものであるが、事実上の負担が雇用者にかかり、また膨大な基金を政府に委ねることになることから激しい反対をうけ、連合内閣も解体する有様であったが、ようやく日の目をみた。スウェーデンが採用したこの制度は、他の北欧諸国によってもまねられることとなった。

ノルウェーでは、すでに一九四八年に、「ノルウェー版ビヴァレッジ計画」と綽名された総合的な社会保障体制の構想をもっていた。同国の社会福祉政策は、六〇年代になって「自ら扶ける

グリーンランドのゴットホープに建つ近代住宅

者を扶ける」という理念を特色として精力的に展開された。これは身体障害者や寡婦、未婚の母たちに就業のための訓練や教育をさずける国有施設を設けたことにあらわれている。また一九六六年六月には、退職前の収入の三分の二を保障する、スウェーデンのそれと同様な国民年金法案が満場一致で議会で採択された。デンマークもまた、一九三〇年代の諸改革を基盤として社会立法の推進に努めてきたが、六〇年代になると、スウェーデンにならった法律の制定によって社会政策関係の支出をいっきょに増大させた。

デンマークの社会政策を語る場合みおとせないのは、フェロー諸島およびグリーンランドであろう。両者の住民は一九五三年の憲法でデンマーク本国の住民と同じ市民的権利を与えられた。フェロー諸島はすでに一九四八年、ついでグリーンランドでも一九七九年に完全自治を認められた。フェロー諸島の人びとが言語文化の独自性は守りえているにせよ辺境の離島としての地位をなかなか脱しきれないでいるのに対し、グリーンランドでは、工業発展のための計画がすすめられた。グリーンランドは、第二次世界大戦中その海岸地帯をアメリカ軍に占領され、戦後もデンマーク政府との協定でアメリカ軍が北部のツーレ基地にレーダー施設をおいていたが、一九四八年ヘーヅトフト首相がグリーンランドを訪問して住民から近代化計画の支持をとりつけ、〃グリーンランドの実験〃がはじまったのである。コペンハーゲンにはグリーンランド省が設けられ、デンマーク本国から投資が行なわれて、都市の建設、水産業の振興がはかられてきた。フィンランドでは、経済的発展の立遅れが戦間期には痕跡を残していたが、第二次世界大戦後、賠償を支払い終わり、戦傷者の救済が一応すむと、社会政策の網の目が広げられた。年金制度もしだいに整えられた。フィンランドでは、七〇年代にはいってもなおスウェーデンへの出稼労働者があとを絶たないが、全般的には福祉国家体制が実現をみている。

## 北欧協力と北欧会議

北欧中立同盟の構想が崩壊し、北欧諸国が少なくとも軍事・政治面で別れわかれの道を歩んでゆくかに思われたころ、逆にこれら諸国の経済・社会・文化面での連携を強めてゆこうとする動きが生じていた。それが結実したのが、一九五三年に設立された北欧諸国間の評議機関である北欧会議（または北欧評議会）である。こうした構想はすでに第二次世界大戦直前から練られていたが、とくに大戦後、NATOの成立を目前に控えた一九四九年一月にコペンハーゲンとオスローで北欧諸国の国会議員有志が会合したのを皮切りに、作業がすすめられ、政府レヴェルをも動かして実現するにいたったものである。

北欧会議の形成準備は、しかし、けっしてスムーズにすすんだのではない。はじめのころはフィンランドの議員も加わっていたが、ソ連が北欧諸国の協議体を自国に敵対的なものとみなしていたため、フィンランドは途中でおりてしまった。またノルウェーは、北欧諸国の連携というと、主として経済的な弱さから、カルマル連合以来の苦い歴史的記憶が蘇りがちであり、とくに同国の保守派は国の従属を恐れて二の足を踏んでいた。しかし、一方ではマーシャル＝プラン受入れとも関連して将来のヨーロッパ統合をみすえたヨーロッパ会議が発足する現状に対し、北欧的なやり方での北欧相互協力の体制を固める必要が痛感され、これが大きな推進力になったのである。

北欧会議は、北欧四カ国(のちにフィンランドが加わって五カ国)と自治領の議員代表と議決権をもたない各国政府代表によって構成された。北欧会議がとりあげるのは、所属国のうちで二カ国以上に共通する問題であって、法律・経済・社会・交通通信・文化の五分野にわたり、軍事・政治にかかわる事柄は含まれていない。北欧会議が採択した事項は、各国に対する勧告であって、拘束力はない。各国政府はこれをうけいれることが望ましいが、ことわることは自由である。このようにみてくると、北欧会議は、いかにも〝臆病〟で、効果も疑わしいと思われるかもしれない。しかし、北欧諸国は、上からの無理な統合がかえって分裂をもたらすことをカルマル連合以来の歴史的経験から知っており、各国の主体性を尊重しつつ、利害の共通したところで協力をすすめることが真の協力につながると考えてきた、というべきであろう。

そうした発想は、北欧会議を通じての北欧協力のこれまでの足どりにうかがうことができよう。第二次世界大戦後の北欧諸国の指導者が努力を傾けた事柄の一つは、北欧共同市場をめざした経済協力であった。これには、北欧諸国外相の合意にもとづき、一九四八年二月に合同の調査委員会ができて関税同盟や分業・特化の可能性について検討することになり、北欧会議も一九五四年に共同市場設立を勧告している。しかし、共同市場によって得をするデンマークやスウェーデンは熱心であったが、フィンランドは関心をもちながら対ソ関係の配慮から積極的になれず、ノルウェーにいたってはスウェーデンとの経済競争を恐れて踏み切らない、という有様で、一〇年の歳月をかけながら共同市場はついに成立しなかった。その後北欧諸国は、EECの発足に対応して一九六〇年七月一日に出発した

**フィンランド大統領ケッコネン（左）と スウェーデン首相エルランデル**

「欧州自由貿易連合(EFTA)」に加入し、さらに拡大ECの成立に対しては、「北欧経済連合(NORDEK)」の形成によってこれとわたりをつけようとしたが、フィンランドが加わろうとせず、これもまた不成立に終わった。

経済分野での包括的な協力は失敗に終わったが、他の分野では北欧協力はめざましい進展をみせてきた。法制・交通通信・社会政策・文化のどの分野をとりあげても、私的あるいは国家的なレヴェルで、一九世紀後半ないし二〇世紀初頭から、個別的・部分的な協力が北欧諸国間において行なわれだしていたが、それらを組織的に発展させるようになったのは、第二次世界大戦後、それもとくに北欧会議の発足後である。法律の共同体をめざした立法過程での協力は、家族法・刑法・訴訟法をはじめ諸分野で成果をあげてきたし、コミュニケーションの面では旅行制限の撤廃、交通規則や道路建設計画の統一、ノルカップやズンド海峡をめぐる地域的協力が推進された。社会政策の面では、北欧の福祉国家同士が社会保障政策を共同にすることによってどの国の市民も他国で同じ待遇をうけるように努力されてきたが、さらに北欧の小国同士が全体として人的資源をプールするための共同労働市場の創出がなされた。文化面では、海洋法や海洋生物学・原子物理学などの分野で共同利用研究所がつくられているし、オーフスの共同ジャーナリズム学校、「北欧人工衛星(NORDSATT)」の企画も実例である。これらの軌跡を振り返ってみると、北欧協力には、統合の理念が掲げられて現実との落差が目につきやすいECとは対照的に、見切り発車は行なわず、必要がある分野で統合をすすめるという一種の〝実用的な統合〟の傾向が強くうかがわれるのである。

## アイスランドのタラ戦争

ここで少し趣をかえて、アイスランドとイギリス間の「タラ戦争」について触れておこう。アイスランド周辺はタラの豊富な漁場であり、この魚資源をめぐって両国間に衝突がおこったものであって、第一次のタラ戦争は、一九五八年にアイスランドが漁業専管水域を一二カイリに広げたときに発生し、自国漁船保護のためイギリスの軍艦が出動する騒ぎとなった。このときは両国間に協定が成立して解決をみた。

しかし、一九七一年に左翼諸党の連立内閣が成立すると、翌年九月一日に同政府は、漁業資源保護のため専管水域の五〇カイリへの拡大を宣言したため、主要な利害をもつ西ドイツとイギリスが異議を唱え、とくにイギリスとのあいだでは、紛争は、艦艇の出動から大使の引揚げ措置にまで亢進した。しかもアイスランド政府は、国内のアメリカ軍基地に対する反情を背景にしてNATO脱退を仄かし、明らかにアイスランド支援の意図をもってソ連艦隊が遊弋する有様となった。事態を重視したNATOの介入も奏功して、一九七三年に二年期限の協定がイギリスとのあいだにむすばれ、第二次タラ戦争も落着した。

その後、一九七四年になると、左翼連合内閣が経済問題をめぐる内紛で行きづまり、六月三〇日の国会選挙で四三％近い票を得た独立党のハルグリムソンが首相となり、ヨハンネソン前内閣

アイスランドのタラ漁船

が着手した一九五〇年の対米協定の改訂交渉を妥結させ、ケフラヴィークのNATO基地を認めることとした。ところが、一九七五年一〇月一五日に、アイスランド政府は、専管水域を二〇〇カイリに拡大すると宣言し、ついでイギリスとの前記協定が一一月で失効になるとともに、三たびイギリスとの紛争が発生した。アイスランドの警備艇がイギリスのトロール船を退却させようとしたのに対し、イギリス側はフリゲート艦を出動させて船体を衝突させるという事件まで発生した。アイスランド政府は、例によってNATOに対し、脱退の可能性を示唆してイギリスへの圧力を要望したばかりでなく、一九七六年四月一九日にはイギリスとの外交関係を断絶するにいたった。アイスランド政府の真意は、これまでイギリスに認めてきた漁獲高一三〇万トンを四万トンに引き下げることにあり、イギリス側はそれでは漁船の三分の二が仕事を失うとしてうけつけず、紛争は長びいた。しかし、結局、六月一日に、専管水域内で一日二四隻に限って英トロール船の操業を認めるむねの協定が両国間に成立して、人命の犠牲をともなわずに、タラ戦争は終結をみた。輸出の三分の一を水産加工物に頼るアイスランドとしては、魚資源の保護は死活の利益だったのである。

## 一九七〇年代の情勢

ヨーロッパ大陸での主要な動向からの地理的な隔離に多分に利されつつ、しかも自国の資源や制度、国際環境を巧みに利用することによって、少ない犠牲で急速な経済発展をとげ、一九六〇年代に福祉国家のモデルといわれるような社会を建設した北欧諸国は、七〇年代初め以来、新たな状況に直面しているといえるであろう。その実例は、さまざまな面であらわれてきた。

まず軍事的な面でみるならば、東西ドイツ問題の解決につづく一連の発展によってヨーロッパの国際情勢そのものは一応の安定をみたものの、米ソ両超大国間の関係は、デタントの基調は変わらないにせよ、第三世界を含む諸地域での勢力圏ないし〝代理国境〟をめぐる紛争や、軍備競争などによって、またもや緊張を強めてきた。そうした大状況と並んで、北欧地域そのものが、国際的な軍事対立からさほど隔離されたものではなくなってきた事情がある。軍事技術の発達によって、かつてのバルト海に代わり、バレンツ海や北極海が世界的軍事戦略のうえで重視されるようになったことがそれであって、ソ連はコラ半島のムルマンスク港に、世界でも屈指の核基地を建設してきた。ノルウェーは、同港を基地とするソ連潜水艦の動向を監視するというNATOにとって不可欠の任務をはたしており、ソ連がそうしたノルウェーの役割に好意的でないことはいうまでもない。そればかりでなく、ソ連は、ノルウェーが主権をもちながら資源利用は開放されているスヴァールバル諸島に軍事的な関心をいだいているし、漁業権や石油の産出可能性もからむバレンツ海での境界線引き問題をめぐってもノルウェーとソ連のあいだには対立がある。そうしたところへ、一九七九年一一月にはNATOの〃核近代化〃問題が登場した。デンマークとノルウェーは、ソ連を無用に刺激しないためにこれにブレーキをかけているが、ソ連の警戒心が高まっていることは否定できない。長期の外交的努力によってソ連との友好関係樹立にようやく成功したフィンランドは、そうした大状況の悪化がソ連の対フィンランド要求となってはね返ってくる場合を恐れざるをえない。ノルウェーにおけるNATOの演習も不安の種となっている。

国際経済面においては、北欧諸国は従来もまとまりにくかったが、一九七〇年にはいってイギリスの加盟による拡大ECの成立に直面し、ヨーロッパ統合に対する去就を迫られることになった。NORDEKの構想がフィンランドの対外関係配慮による脱落で実現せずに終わったため、北欧諸国は各国別に態度決定をすることになったわけであるが、そのうちスウェーデンは非同盟主義の根拠を失う恐れから政治統合をも掲げるECに加入する意思はなく、デンマークとノルウェーが、クラウ・ブラッテリ両政府の加入内諾を国民投票によって確認することになった。ところが、一九七二年九月にノルウェーで国民投票が行なわれてみると、加入賛成九五万六〇四三票に対し反対が一〇九万九三九八票と、投票総数の五三・五％が加入に反対するという結果になった。これは、とくに北部の農民や漁民たちがEC加入によって大きな打撃をこうむることを恐れたためであり、ノルウェーに伝統的な地域主義の傾向を示したものといわれた。国民投票は、制度的には政府に対する勧告以上の意味はもたないが、ブラッテリ内閣は国民の総意がEC加入に反対と解し、総辞職した。この直後、デンマークでもEC加盟に関し、国民投票が行なわれた。政府や支持勢力は、外債の激増にみられるデンマーク経済の悪化の事実を示し、その解決策としてのEC加盟は増税の不安をなくすというキャンペーンを張り、これに対し、反対勢力は、多国籍企業による支配や国家主権の喪失を招くとして広範な人民運動を組織したが、国民投票の結果は、賛成一九九万五九三二票に対し反対は一一二万四一〇六票と及ばず、デンマークのEC加盟は決定した。もちろん、デンマークがECに加盟したからといって、それがただちに北欧諸国間の関係に顕著な影響を及ぼすことはない。政治統合をめざし、ヨーロッパ議会を発足させたといっても、理念が謳っているような状態は現実のECにはとうていみられないからである。しかし、長期的には、ECに加入したデンマークが北欧の姉妹国との関係で自己をどう位置づけてゆくかが、デンマーク自体にとっても大きな問題となるであろう。

それぞれの国の内政についてみると、一九六〇年代には国際的な好況の波にのって高度成長をとげ、そのうえに福祉国家を確立した北欧諸国では、一九七〇年代にはいってからのスタグフレーション的傾向のなかで、福祉国家政策のいろいろな弱点が国民の目に映じだしたということができるであろう。そうした側面がもっとも端的にあらわれているのは、デンマークであると思われる。

**マルグレーテ2世の王位継承を宣言するクラウ首相**（1972年1月）

貿易に大きく依存し、エネルギーと原材料を輸入に頼らなければならないデンマークでは、物価の上昇が激しく、失業者数も急激に増加した。たとえば、一九七四年の北欧諸国の失業率をみると、ノルウェー〇・七%、スウェーデン一・九%、フィンランド一・四%であったのに対し、デンマークは実に八・九%（八万七〇〇〇人）という高い数字を示していた。しかも、これは、本来の意味での労働力過剰というより、国家の年間支出の四割以上を占めている福祉政策の一所産ともみることができるだけに、さまざまな解釈を生んでいる。こうした事態は政治状況にも反映し、一九七三年一二月五日に行なわれた国会選挙では、五政党が争う伝統的なかたちが崩れ、一〇政党が競合し、しかもそのなかで、コペンハーゲンの税官吏であったグリストロップが「進歩党」を率い、公共部門関係予算の大幅削減という福祉政策に対する正面からの挑戦を掲げて第二党に進出した。こうした政党体系の変形は一九七五年の選挙にもあらわれて、ほぼ定着したことが明らかとなったが、他方では進歩党の進出に対する危機感が生じ、与野党が結束してその勢力拡大をおさえる動きが強まった。

スウェーデンは、デンマークほどの経済的困難には見舞われなかったが、福祉政策の進展は、重税に対する国民の不満をつのらせ、また国家の中央集権化と官僚化がすすむことに対する非難を生みだしていた。一九七三年の国会選挙は、名目上は一八〇九年以来通用してきた旧来の憲法に代わり、国王を文字通りの象徴的存在とし、選挙権の一八歳への引下げ、被雇用者の経営参加を定めた新憲法草案に対する民意を問うことにあったが、これは元来諸政党の合意でつくられたものであって、野党である非社会主義諸党は、社会民主党政府の福祉政策に対する国民の疑問を拡大し、つきつけることできわどい議席差まで追いあげた。ついで、一九七六年の国会選挙のさいには、従来どおりの経済成長をつづけてゆくためには高価な石油依存を改め、核エネルギーの利用を推進すべきであるとし、既存の五ヵ所の原子力発電所に加え、新たに八ヵ所の建設をすすめようとするパルメ政権に対し、中央党が核エネルギー反対の立場を明確に押し出すことで選挙民の支持を獲得した。このため、社会民主党は四四年間の政権の座を下り、都市から農村へ帰ろうという「緑の運動」に支えられて地方分散主義を唱えてきた「中央党」(旧農民党)のフェルディンが非社会主義三党の連立内閣を形成した。これは、工業化と中央集権型の行政のうえに福祉社会をきずくという社会民主党の社会政策がようやく批判の対象となりつつあることを示していた。一九八〇年三月のスウェーデンの国民投票では、国民の多くが原子炉の存続に対して強い危惧を表明した。

そうしたなかで、ノルウェーは、一九七〇年代にはいっても順調な経済発展をつづけ、EC加盟問題でいったんは下野した労働党も、一九七三年の総選挙では政権をとりもどし、安定した統治をつづけた。これは、一九六〇年代になって北海油田が続々と発見され、ノルウェーが有数の産油国となったためである。一九七五年に国際的景気後退の波がノルウェーにも及んできたが、労働党のブラッテリ政権は、北海油田の石油・天然ガスの見込み収益を担保に借款をうけ、経済振興策にあてることができたのである。ここに注目すべきことは、労働党政府が、石油資源の性急な開発によって小規模社会のこれまでの均衡した発展を狂わせることを恐れ、生産量や民間石油企業への利権供与を調整する方針を明らかにしたことである。

## 3　二一世紀に向けて

### 過渡期としての一九八〇年代

一九八〇年代は、一九七〇年代を、北欧にとって歴史上の大きな曲がり角になった一九九〇年代へとつなぐ過渡期であったということができよう。この時期に北欧諸国は、いずれも一九七〇年代に体験した福祉国家としての新たな試練をのりこえることに腐心した。総じて政権の保守化がみられ、福祉政策の見直しが行なわれたが、いったん打ち立てられた福祉国家の基本理念は揺らぐことがなかった。デンマークでは、ヨアウェンセン、シュルターと保守党の首班を戴く政権がつづき、賃金の凍結、公共支出の削減などの経済建て直し策をこうじたし、フィンランドでも、ケッコネンの大統領引退をうけて大統領に就任したコイヴィストのもとで保守党のホルケリが、これも中道右派内閣を組織したが、これには、ソ連側の意向に対応して同党が戦後フィンランドの対ソ外交路線の支持を鮮明にしたことも背景としてあった。

すでに七〇年代に保守中道政権の先鞭をつけたスウェーデンでは、パルメ、カールソンと社会民主党政権が復権したが、それは、フェルディン内閣にも新味を感じなくなった選挙民が、多分に以前の社会民主党の福祉政策にいくばくの郷愁を感じたためであろう。なお、首相交代の理由は、パルメ首相がストックホルムで暗殺されたからであるが、その犯人はいまだに特定されていない。またノルウェーでも、一九八一年には総選挙での労働党の敗北のあとをうけて保守党のヴィロックが単独政権を発足させたが、これはむしろ石油景気に活気づく産業界の支持を背景にしたものであり、八三年にキリスト教国民党、中央党を加えた連立内閣を形成して以後は、市場自由化など産業界の要求に積極的にこたえる政策に公然と訴えた。

一九八〇年代の北欧をめぐる国際環境に目を移すと、いわゆる新冷戦のあおりはスカンディナヴィア半島内外にも及んで、そこに成立してきた緊張緩和の構造を脅かすにいたった。一九八〇年になると、ソ連のアフガニスタン侵攻と連動して、東西両陣営が軍事的に対峙するヨーロッパ大陸で、ソ連の中距離核ミサイルに対抗するとしてアメリカのトマホークII型ミサイルおよび巡航ミサイルをNATO諸国に配備するという問題が生じ、オランダをはじめとする各国で厳しい反対運動がおこったが、北欧のNATO加盟国もその余波をうけざるをえなかった。それは、とくにノルウェーにNATO軍の緊急展開部隊のための武器・装備の集積所を設ける問題としてあらわれた。

従来の北欧では、冷戦期を通じて、スウェーデンが中立主義に徹し、フィンランドがソ連との友好・協力・相互援助条約と両立するかたちで中立主義を守り、ノルウェー・デンマークが平時における外国軍の駐屯および核兵器持込みを拒否するという諸措置が支えあって、名称の適否はともかく、「北欧均衡」とよばれる状況が成立しており、これがスカンディナヴィア半島内外を東西両陣営対峙から相対的に隔離された緊張緩和地帯にしてきたのであるが、ノルウェーがNATOの提案をうけいれれば、ソ連がフィンランドに新たな要求をつきつけて北欧のこの状況が失われることになりかねなかったのである。しかし、ノルウェー政府の「(相手への)阻止と安全の保証」という硬軟両面の対ソ連政策がこの場合にも適用され、武器・装備集積所はソ連国境からはるか南にさがったトロムセにおいたり、北部海面の哨戒はノルウェー軍が行なうなどの工夫によって、緩和がはかられた。とはいえ、北欧が軍事対立の渦中に一歩近づいたことは否定できなかった。

こうした状況は、北欧でも世論に衝撃を与え、ノルウェーで労働組合の中央組織であるLOが動いたのをはじめ各国で、欧州大陸への新型ミサイル配備に反対して北欧非核兵器地帯を設ける運動が燃え上がった。従来、フィンランド政府がソ連の支持のもとに北欧非核兵器地帯の制度化を提案してきたのに対して、デンマーク・ノルウェー両政府は、ソ連がフィンランドに現状変更を迫ったときの対抗措置の手をしばられるという真意から反対してきたものの、今回は世論の盛り上がりに抵抗することが困難であった。ノルウェーでLOに支えられたブルントラント首相の労働党政権が成立すると、北欧諸政府は共同で民意に対する受け皿を準備することになった。しかし、北欧五カ国政府は、地域でまず非核兵器地帯を実現せよという案を退け、「ヨーロッパ全体での核軍縮が合意されるのと同時に、またはそのあとで」それを実現することで合意し、そのための作業部会を設置することになった。

## 一九九〇年代の北欧各国

ここでまた視線を北欧各国の内政に戻し、一九九〇年代にはいってからの動向を追うと、デンマークでは、一九九四年九月の国会選挙で社会民主党が議席をへらしたものの第一党の座を譲らず、前年に偽証の責任で総辞職したシュルター政権のあとをうけて政権についていたラスムセン首相の社会民主党、急進自由党、中道民主党の連立政権が続投することになった。デンマークとの関連では、その自治領フェロー諸島が西暦二〇〇〇年に向けて独立の準備をすすめている事実がある。フェロー諸島では、一九九八年春の議会選挙で独立推進派の諸政党が圧倒的勝利を収めたのをうけて、同年一二月二日、自治政府議長がフェロー諸島憲法制定を発議、各政党の代表者一名と官僚からなる憲法草案準備委員会がつくられることになった。その作業が順調にすすめば二〇〇〇年六月一日には憲法草案が作成され、住民投票にかけられることになる。

スウェーデンでは、これも一九九四年九月の国会選挙で社会民主党が二四議席をふやして三四九議席中一六二議席を獲得し、左翼党（旧共産党）も含めた社会主義政党の議席が過半数をこえたため、保守党党首のビルト首相の政権は退陣し、カールソン首相が率いる社会民主党の単独政権が生まれた。この選挙結果は、社会福祉政策路線復活への国民の期待を反映したものであったが、カールソン政権は一九九五年一月に提出した予算案で社会保障関係にナタを振るわざるをえなかった。一九九六年三月、カールソンの引退にともなってパーションが社会民主党政権を引き継ぎ、一九九八年九月二〇日の国会選挙に臨んだが、一三一議席と後退し、代わって左翼党が二二議席から四三議席に躍進、また「国民の家庭」の復活を掲げたキリスト教民主党が議席を一五から四二へと急増させた。しかし、パーション政権は存続することになった。

フィンランドでは、一九九四年、コイヴィスト大統領の任期満了にともなう大統領選挙が行なわれ、二月六日の第二回投票で社会民主党のアハティサーリが一七二万票を集めて、善戦したスウェーデン語使用国民党のレンの一四七万六〇〇〇票弱を引き離して当選した。ついで一九九五年三月の国会選挙では、社会民主党が議席を四八から六三に伸ばして躍進、共産党の参加する左翼同盟(旧人民民主同盟)も一九から二二にふえ、中央党が敗退、この結果、アハティサーリ大統領の委嘱をうけた社会民主党議長のリッポネンが最保守の連合党から左翼同盟まで巻きこんだ五党連立政権を組織し、「青=赤政権」とよばれた。フィンランドは、ソ連邦の解体にともなう貿易の不振がはなはだしく、深刻な不況に見舞われて、失業率は二割に達していた。フィンランド政府がとくに企業の救済策はとらず、リストラや倒産があいついだためであるが、そのために回復の見通しもつくようになった。一九九九年三月二一日に行なわれた国会選挙では、福祉政策の見直しがたたって社会民主党は票をへらし、五一議席に後退、連合党は七議席ふやして四六議席、野党の中央党が四五議席から四八議席になったものの、社会民主党が相変わらず第一党の座を守ったため、アハティサーリ大統領はリッポネン首相に組閣を要請、リッポネンは、従来通りの五党を基盤とする連立政権を組織した。

ノルウェーでは、一九九〇年に保守連立政権が内部分裂から労働党のブルントラントに政権を譲ったのち、九六年にヤーグランと首相を交代したが、一九九八年九月一五日の国会選挙では労働党が三五・一%の得票率で議席を六七から六五にへらす一方で、外国人労働者の排斥を公然と掲げる進歩党が一二議席から二五議席にふえるなどの結果となった。自党の得票率が前回の三六・九%に及ばなかったら政権をおりると言明していたヤーグラン首相は敗北を宣言、議席を一二ふやして二五議席を獲得したキリスト教国民党のボンデヴィックが中央党および自由主義左派党と連立政権を形成した。一九九〇年代にはいってからの北欧各国の試練に満ちた内政の経過は、じつは、北欧全体が欧州統合問題という外からの大きな挑戦に対応するなかで生じていた。

**「欧州統合北漸」の役割に向けて**

東西冷戦の終焉とそれにともなうソ連・東欧圏の消滅など一九九〇年前後の歴史の急転換は、それまでに進行していた欧州統合強化の動きとあいまって、北欧諸国に、第二次世界大戦以来の、いな、ある意味では近代以来といってもよい試練をもたらしたといえよう。すでに一九八〇年代半ばにアメリカや日本の経済動向に刺激されて市場統合強化をめざしたECには、さまざまな面での経済的立ち遅れを感じていた北欧諸国は対応を迫られざるをえなかった。そこで当面の措置として浮かび上がったのが、EFTA（欧州自由貿易連合）のメンバーとしてECとの共同市場形成の交渉を行なうことであった。ところが、八〇年代末には先行きを楽観して比較的対等な交渉を予想していた北欧諸国は、一九九〇年秋に交渉がはじまってみると、日々優位になるEC側は強い姿勢で交渉に臨み、難航のなかにEFTA側はつぎつぎと譲歩を強いられた。EEA（欧州経済地域）は一九九四年にようやく発足したが、その時にはすでに、EC諸国は、EUへの発展によるさらなる統合への歩みをはじめていた。

こうした状況に北欧諸国は急速にEC加盟の方針を固めざるをえなかった。スウェーデンが一九九一年に加盟申請をしたのについで、翌年にはフィンランド、ノルウェーがあいついでECへの加盟申請に踏み切り、一九九三年二月一日にスウェーデンとフィンランドが、ついで四月五日にノルウェーが加盟のための対EC交渉にのりだした。交渉の焦点となったのは、主として農漁業問題であって、スウェーデンとフィンランドは極地農業への特別補助を必要としており、ノルウェーも零細漁民に対する補助が必要なことから交渉は厳しいものとなった。それでも、一九九三年三月一日にはECとスウェーデンのあいだで加盟条件をめぐる合意が成立、フィンランドとも折り合いがつき、ノルウェーも再交渉の末、合意に達した。そこで民意が問われることになったが、まだ難関が控えていた。

一九九二年六月二日、デンマークの国民投票は、EC加盟諸国によってすでに調印をみていたEU形成のためのマーストリヒト条約を僅差で否決した。デンマーク国民は、EUの一般原則の犠牲になることを懸念し、「蛇に呑まれることを拒否するか、それとも呑まれておいて中から蛇を食べてしまうか」で割れていた。予想外の結果に狼狽したECの欧州理事会は、九月一二日のエディンバラ合意でデンマークに適用除外を認め、一九九三年五月一八日に再度行なわれた国民投票でデンマーク国民は賛意を表明して、一一月一日、マーストリヒト条約は発効した。

こうした経過からすると、世論のなかに反対意見が強い前記の三北欧国の国民投票の結果は予断を許さないものがあった。しかし、フィンランドを先陣にスウェーデン、ノルウェーの順に一〇月から一一月にかけて行なわれた国民投票で、前二者は賛成（それぞれ賛成五七％反対四三％、賛成五二・〇％、反対四七・一％）にこぎつけた。ただし、ノルウェーでは、反対が上回り（賛成四七・七％、反対五二・三％）、強気のブルントラント首相も加盟を諦めざるをえなかった。このようにして、一九九五年一月一日をもってフィンランド、スウェーデンはEUに加わったが、EUがさだめる共通の外交・安全保障や共通通貨という統合強化の原則にこれら両国がどのように対応していくかが、問題であった。

欧州通貨については、北欧諸国中フィンランドだけが、一九九八年四月一七日の国会審議で、賛成一三、反対六一、白票一、欠席二をもって可決し参加することになった。国民の意向は五分五分であったのを、国会議員の決断で決定したことになる。外交・安全保障を共通にするというEUの原則をめぐってもっとも注目されてきたのは、一九九九年一〇月現在なおも非同盟という原則を捨てないでいるスウェーデンとフィンランドの動向であるが、一九九八年六月一三日、両国国防相が、両国の国是を基盤とし、五分野、すなわち軍需物資調達・海域監視・危機管理・演習参加・人物の交換という諸分野で軍事協力を行なう旨の声明を発表したが、その狙いは、両国間の協力を起点に、バルト海地域における関係諸国間の信頼を醸成することにあり、広くは、これをノルカップ（軍事的平和支援のための北欧諸国協力協定）、WEU（西欧同盟）、NATOの外延としてのEAPC（欧州大西洋協調評議会）などの枠内で推進することにある。

いまや北欧五カ国のなかで、EUに加盟している国が三カ国、EUが創設のときから客観的な意味で関わりをもってきてNATOに加盟しているのが三カ国という状況であり、こうした現況をとらえて「EUの北漸（Northern Dimension）」とよぶ風潮が強まっている。それならば、北欧はもはや統合欧州、あるいは西欧のなかに解体融合していっているのであろうか。この点を知るには、以上の経過と並行してバルト海周域で進行してきた、いわゆる下位地域協力の動きに目を向ける必要があろう。

一九九〇年代にはいって、北欧諸国どうしのあいだに利害の相違が目立ちはじめたころ、バルト海地域というスカンディナヴィア半島一帯よりも広がった範囲で、地域的協力の動きがすすみはじめた。その芽はすでに一九七〇年代初めにさかのぼる。

## 「北欧」アイデンティティの行方

一九六〇年代末から顕著になりだした西ドイツのブラント首相の東方政策が軌道にのりだして、西ドイツと東ドイツを含む東側隣接諸国間の和解がすすむと、冷戦によって分断されてきたバルト海周辺地域に、環境問題を契機とする交流の兆しがあらわれた。かつて清浄を誇ったバルト海は、周辺諸国の産業廃棄物によって深刻な汚染を被っていたが、政治的な緊張緩和はただちに一九七四年、これら諸国間にバルト海環境保護条約を成立させ、その成果としてのヘルシンキ委員会による環境モニタリング活動がはじめられた。しかし、バルト海をめぐる軍事的対峙の厳しさから、同委員会の活動も思うにまかせない状況がつづくうち、事態は、意外な方面から打開の緒につくことになった。

ソ連の経済状態悪化のしわ寄せを資源濫開発などのかたちで背負いこんできたソ連領旧バルト三国では、一九八〇年代後半以来、環境保護運動が活発になっていたが、それはたちまちソ連の軍事基地反対、歴史文化財保護などの要求と結びつき、経済的自立から政治的独立を求める方向に向かった。ソ連首相ゴルバチョフは、バルト三ソヴィエト共和国に環境問題で北欧諸国との直接交渉を認め、また自治領のような地位を与える方向で引き止めようとしたが、一九八九年の東西冷戦終焉とソ連東欧圏崩壊がおこるなかで効果はなかった。ゴルバチョフ策はかえって三国独立の方向での北欧諸国との協力を引き出し、環境問題はその絶好のテーマとなった。

一九九〇年夏からは、バルト海周域の諸地方・都市間の経済協力を謳い、「ニュー・ハンザ」をめざす動きが活発化した。「バルト海地域」という言葉もこの頃から用いられるようになった。一九九一年にバルト三国が独立を回復し、ソ連邦が解体すると、翌年、一九九二年三月には、バルト海沿岸諸国評議会が北欧四カ国・バルト三国・ドイツ・ロシア・ポーランドの参加をみて発足し、経済・文化・環境・人権など非軍事的領域での多面的協力を支援、推進していくことになった。バルト海周辺都市の連合体もすでに活動していた。バルト海沿岸諸国評議会には、北欧諸国のあいだにいっそうのEU志向がすすむ状況下に不安を感じるアイスランドも参加した。

バルト海地域協力の活発化は、さらにその周辺での地域協力を誘発していった。ノルウェー・フィンランド・ロシア間に、バレンツ海内外での環境対策を中心とした協力がはじまり、さらに北極海をめぐる地域協力も歩みだした。これらのいわゆる下位地域協力の発展は、スカンディナヴィア（北欧）という地域概念と「ダブッ」たノーザン＝ユアラップ（欧州北部、あるいは欧北）という固有名詞を生みもした。北欧的な社会、文化を共通の特色とする北欧諸国は、冷戦の終焉という第二次世界大戦以来の、いや広くは近代以来の国際関係の変動に直面して、一体性の揺らぎをみせているかにみえるが、より広い、とくにバルト海地域を場とした「欧北」での多面的な活動を通じて、新たなアイデンティティの獲得のなかに、かえって伝統的な「北欧」アイデンティティの再発見の契機をもったといえるかもしれない。ＥＵないしは統合欧州の北漸は、現地での新たなアイデンティティの獲得と見合ってすすんでいるのである。

このことの意味は重要である。統合欧州の北漸が、「中央」による全ヨーロッパの均一化をもたらすのであれば、多様性に満ちたヨーロッパの統合がもつ意味は失われる。地域の人びとの営みを、たとえば、伝統的な放牧や漁労に生きる民族的少数者の生業を守るのは均一化に逆らう自覚である。また統合欧州の東方拡大が西欧化されたロシアの融合に安易につながるとする見方も、早計に失する、ソ連邦崩壊後のロシアにおいて、第一次世界大戦後に文献学者のトルベツコイらが唱えたユーラシアの言説が復活しつつある現況は、統合欧州の、異文化ロシアとの接点に位置して相互理解と友好に貢献する北欧、とくにフィンランドの役割が終わっていないことを示唆している。

# 付　　録

# ■索　引

## 人名索引


### ア―オ

アイゼンハワー　*296*
Eisenhower, Dwight D.　1890-1969，任 1953-61
赤毛のエーリック　*18, 19*
Eiríkr Rauði Thorvaldsson　950-1007 頃
明石元二郎　*163*
1864-1919
アドルフ伯　*32*
Adolf, Hertug　1401-59
アドルフ＝フリードリヒ(フレドリック)　*66*
Adolf Fredrik　1710-71，位 1751-71
アブサロン　*25*
Absalon　1128-1201
アルヴィドソン　*104, 106*
Arwidsson, A. I.　1791-1858
アルブレヒト　*30, 31*
Albrecht　?-1412，位 1363-89
アルムフェルト　*102*
Armfelt, G. M.　1757-1814
アレクサンドラ　*92*
Alexandra　1844-1925
アレクサンドル1世　*76, 77, 79, 102, 103*
Aleksandr I　1777-1825，位 1801-25
アレクサンドル2世　*106, 108, 113, 130, 131*
Aleksandr II　1818-81，位 1855-81
イヴァン4世　*40*
Ivan IV　1440-1505，位1462-1505
イエッペセン　*138*
Jeppesen, Carl　1858-1930
イーデン　*282*
Eden, Anthony　1897-
イプセン　*97*
Ibsen, Henrik　1828-1906
ヴァルデマー1世大王　*24*
Valdemar I den Store　1131-82，位 1157-82
ヴァルデマー2世勝利王　*25*
Valdemar II Sejr　1170-1241，位 1202-41
ヴァルデマー4世アタダー　*30*
Valdemar IV Atterdag　1321-75，位 1340-75
ヴァルデマル　*26*
Valdemar　?-1302，位 1250-1302
ヴァルパス　*164, 168*
Valpas-Hänninen, Edvard　1873-1939
ヴァレンシュタイン　*44*
Wallenstein, A. W. E. von　1583-1634
ヴィーク　*282*
Wiik, K. H.　1883-1946
ヴィグフォルシュ　*289*
Wigforss, Ernst　1881-
ヴィルクナ　*269*
Vilkuna, Kustaa　1902-80
ウィルソン　*216, 224*
Wilson, Woodrow　1856-1924
ヴィルヘルム2世　*177*
Wilhelm II　1859-1941，位 1888-1918
ヴェルトイェンス　*268*
Veltjens
ウンデーン　*240, 304, 305*
Undén, Östen　1886-
エカチェリーナ2世　*63, 67*
Ekaterina II　1729-96，位 1762-96
エストロップ　*119-121*
Estrup, J. B. S.　1825-1913

エデーン　*192, 193, 209, 211, 212*
Edén, Nils　1871-1945
エドワード7世　*92, 158*
Edward Ⅶ　1841-1910，位 1901-10
エーリクセン　*324*
Eriksen, Erik　1902-
エリザヴェータ　*62, 66*
Elizaveta　1709-62，位 1741-62
エーリック聖王　*27, 32*
Erik den helige
エーリック7世　*31, 33, 34*
Erik Ⅶ　1382？-1459，位 1396-1439
エーリック14世　*40, 41*
Erik ⅩⅣ　1533-70，位 1560-70
エーリック＝エーリックソン　*26*
Erik Eriksson
エルランデル　*300*
Erlander, Tage　1901-
エレオノラ　*53*
Eleonora, Ulrika　1688-1741
エーレンスヴァルド　*179*
Ehrensvärd, Albert
エンゲルブレクト　*32, 34*
Engelbrekt Engelbrektsson　?-1436
オェーレンスレーヤー　*82*
Oehlenschläger, Adam　1779-1850
オクセンシェーナ　*45*
Oxenstjerna, Axel　1583-1654
オスカル1世　*89-92*
Oscar Ⅰ　1799-1859，位 1844-59
オスカル2世　*127, 140, 155-157*
Oscar Ⅱ　1829-1907，位 1872-1907
オーセン　*100, 101*
Aasen, Ivar　1813-96
オボレンスキー　*164, 165*
Obolensky, Ivan　1853-1910
オーラフ＝エンゲルブレクツソン　*39*
Olav Engelbrektsson　1480頃-1538
オーラフ＝ショエトコヌング　*26*
Olof Skötkonung　1000頃

## カ―コ

カイテル　*281*
Keitel, Wilhelm　1882-1946
カストベルグ　*159, 160*
Castberg, Johan　1862-1926
カッリオ　*232, 235*
Kallio, Kyösti　1873-1940，任 1937-40
カヤンデル　*251*
Cajander, A. K.　1879-1943
カリヤライネン　*322*
Karjalainen, Ahti　1923-
カール王子──→ハーコン7世
Carl
カール9世　*41, 42*
Karl Ⅸ　1550-1611，位 1599-1611
カール10世グスタヴ　*46, 47*
Karl Ⅹ Gustav　1622-60，位 1654-60
カール11世　*52, 54*
Karl Ⅺ　1655-97，位 1660-97
カール12世　*49, 52, 54*
Karl Ⅻ　1682-1718，位 1697-1718
カール13世　*77-79*
Karl ⅩⅢ　1748-1818，位 1809-18
カール14世ヨーハン(ベルナドット)
*72, 75, 78, 79, 85, 86*
Karl ⅩⅣ Johan (Bernadotte)
1763-1844，位 1818-44
カール15世　*92, 99, 121*
Karl ⅩⅤ　1820-72，位 1859-72
カール＝クヌーツソン　*32, 33*
Karl Knutsson　1409-70，位 1448-57, 1464-65, 1467-70
キヴィマキ　*235*
Kivimäki, T. M.
キャニング　*70*
Canning, George　1770-1827

ギュンテル　*253, 262, 263*
Günther, Christian　1886-1966
クヴァンテン　*107*
Qvanten, Emil von　1827-1903
クヴィスリング　*230, 256, 257, 261, 275-277, 299*
Quisling, Vidkun　1887-1945
クーシネン　*168, 251*
Kuusinen, Otto　1882-1964
グスタヴ1世ヴァーサ　*8, 34, 40*
Gustav I Vasa　1496-1560，位1523-60
グスタヴ2世アドルフ　*42-44, 46, 49*
Gustav II Adolf　1594-1632，位1611-32
グスタヴ3世　*61-64, 68-70, 77*
Gustav III　1746-92，位1771-92
グスタヴ4世　*69, 70, 77, 78*
Gustav IV Adolf　1778-1837，位1792-1809
グスタヴ5世　*149, 152, 179, 182*
Gustav V Adolf　1858-1950，位1907-50
クヌッドセン　*159, 160*
Knudsen, Gunnar　1848-1928
クヌード1世大王　*22-24*
Knud I den Store　995?-1035，位1016-35(英王)，1018-35(デ王)
クヌード6世　*25*
Knud VI　1163-1202，位1182-1202
クラウ　*325, 340*
Krag, Jens Otto　1914-
クラウセン　*217*
Klausen, Kristoffer Marquard　1852-1924
クリスチャン1世　*32*
Christian I　1426-81，位1448-81
クリスチャン2世　*33, 34, 39*
Christian II　1481-1559，位1513-23
クリスチャン3世　*39, 40*
Christian III　1503-59，位1534-59
クリスチャン4世　*42, 43, 45*
Christian IV　1577-1648，位1588-1648
クリスチャン6世　*56*
Christian VI　1699-1746，位1730-46
クリスチャン7世　*57*
Christian VII　1749-1808，位1766-1808
クリスチャン8世（クリスチャン＝フレデリック）　*73-75, 83, 84, 87, 158*
Christian VIII　1786-1848，位1839-48
クリスチャン9世　*94, 158*
Christian IX　1818-1906，位1863-1906
クリスチャン10世　*219, 220*
Christian X　1870-1947，位1912-47
クリスチャン＝アウギュスト伯　*78*
Christian August　1768-1810
クリスチャン＝フレデリック──→クリスチャン8世
クリスティーナ　*46*
Kristina　1626-89，位1632-54
クリステンセン, J.　*145, 146, 176, 177*
Christensen, J. C.　1856-1930
クリステンセン，K.　*298*
Kristensen, Knud　1880-1962
クリストファ3世　*32*
Christoffer III af Bayern　1416-48，位1439-48
クリストファ伯　*39*
Christoffer af Olenburg　1504頃-66
グリストロップ　*343*
Glistrup, Mogens
グリペンステット　*94*
Gripenstedt, Johan August　1813-74
グルベア　*58, 59*
Høegh-Guldberg, Ove　1731-1803
グルントヴィ　*82*
Grundtvig, Nikolai Frederik

Severin　1783-1872
ケッコネン　*286, 322, 328*
Kekkonen, Urho Kaleva　1900-, 任 1956-
ゲーリング　*268*
Göring, Hermann　1893-1946
ゲルツェン　*108*
Gertzen, Aleksandr Ivanovich　1812-70
ゲルハルト　*25*
Gerhard Ⅲ af Holstein　1292-1340
ゲールハルドセン　*299, 326, 327*
Gerhardsen, Einar　1897-
ゴヅフレヅ　*20*
Godfred　?-810
ゴビノー　*132*
Gobineau, J. A.　1816-82
ゴーム老王　*22*
Gorm den Gamle　?-940 頃
ゴルツ　*202*
Von der Goltz
コルベール　*48*
Colbert, Jean Baptiste　1619-83
コロンタイ　*253, 284*
Kolontai, A. M.　1872-1952

## サ—ソ

サヴォネンコフ　*313*
Savonenkov
ザクレフスキー　*103*
Zakrevsky, Arseni　1786-1865
サーレ　*147, 183, 216, 217, 219, 220*
Zahle, Carl Theodor　1866-1946
サン＝シモン　*137*
Saint-Simon　1760-1825
サンドレル　*227, 245, 262*
Sandler, Rikard　1884-1964
シーギスムンド3世　*41-43*
Sigismund Ⅲ Vasa　1566-99, 位 1592-99
ジグムント3世──→シーギスムンド3世
Zygmund Ⅲ
シグルソン　*223, 317*
Sigurdsson, Jon
シッベルン　*94*
Sibbern, Georg C.　1816-1901
シャルルマーニュ　*20*
Charlemagne　742-814, 位 768-814
ショーマン　*164*
Shauman, Eugen　1875-1904
シリアクス　*163*
Zilliacus, Konrad (Konni)
シロラ　*168, 200*
Sirola, Yrjö　1876-1936
スヴァルツ　*191, 192*
Swartz, Carl　1858-1926
スヴィンヒューヴド　*198-202, 206, 208-210, 232, 235*
Svinhufvud, P. E.　1861-1944, 任 1931-37
スヴェチニコフ　*203*
Svechnikov, M. S.
スヴェドゥルップ　*126-129, 138, 153, 154*
Sverdrup, Johan　1816-92
スヴェン叉髯王　*22*
Sven I Tveskæg　960頃-1014, 位 985-1014
スカヴェニウス　*258, 259, 271, 272*
Scavenius, Erik　1877-1962
スタインケ　*233*
Steincke, Karl Kristian　1880-1963
スターヴ　*149, 151, 152, 186*
Staaff, Karl　1860-1915
スタウニング　*227, 228, 233, 257, 258, 271*
Stauning, Thorvald　1873-1942
スタホヴィッチ　*196*
Stakhovich, Mihail　1861-1923
スターリン　*250, 269, 284, 313*
Stalin, Iosif Vissarionovich　1879-1953
スタング, E.　*129, 154*
Stang, Emil　1834-1912
スタング, F.　*99, 126-128*
Stang, Frederik　1808-84

ステフェンス　*82*
Steffens, Henrik　1773-1845
ステューレ　*33, 35*
Sture, Sten　1440-1503
ステーン　*129, 154*
Steen, Johannes V.C.　1827-1906
ストルーエンセ(シュトリュンゼー)　*57-59, 68*
Struensee, Johan Friedrich　1737-72
ストールベリ　*206, 232*
Ståhlberg, K. J.　1865-1952，任1919-25
スネルマン　*105, 107, 108, 131, 132*
Snellman, J. V.　1806-81
スプレンクトプールテン, G.　*76, 102*
Sprengtporten, G. M.　1740-1819
スプレンクトプールテン, J.　*61, 62*
Sprengtporten, J. M.　1727-86
スペランスキー　*76*
Speransky, Mkhail Mikhailovich　1772-1839
スミス　*313*
Smith, Bedell
聖アグリコラ　*40*
Agricola, Mikael　1508-57
セタラ　*196*
Setälä, E. N.　1864-1935
セルメル　*128*
Selmer, Christian　1816-89

## タ―ト

タウベ　*179*
Taube, Arvid
タルヴェラ　*269*
Talvela, P. J.　1898-
タンネル　*227, 250, 253, 327*
Tanner, Väinö　1881-1968
チェレーン　*179*
Kjellén, Rudolf　1864-1922
チャーチル　*255, 284*
Churchill, Winston S.　1874-1965
デー＝イェール　*92-94, 122-124, 147, 211, 212*
De Geer, Louis Gerhard　1818-96
ディズレーリ　*122*
Disraeli, Benjamin　1804-81
ティリー　*44*
Tilly, Johann Tserclaes　1559-1632
デカルト　*46*
Descartes, René　1596-1650
テルボーヴェン　*260, 261, 275, 276*
Telboven, J.
ドインツァー　*145, 146, 176*
Deuntzer, J. H.　1845-1918
ドゥ＝ラ＝ガルディ　*42, 48*
De la Gardie, Jakob　1583-1652
トコイ　*195, 196, 198*
Tokoi, Oskari　1871-1963
トット　*35*
Tott, Eerik Akselinpoika　1417-81
トラーネ　*87, 137*
Thrane, Marcus M.　1817-90
トランメル　*171, 214*
Trammæl, Martin　1879-1967
トルーマン　*303*
Truman, Harry S.　1884-1972
トロッレ　*179*
Trolle, E.

## ナ―ノ

ナポレオン1世　*71*
Napoleon I　1769-1821，位1804-1814, 15
ナポレオン3世　*91*
Napoleon III　1807-73，位1852-70
ナンセン　*155, 157, 240*
Nansen, Fridtjof　1861-1930
ニコライ1世　*103, 105, 106*
Nikolai I　1796-1855，位1825-55
ニコライ2世　*148*
Nikolai II　1868-1918，位1894-

1917
ニューゴールスヴォル　*278, 299*
Nygaardsvold, J.　1879-1952
ヌルドストロェム　*107*
Nordström
ネーアゴーア　*220, 221*
Neergaard, Niels　1854-1936
ノェール公　*88*
Prinz Nör　1800-65

ハ—ホ

バウンスゴーア　*325*
Baunsgaard, Hilmar　1929-
バクーニン　*108*
Bakunin, Mikhail Aleksandrovich 1814-76
ハーゲルップ　*154*
Hagerup, G. Francis　1853-1921
ハーコン4世　*25*
Haakon Ⅳ Haakonsson　1204-63, 位 1217-63
ハーコン5世　*26*
Haakon Ⅴ Magnusson　1270-1319, 位 1299-1319
ハーコン6世　*30*
Haakon Ⅵ　1344-80, 位 1355-80
ハーコン7世(カール王子)　*158, 182, 280, 299*
Haakon Ⅶ　1872-1957, 位 1905-57
パーシキヴィ　*206, 232, 248-250, 285, 309-313*
Paasikivi, Juho Kusti　1870-1956, 任 1946-56
バッゲ　*289*
Bagge, G.
ハフステイン　*224*
Hafstein, H.　1861-1922
ハマーショルド, D.　*323*
Hammerskjöld, Dag　1905-61
ハマーショルド, H.　*152, 186, 191*
Hammarskjöld, H.　1862-1953
パマーストン　*93*
Palmerston, Henry John Temple 1784-1865
ハミルトン　*94*
Hamilton, Henrik Ludvig Hugo 1814-86
ハーラル1世青歯王　*22*
Harald Ⅰ Blåtand　?-985
ハーラル3世　*25*
Harald Ⅲ Hårdråde　1016-66, 位 1047-66
ハル　*95*
Hall, Carl Christian　1812-88
パルム　*138, 139, 173*
Palm, A.　1849-1922
パルメ　*344*
Palme, Olof　1927-
ハンセン, H.　*325*
Hansen, H. C.　1906-60
ハンセン, J.　*118*
Hansen, J. A.　1806-77
ハンソン　*234, 262, 263, 289, 300*
Hansson, P. Albin
ピオ　*136*
Pio, Louis　1841-94
ビスマルク　*95, 99, 120, 122*
Bismarch, Otto von　1815-95
ヒトラー　*245, 253, 256-261, 268-271, 286, 292*
Hitler, Adolf　1889-1945
ビョソン　*317*
Björnsson, Sveinn　1881-1952
ピョートル1世　*51, 52*
Piotr Ⅰ　1672-1725, 位1682-1725
ピョートル3世　*67*
Piotr Ⅲ　1728-62, 位 1762
ビョルンソン　*97, 126, 153*
Bjørnson, Bjørnstjerne　1832-1910
ビルヤー　*26*
Birger Jarl　?-1266
ファーゲルホルム　*327, 328*
Fagerholm, Karl-August　1901-
フェルディン　*344*
Fälldin, Thorbjöm　1926-
ブーストロェム　*140, 149, 155*

Boström, E. G.　1842-1907
ブラッテリ　*340, 341, 344*
Bratteli, Trygve M.　1910-
ブランティング　*139, 186, 192, 193, 212, 213, 227*
Branting, Hjalmar　1860-1925
フリース　*220*
Friis, M. P.　1857-1944
フリードリヒ2世大王　*66*
Friedrich II der Grosse　1712-86，位1740-86
フリードリヒ＝カール　*206*
Friedrich Karl
ブール　*271, 296*
Buhl, Vilhelm　1881-1954
フルシチョフ　*322, 328*
Khrushchiov　1894-
フルボトン　*299*
Furubotn, P.
フールン　*55*
Horn, Arvid　1664-1742
フレゼリック──→フリデリック
フレデリック1世（ヘッセ公フリードリヒ）　*34, 39, 53*
Frederik I　1471-1533，位1523-33
フレデリック2世　*40*
Frederik II　1534-88，位1559-88
フレデリック3世　*46, 47*
Frederik III　1609-70，位1648-70
フレデリック4世　*51, 56*
Frederik IV　1671-1730，位1699-1730
フレデリック5世　*56, 57*
Frederik V　1723-66，位1746-66
フレデリック6世　*58-60, 70-73, 83*
Frederik VI　1768-1839，位1808-39
フレデリック7世　*87, 94*
Frederik VII　1808-63，位1848-63
フレデリック8世　*146, 224*
Frederik VIII　1843-1912，位1906-12
フレドリック1世　*53*
Fredrik I　1675-1751，位1720-51
ブロイアー　*260*
Bräuer, Curt
フロェイデンタール　*132, 133*
Freudenthal, A. O.
ベア　*118, 145*
Berg, Chresten　1829-91
ベアンストーフ，A.　*59*
Bernstorff, Andreas Peter　1735-97
ベアンストーフ，J.　*56, 59, 67, 69*
Bernstorff, Johan Hartvig Ernest 1712-72
ベアンツェン　*147*
Berntsen, Klaus　1844-1927
ヘイデンスタム　*148*
Heidenstam, V von　1850-1940
ベヴィン　*305, 306*
Bevin, Ernest　1881-1951
ベスト　*272*
Best, Werner　1903-
ペーター──→ピョートル3世
ペタン　*261*
Pétain, Henri Philippe　1856-1951
ペッカラ　*315*
Pekkala, Mauno　1890-1952
ヘッセ公フリードリヒ──→フレドリック1世
ヘーヅトフト　*298, 305, 324, 325, 333*
Hedtoft, Hans　1903-55
ヘディン　*151, 179, 230*
Hedin, Sven　1865-1952
ヘミング王　*20*
Hemming　?-811
ベルイェグレン　*139, 173*
Bergegren, Henrik (Hinke) 1861-1936
ベルグ　*299*
Berg Paal　1873-1968
ベルナドット──→カール14世ヨーハン
Bernadotte
ベルンシュタイン　*170*
Bernstein, Eduard　1850-1932
ヘンリー(ヘンリク)　*27*

Henry (Henrik)　1100年代
ボイセン　*120, 121*
Bojsen, Frede　1841-1926
ホェグルンド　*228*
Höglund, Z.
ホェロップ　*118*
Hørup, Viggo　1841-1902
ボブリコフ　*161, 162, 164*
Bobrikov, N.　1839-1904
ホルベア　*56*
Holberg, Ludvig　1684-1754
ホルンスルド　*227*
Hornsrud, C.　1859-1960
ホンカ　*328*
Honka, Olavi　1894-

## マ―モ

マグヌス＝エーリックソン　*27*
Magnus Eriksson　1316-74, 位 1319-65
マグヌス＝ラデュロス　*26*
Magnus Ladulås　1240-90, 位 1275-90
マグヌス6世　*25*
Magnus Ⅵ Lagabøter　1238-80, 位 1263-80
マグヌスソン, A.　*222*
Magnússon, Arni　1663-1730
マグヌスソン, S.　*221*
Magnússon, Skúli　1711-94
マケリン　*164, 168*
Mäkelin, Yrjö　1875-1923
マーシャル　*303, 306*
Marshall, George Catlett　1880-1959
マチルダ　*58*
Mathilde, Caroline　1751-75
マルクス　*139*
Marx, Karl Heinrich　1818-83
マルグレーテ　*30, 31*
Margrethe　1353-1412, 位 1375-1412
マンデルシュトロェム　*94, 95*
Manderström, Ludvig　1806-73
マンネル　*203*
Manner, Kullervo A.　1880-1936?
マンネルヘイム　*200, 207, 249, 268, 269, 282, 283, 286, 310*
Mannerheim, Gustav　1865-1952, 任 1944-46
ミケルセン　*155, 157, 159*
Michelsen, Christian　1857-1925
ミハイル＝ロマノフ　*43*
Mihail Romanov　1596-1645, 位 1613-45
ミュルダール　*329*
Myrdal, Gunnar
ムンク, K.　*273*
Munk, Kaj　1898-1944
ムンク, P.　*258*
Munch, Peter　1870-1948
メザ　*96*
Meza, Christian Julius de 1792-1865
メケリン　*133*
Mechelin, Leo　1839-1914
モェラー　*271*
Møller, John Christmas　1894-1948
モード　*158*
Maud　1869-1938
モルトケ, A. G.　*56, 59*
Moltke, Adam Gottlob　1710-92
モルトケ, A. W.　*88*
Moltke, Adam Wilhelm　1785-1864
モルトケ, H.　*177*
Moltke, Helmuth von　1848-1916
モロトフ　*265, 268, 269, 285, 304, 312-314*
Molotov, Viacheslav Mikhailovich 1890-
モンラヅ　*89, 95, 97*
Monrad, Ditlev Gothard　1811-87

## ヤ—ヨ


ヤーベック　*125, 126*
Jaabæk, Sören　1814-94
ヤールスベルグ　*157, 215, 216*
Wedel Jarlsberg, Fritz　1855-1942
ユルヨーコスキネン　*133, 162*
Yrjö-Koskinen, Sakari
ヨアウェンセン　*222*
Jørgensen, Jørgen　1888-
ヨーハン3世　*40, 41*
Johan III　1537-92, 位 1569-92
ヨハンネソン　*337*
Jóhannesson, Ólafur　1913-


## ラ—ロ


ラーゲルハイム　*154*
Lagerheim, Alfred
ラーセン　*319*
Larsen, Aksel　1897-
ラッサール　*136*
Lassalle, F. J. G.　1825-64
ランゲ　*304-306*
Lange, Halvard M.　1902-70
ランゲル　*283*
Rangell, J. W.　1894-
リー　*214, 302, 323*
Lie, Trigve　1896-1968
リッベントロップ　*260, 269, 271, 284-286*
Ribbentrop, Joachim von　1893-1946
リトヴィノフ　*245*
Litvinov, Maksim Maksimovich　1876-1951
リーベ　*219, 220*
Liebe, Otto　1860-1929
リュティ　*251, 253, 267, 268, 270, 281, 283, 285, 286*
Ryti, Risto　1889-1956, 任1940-44
リュートケン　*177*
Lütken, L. C. F.　1863-1918
リング　*326*
Lyng, John　1905-
リンコミエス　*283*
Linkomies, Edwin　1894-1963
リンドクヴィスト　*172*
Lindqvist, Herman　1863-1932
リンドマン　*150*
Lindman, Arvid　1862-1936
ルーゲ　*259*
Ruge, Otto　1882-1961
ルーネベリ　*104*
Runeberg, J. L.　1804-77
ルンデベリ　*149*
Lundeberg, L.　1842-1911
レイノ　*316*
Leino, Yrjö　1897-1961
レイフ　*19*
Leifr, Eriríksson　?-1025?
レシュチンスキ　*53*
Leszczyński, S.　1677-1766
レーダー　*256, 288*
Rœder, G. E.
レーニン　*204*
Lenin, Vladimir Il'ich　1870-1924
レービンデル　*102*
Rehbinder, R. H.　1771-1841
レーマン　*84, 89*
Lehmann, Orla　1810-70
ロェーヴラン　*155, 157, 159*
Lövland, Jörgen　1848-1922
ロェンルート　*104*
Lönnrot, E.　1802-84
ローズヴェルト　*284*
Roosevelt, Franklin Delano　1882-1945, 任 1901-09
ローゼンベルク　*256, 257, 261*
Rosenberg, Alfred　1893-1964

## 事項索引

〈D〉デンマーク　〈F〉フィンランド
〈N〉ノルウェー　〈S〉スウェーデン

### ア―オ



### カ―コ

## サ—ソ

社会立法　*146, 151, 160, 169, 220*
十一月憲法　*95, 117*
十月革命　*197, 198, 214*
十月宣言　*164*
修正憲法(1866年)　*117*
Den Reviderede Grundlov
修正憲法(1915年)　*184*
『自由の言葉』　*163*
Friord
『自由の言葉』　*267*
Vapaa Sana
自由の時代　*65*
Frihetstid
自由評議会　*273, 275, 280, 296*
Frihetsråd
十四カ条　*216*
シュテッティン講和条約　*41*
ジュピター計画　*279*
シュレスヴィヒ＝ホルシュタイン　*83, 87, 320*
Schleswig-Holstein
シュレスヴィヒ＝ホルシュタイン主義者　*88, 92*
Schleswig-Holsteiner
上院(ランスティング)　*89*
Landsting
消極的抵抗派　*162*
小ベルト　*183, 234*
Lillebælt
食糧委員会　*185*
ジョングラフトン号　*163*
シルタサーリ派　*168*
Siltasaarilaiset
『新カレヴァラ』　*104*
Uusi Kalevala
新憲法草案〈D〉　*324, 343*
神聖ローマ帝国　*25*
人民議会　*140, 148*
人民戦線　*235*
スヴァールバル──→スピッツベルゲン
スヴェアボリ要塞　*62, 75*
Sveaborg (Suomenlinna, Viapori)
スウェーデン
右翼党(旧保守党)　*262*
Högern
共産党　*228*
Vänsterpartiet Kommunisterna
社会主義青年協会　*173*
社会民主協会　*138*
社会民主党　*138, 147, 150, 169, 171, 172, 186, 192, 193, 212, 227, 242, 262, 327, 344*
Socialdemokratiska arbetarpartiet
自由党　*171, 192, 193*
Liberala samlingspartiet
人民党(旧自由党)　*262*
Folkpartiet
中央党(旧農民党)　*344*
Centerpartiet
ナット＝メッサ　*55*
Nattmössar
農民党　*123, 327*
Bondeförbundet
ハット党　*55, 60, 66*
Hattarna
保守党　*191, 192, 212*
FK:s Nationella parti
スウェーデン系住民　*211*
スウェーデン・ロシア戦争(1741年)　*66*
スカンディナヴィア主義(者)　*81, 82, 84, 87, 91, 101, 107, 108*
Skandinavism
スカンディナヴィア同盟　*306*
スカンディナヴィア平和会議　*181*
スカンディナヴィア防衛委員会 (SFK)　*307*
スカンディナヴィア防衛同盟(構想)　*307*
スカンディナヴィア連合　*13*
スコーネ　*5, 47*
Skåne
スタグフレーション　*342*
ステン＝ステューレ派　*33*
ストックホルムの血浴　*33, 34*
Blodbadet i Stockholm
ストウルティング　*74, 223*
Storting
ストルボヴァ条約　*43*
スピッツベルゲン(スヴァールバル)諸島

2, 216, 320, 340
Spitsbergen(Svalbard)
スレースヴィ(スリースヴィ) 24, 32, 36, 67, 83, 84, 88, 93, 97, 117, 175, 216-220
Slesvig
スレースヴィ戦争 87-91, 94-99, 173, 175, 177, 178, 216
Slesviske Krig
ズンド 41, 45, 50, 176, 183, 336
Øresund(Sound)
政治的スカンディナヴィア主義(者) 12, 97, 99, 107, 126, 173, 174
赤衛隊 167, 197, 198, 200-203, 229
Punakaarti
赤色宣言 165
Punainen Manifesti
積極的中立主義国 323
セナーッティ 102, 103, 131, 162, 165, 166, 168, 195, 198, 199
Senaatti
セナーッティ広場 165
Senaatintori
全欧安保会議 323
専管水域 339
専門官僚内閣 226
戦略兵器制限交渉(SALT) 323
全ロシア中央執行委員会 199
ソヴィエト政権 197-199, 203
相互援助友好条約(ソ連・クーシネン「政権」) 251
総力戦 182
祖国防衛隊 290
組織社会 235, 277
ソ・フィン条約──→友好・協力・相互援助条約

## タ―ト

第一インターナショナル 135, 136
大ストライキ 164-166
Suurlakko
体制変化 224
Systemskifte
対ソ賠償 330
ダーネヴィアケ要塞 20, 24, 25, 96, 97
Dannevirke
大フィンランド 232
Suur-Suomi
大ベルト 183
Storebælt
大北方戦争 52, 54, 62
Stora Nordiska Krig
大ロシア＝ショーヴィニズム 161
タラ戦争 6, 337, 339
ダーラナ地方 32, 34, 38, 56
Dalarna
ダーラナの蜂起 121
ティルジット条約 75
ティング 21, 23, 36, 74
Ting
デタント 322, 339
デンマーク
右翼党 118, 121, 145
Højre
急進左翼党(急進党) 137, 144, 147, 169, 183, 219, 233, 296-298, 308, 325
Radikale Venstre
共産党 228, 271, 296-298
Danmarks Kommunistiske Parti
左翼改革党 145
Venstrereformparti
左翼党 118, 120, 136-138, 144, 145, 188, 220, 221, 233, 258, 297, 324, 325
Forenede Venstre
社会主義人民党 319, 321
Socialistisk Folkeparti
社会民主党 120, 136, 169, 170, 188, 219, 233, 258, 296-298, 324, 325
Socialdemokratiet
進歩党 343
Fremskridtspartiet
農民党 234
Danmarks Retsforbund
保守党 188, 258, 297
Konservative Folkeparti
連合左翼党→左翼党
デンマーク＝ナチ派 272
デンマーク平和協会 181
ドイツ革命 211

ドイツ国軍司令部(OKW)
257
Oberkommando der Wehremacht
ドイツの統一 173
ドイツ連邦 94
統一バルト司令部 (COMBALTAP)
319, 320
東方植民 29, 51
トゥルク上級裁判所 162
トゥルク条約 62, 103
トゥルク大学 46, 104
Turun yliopisto
独露秘密協約 181
土地改革法 228
土地還元 48
Reduktion
土地緊縛法 56, 59
Stavnsbåndet
突撃隊 (SA) 276
土曜会 104
Lauantaiseura

## ナ―ノ

長い怒りの時代 41
Pitkän Vihan Aika
ナショナルリベラル 83-85, 87, 88, 92, 116-118
Nationalliberale
ナチス＝ドイツ 245, 246, 256, 268-272
南北戦争 174
二月革命 191, 195
二月政変 300
二月宣言 161, 166
西インド会社 48
西インド諸島 72, 188
Vestindiske Øer
ニスタド条約 54
ニッケル鉱利権 268, 269
200カイリ 338
農業者連盟 229
Landbrugernes Sammenslutning
ノヴゴロト共和国 27
農奴解放 174
農民の行進〈D〉 229
Bonnetoget
農民の行進〈F〉 232
Talonpoikaismarrsi
農民の行進〈S〉 152
Bondetåget
『農民の友』 105
Maamiehen Ystävå
農民の友協会〈D〉 84
Bondevenners Selskab
農民の友協会〈N〉 118, 125
Bondevennforeninger
ノェテボリ(パヒキナサーリ)条約
28, 207
ノルウェー
右翼党 160
Høyre
共産党 215, 228, 299, 300
Norges Kommunistiske Parti
左翼党 118, 126, 127, 138, 153, 155, 160, 185, 213, 299
Venstre
社会主義人民党 321, 326
Sosialistisk Folkeparti
社会民主党 169, 214, 242
Sosialdemokratene
祖国戦線 299
Hjemmefronten
中央党(旧農民党) 327
Senterpartiet
農民党 230, 299, 327
Bondepartiet
連合自由党──→左翼党
労働党 138, 170, 171, 185, 214, 234, 235, 299, 300, 308, 324-326
Norske Arbeiderparti
ノルウェー救済委員会 73
ノルウェー領土保全条約 180
ノルド民族 81
ノルランドの鉄鉱 179

## ハ―ホ

白衛隊 167, 197, 200-203, 209
Valkokaarti

伯爵戦争　39
Grevens Fejde
「ハッカペリテ」　44
Hakkapelite
パナマ運河　188
パヒキナサーリ条約──→ノェテボリ条約
パリ講和会議(1919年)　210, 218
パリ講和会議(1947年)　311
パリ＝コミューン　135
パリ条約　68
バルト海・北海現状維持条約　181
バルト貴族　51
バルト師団　202
バルト帝国　46, 51, 54
バルト貿易　38
バルバロッサ作戦　269
パン＝ゲルマン主義　179
ハンザ商人　32
ハンザ同盟　29, 30
反政府和平派　286
Rauhanopposition
東アフリカ開発計画　323
東インド会社　48
東カレリア　204, 207, 208, 210, 232, 239, 249, 270, 283
Itäkarjala (Eastern Karelia)
東ボスニア　62, 231
Österbotten (Ostrobothnia)
ビザンティン帝国　20
非社会主義政党　343, 344
非同盟主義　340
ヒルド　276
Hird
フィンマルク　26, 90, 98, 215, 299
Finnmark
フィンランド
愛国人民連盟(IKL)　232
Isänmaallinen Kansanliitto
共産党　231, 232, 244, 316
Suomen Kommunistinen Puolue
国民連合党　207, 310
Kansallinen Kokoomuspuolue
社会主義労働党　228
Suomen Sosialistinen Työväenpuolue
社会民主党　164, 166, 168, 196, 200, 207, 209, 235, 242, 310, 327
Suomen Sosiaalidemokraattinen Puolue
進歩党　207, 235
Edistyspuolue
人民民主同盟 (SKDL)　310, 316, 317, 327, 328
Suomen Kansandemokraattinen Liitto
スウェーデン人党　133, 166
Ruotsalainen Kansanpuolue
青年フィン人党　134, 162, 165, 166, 207
Nuorsuomalainen Puolue
農民党(現中央党)　166, 198, 235, 310
Maalaisliitto
フィン人党　133
Fennomaanit
老フィン人党　134, 162, 166, 168, 207
(Vanha) Suomalainen Puolue
フィンランド・アメリカ協会　284
フィンランド革命政権　203
フィンランド語教本　40
ABC Kirja
フィンランド総督　196
フィンランド・ソ連平和友好協会(SNS)　267
フィンランド大公　195, 196
Suomen Suurruhtinas
フィンランド大公国　161, 206
Suomen Suurruhtinaskunta
フィンランド・ノルウェー・スウェーデン防衛同盟　266
フィンランド文学協会　104
Suomen Kirjallisuuden Seura
フィンランド民主共和国人民政府　251
フェロー諸島　2, 18, 71, 72, 117, 317, 325, 332
Færøerne
フォルクング朝　26
Folkung
福祉国家　8, 339, 342
武装中立同盟　70

## マ―モ



## ヤ―ヨ

## 年　表

**D** デンマーク　**F** フィンランド　**I** アイスランド
**N** ノルウェー　**S** スウェーデン　**Sc** 北欧全体　**W** 国際関係

| 西暦 | | 事　項 |
|---|---|---|
| 前1500 | **Sc** | 北欧に青銅器文化伝わる |
| 紀元前後 | **Sc** | 北欧とローマ帝国の北西辺境の接触はじまる |
| 後1C | **F** | フィンランド人，バルト海南岸から移住をはじめる |
| 800 | **D** | デンマーク人族長ゴヅフレヅ南ユトランドに土塁を築く |
| 874 | **I** | アイスランドの植民はじまる |
| 965 | **D** | ハーラル青歯王，洗礼を受ける |
| 1000 | **I** | 赤毛のエーリック，ヴィンランド発見 |
| 1018 | **D** | クヌード大王即位(～35) |
| 1027 | **D** | クヌード大王，ローマへ巡礼の旅 |
| 1157 | **D** | ヴァルデマー大王即位(～82) |
| 1158 | **F** | スウェーデンの東征に同行し，フィンランドで布教中のヘンリー司教，農民に殺される |
| 1202 | **D** | ヴァルデマー２世勝利王即位 |
| 1217 | **N** | ハーコン４世即位(～63) |
| 1250 | **S** | ヴァルデマー王，フォルクング朝を開く |
| 1276 | **N** | マヌグス王のもとで法典編纂 |
| 1293 | **S(F)** | 東方からの脅威にそなえ，カレリアのヴィープリに砦が築かれる |
| 1323 | **F** | ノェテボリ(パヒキナサーリ)条約締結 |
| 1340 | **D** | ヴァルデマー４世アタダー即位(～75) |
| 1349 | **N** | 黒死病，ベルゲンに入る |
| 1364 | **S** | メクレンブルク家のアルブレヒト，スウェーデン王となる |
| 1397 | **DNS** | ３王国，カルマル連合形成．エーリックを共通の王と定め，ヴァルデマー４世の娘マルグレーテが実権を掌握 |
| 1412 | **D** | マルグレーテの死で，エーリックの親政はじまる |
| 1434 | **S** | エンゲルブレクトの反乱．スウェーデンの自立闘争のきっかけとなる |
| 1448 | **D** | クリスチャン１世即位．オーレンボー朝を開く．1460年，アドルフ伯の死にともない，スレースヴィおよびホルシュタインの主権者をかねる |
| 1471 | **S** | スウェーデンの反乱の指導者クヌーツソンの甥のステン＝ステューレ，スウェーデンを事実上支配 |
| 1520 | **S** | 「ストックホルムの血浴」でクリスチャン２世，ステン＝ステューレ派を処刑．スウェーデンに対する支配を回復 |
| 1523 | **S** | スウェーデン独立．グスタヴ＝ヴァーサ，スウェーデン王となる |
| 1534 | **D** | クリスチャン３世，「伯爵戦争」で反抗を鎮圧．上からの宗教改革でルター主義を国内に確立 |
| 1537 | **N** | クリスチャン３世，ノルウェーの国務院を廃止．同国の自治権を奪う |

| | | |
|---|---|---|
| 1554 | **F** | フィンランド語新約聖書を著わしたアグリコラ，トゥルクの僧正となる |
| 1563 | **D** | 北方七年戦争(～70) |
| 1592 | **S** | ポーランド王ジグムント3世，スウェーデン王位をも継承（シーギスムンド） |
| 1595 | **F** | タユシナ条約成立 |
| 1597 | **F** | 農民蜂起(「棍棒戦争」)発生(～98)．カール大公，これに乗じてシーギスムンドをポーランドに追い返す |
| 1602 | **I** | デンマーク，アイスランドの貿易を独占 |
| 1616 | **D** | 東インド会社を再編成 |
| 1617 | **S(F)** | ストルボヴァ条約により，スウェーデン，ロシアからカレリア地方の一部とイングリアを取得 |
| 1632 | **S** | グスタヴ2世アドルフ，リュッツェンの戦いで戦死 |
| 1638 | **S** | デラウェアにクリスチャニア砦を建設 |
| 1645 | **D** | スウェーデンに敗れ，ブロェムセブルー条約締結 |
| 1648 | **S** | ヴェストファーレン条約により三十年戦争終結．スウェーデンは「バルト帝国」となる |
| 1658 | **D** | スウェーデンとロスキレ条約締結．スコーネを含む大幅な領土割譲 |
| 1660 | **DS** | コペンハーゲン条約締結．しかしスコーネは回復できず，翌年デンマーク絶対君主制確立 |
| 1682 | **S** | カール12世，「インデルニング制」(一種の屯田兵制）を拡大 |
| 1702 | **D** | フレデリック4世，「ヴォアネヅスカップ」(一種の農奴制）を廃止，民兵制導入 |
| 1707 | **I** | 天然痘の流行で，住民の3分の1死亡(～09) |
| 1709 | **S** | ポルタヴァの会戦でロシア軍に大敗 |
| 1718 | **N** | カール12世，ノルウェー戦線で死亡 |
| 1720 | **S** | 政体書を制定し，王権を大幅に縮小．議会の権限を拡大 |
| 1721 | **S** | 「大北方戦争」終わり，ニスタド条約でスウェーデンの「バルト帝国」は崩壊 |
| 1733 | **D** | 「土地緊縛法」(スタウンスボント)により民兵制を強化 |
| 1739 | **S** | ハット党，議会的手続きにより，政権獲得．政党政治このころよりはじまる |
| 1743 | **S** | スウェーデン，またもロシアに敗れ，オーボ(トゥルク)条約でフィンランドの東南部ロシアに引き渡される |
| 1752 | **I** | 土着代官スクーリ＝マグヌスソン，アイスランドの近代化をはかる |
| 1757 | **S** | 「じゃがいも戦争」でスウェーデン，ポメラニアに遠征，“じゃがいも”だけもちかえる |
| 1765 | **S** | メッサ党，非特権身分議会で支配的勢力となる |
| 1772 | **S(F)** | ヘルシンキ近郊にスヴェアボリ要塞完成 |
| | **S** | グスタヴ3世，クーデタで「自由の時代」を終わらせ，政体書を制定.王権を一挙に拡大し，また農民に共同体脱退の権利を認める |
| 1780 | **D** | 第1回北欧武装同盟成立 |

| | | | |
|---|---|---|---|
| 1784 | D | —— | ストルーエンセを処刑して，保守政治を行なったグルベア，クーデタで排除され，フレデリック皇太子による本格的啓蒙政治はじまる |
| 1788 | D | —— | 「土地緊縛法」の段階的廃止(農民解放)決まる |
| | F | —— | フィンランドの士官，アンヤラ連盟を結んでエカチェリーナに平和的意思を訴える |
| 1792 | S | *6- 8* | グスタヴ3世，オペラ観劇中に暗殺される |
| 1800 | D | —— | デンマーク，ロシア・プロイセンと協定して武装中立(第2次) |
| 1801 | D | *4- 2* | イギリス，コペンハーゲン沖でデンマーク艦隊に大打撃 |
| | I | —— | アルシング廃止．その司法的機能はレイキャヴィクの上級裁判所に移行 |
| 1802 | D | —— | ステフェンス，コペンハーゲンでドイツ哲学を講演 |
| 1805 | S | —— | スウェーデン，第3次対仏大同盟戦争に参加 |
| 1807 | D | *7* | イギリス艦隊，コペンハーゲンを攻撃．デンマークの艦隊を曳航し去る |
| | 〃 | *10-31* | デンマーク，フランスおよびロシアと同盟．スウェーデンと敵対関係に立つ |
| 1808 | F | *2* | ロシア軍，フィンランドに侵入 |
| | 〃 | *5* | スヴェアボリ要塞陥落 |
| | D | —— | フレデリック6世即位(～39) |
| 1809 | S | *3-13* | グスタヴ4世，クーデタにより逮捕される |
| | F | *3-29* | アレクサンドル1世，フィンランド人の身分制議会をポルヴォに召集 |
| | S | *6- 6* | 摂政カールのもとで新憲法制定 |
| | I | —— | ユルゲンセンに支援された英人フェルプス，デンマークに反乱，総督を逮捕 |
| | N | —— | 大陸封鎖の余波で，餓死者3万8000人に達し，ノルウェー救済委員会を設立 |
| | S | —— | スウェーデン，フレドリクスハムの条約により，フィンランドをロシアに割譲 |
| 1810 | S | *8* | ベルナドット，スウェーデンの皇太子に選ばれる |
| 1812 | F | —— | 「旧フィンランド領」を回復 |
| | 〃 | —— | ヘルシンキに遷都 |
| | S | —— | ナポレオンに反旗を翻して，ロシアおよびイギリスと同盟 |
| 1814 | D | *1-14* | デンマーク，同盟軍とキール講和条約を締結 |
| | N | *5-17* | アイツヴォル憲法の制定，三年任期の一院制議会をもつ |
| | 〃 | *11- 4* | 議会，スウェーデンとの連合承認 |
| | D | —— | 義務教育開始 |
| 1818 | S | —— | カール14世ヨーハン即位(～44) |
| 1825 | D | —— | テグナー『フリチョフのサガ』出版 |
| 1829 | D | —— | オェーレンスレーヤー，北欧の桂冠詩人となる |
| 1831 | F | —— | フィンランド文学協会設立 |

| | | | |
|---|---|---|---|
| 1834 | **D** | —— | フレデリック6世，地方議会(実は諮問機関)を設置 |
| 1835 | **F** | —— | 『カレヴァラ』初版刊行 |
| | **N** | —— | 外交問題審議へのノルウェー政府閣僚代表の出席を認められる |
| 1837 | **N** | —— | 地方自治法の制定 |
| 1839 | **D** | *12- 3* | かつてのノルウェー王クリスチャン＝フレデリック，クリスチャン8世として，デンマーク王に即位(～48) |
| 1840 | **S** | —— | 国王政府に対する自由主義者の攻撃高まり，一部閣僚の排除に成功 |
| 1843 | **I** | —— | アルシング復活される(実際には諮問機関) |
| 1844 | **D** | —— | スレースヴィのロェデングに初の国民高等学校設立 |
| | **S** | —— | オスカル1世即位(～59) |
| | **F** | —— | スネルマン，『サイマー』および『農民の友』を発刊 |
| 1845 | **D** | —— | リーマン，北欧諸国学生の集会でスカンディナヴィア人の団結を訴える |
| 1848 | **D** | *3-31* | ナショナルリベラル，王宮へのデモを組織し，絶対王制崩壊 |
| | 〃 | *-31* | 「シュレスヴィヒ＝ホルシュタイン」軍，南ユトランドに進撃．第1次スレースヴィ戦争はじまる |
| | **N** | —— | トラーネ，無産者協会を設立 |
| | 〃 | —— | オーセン，ノルウェー語文法書を出版 |
| 1849 | **D** | *6- 5* | 六月憲法の制定 |
| 1850 | **D** | —— | デンマーク軍，イステヅの戦いで，シュレスヴィヒ＝ホルシュタイン軍を破る |
| | **F** | —— | フィンランド語文献の出版は，宗教・経済にかぎるという検閲条例 |
| 1852 | **D** | *7- 4* | 列強，ロンドンで旧状回復の決議．第1次スレースヴィ戦争を終結に導く |
| 1854 | **W** | *3-28* | 英仏，対露宣戦(クリミア戦争開始　1853.*7*～56.*3*) |
| 1855 | **S** | *11* | スウェーデン，仏英と十一月条約締結 |
| 1856 | **F** | *3* | パリ条約によりオーランド諸島非武装化 |
| 1859 | **N** | *12* | ノルウェー議会総督廃止を決議 |
| | **S** | —— | カール15世即位(～72) |
| 1863 | **D** | *3* | ホルシュタイン＝ラウエンブルクに独立の憲法を与える「三月特許状」の公布 |
| | **S** | *7* | カール15世，スコースボーでフレデリック7世と会談．デンマーク援助を約束 |
| | **F** | *9-15* | ロシア皇帝アレクサンドル2世，フィンランドの身分制議会を召集 |
| | **D** | *11-15* | クリスチャン9世即位(～1906) |
| | 〃 | *-17* | デンマーク＝スレースヴィのための十一月憲法採択 |
| 1864 | **D** | *2- 1* | プロイセン・オーストリア軍，アイダー川を越え，第2次スレースヴィ戦争はじまる |
| | 〃 | *8- 1* | 第2次スレースヴィ戦争，デンマークの敗北に終わる |
| 1866 | **D** | *7* | 修正憲法を国王が批准 |
| | **S** | —— | デー＝イェールによる議会改革成る |

| | | | |
|---|---|---|---|
| 1867 | **F** | —— | 飢饉，フィンランドを襲う |
| | **S** | —— | 初の二院制議会出現 |
| 1871 | **D** | —— | ピオ，第一インターナショナルのコペンハーゲン支部を開設 |
| 1872 | **D** | —— | 連合左翼党，下院選挙で多数派となる |
| | **S** | —— | オスカル2世即位(～1907) |
| 1873 | **NS** | —— | 同君連合体制のもとで，関税同盟 |
| 1874 | **I** | *6- 5* | アイスランド，憲法発布 |
| 1876 | **D** | —— | 右翼党のエストロップ，首相に就任 |
| 1878 | **F** | —— | 新徴兵法制定により自前の軍隊をもつ |
| 1879 | **D** | —— | ドイツ，スレースヴィ人民投票実施の約束を翻す |
| 1880 | **N** | *6- 9* | 議会，圧倒的多数で憲法修正の発布を要求．スタング首相退陣 |
| 1881 | **S** | —— | スウェーデン社会民主協会，マルモェで結成 |
| 1884 | **N** | *7- 2* | スヴェドゥルップのもとで，議院内閣制の導入 |
| 1885 | **D** | —— | 左翼党関係労働者，エストロップの暗殺計画未遂 |
| 1887 | **N** | —— | ノルウェー労働党の成立 |
| | **S** | —— | 保護関税同盟をイッシュとする議会選挙で，保護主義派が勝利 |
| 1888 | **S** | —— | スウェーデン，保護主義に移行 |
| 1889 | **S** | —— | パルムの主宰で，「社会民主労働党」の設立大会開催 |
| 1890 | **F** | —— | アレクサンドル3世,「郵便宣言」により，フィンランド大公国の自治を脅かす |
| 1891 | **D** | —— | 社会立法の先駆的な2法案成立(～92) |
| | **S** | —— | 保護関税論者で新農民党のブーストロェム，首相となる |
| 1893 | **N** | *7-21* | ナンセン，フラム号で北極探検に出発 |
| | **S** | —— | 第1回「人民議会」の開催 |
| 1895 | **N** | *6- 7* | 議会，連合全体のあり方につき，スウェーデンとの交渉を欲する旨決議 |
| 1899 | **F** | *2-15* | ニコライ2世「二月宣言」発布 |
| | 〃 | —— | フィンランド人代表，50万の署名を集め，ニコライ2世に請願したがいれられず |
| | 〃 | —— | シベリウスの『フィンランディア』,愛国的集会で演奏される |
| | **S** | —— | 北欧議会連盟，結成 |
| 1900 | **S** | —— | 自由主義者，自由党を形成．社会改革要求をもつ |
| 1901 | **D** | *7-24* | ドインツァー内閣成立により，「体制変化」おこる |
| | **N** | —— | 初のノーベル平和賞授与 |
| | **F** | —— | ツァーリ権力，大公国の軍隊を廃止 |
| 1902 | **S** | *5* | 12万人の参加するゼネストを背景に，自由党と社会民主党，男女普通平等選挙権を要求 |
| 1904 | **F** | *2* | 日露戦争はじまり，フィンランドのアクティヴィスティ活気づく |
| | 〃 | *6-16* | ショーマン，総督ボブリコフを暗殺 |
| | **I** | —— | アイスランドの自治拡大 |
| 1905 | **D** | *1-14* | クリステンセン左翼党内閣成立．急進党と社会民主党がこれに対決 |

| | | | |
|---|---|---|---|
| | **N** | *2- 7* | 領事問題をめぐる交渉，暗礁にのりあげる |
| | 〃 | *6- 7* | ミケルセン首相，同君連合の解消を宣言 |
| | **NS** | *9-23* | ノルウェーとスウェーデン，カールスタッド協定締結 |
| | **F** | *10-31* | 「大ストライキ」はじまる |
| | 〃 | *11- 4* | ニコライ2世，「二月宣言」の効力を停止 |
| | **N** | *11-12～13* | ハーコン7世を人民投票で国王に選出(～57) |
| | 〃 | —— | 参政権をめざす婦人運動，50万の女性の署名獲得．1907年に実現をみる |
| 1906 | **N** | *4* | 議会，瀑布の投機買いを禁ずる「恐慌法」(利権法)を立法 |
| | **F** | *7* | ヴィアポリの蜂起発生，ヘルシンキで赤衛隊と白衛隊が衝突 |
| | **D** | —— | フレデリック8世即位 |
| | **F** | —— | 一院制国会・普通選挙・婦人参政権が実現 |
| 1907 | **I** | —— | 独立党結成 |
| | **S** | —— | グスタヴ5世即位(～50) |
| | 〃 | —— | リンドマン政府，比例代表制を含む選挙改革案を国会に提出 |
| 1908 | **F** | —— | 第2次「ロシア化」はじまる |
| | **S** | —— | バルト海，北海現状維持条約成立 |
| 1909 | **D** | *10-28* | サーレ急進党内閣成立 |
| | **F** | —— | フィンランド人和協派，セナーッティを去る |
| | **N** | —— | 疾病保険を義務化 |
| | **S** | —— | 労働争議，ゼネストに発展，諸政党の社会立法協力はじまる |
| 1910 | **S** | —— | 「Fボート」建艦計画 |
| 1911 | **S** | —— | 第2次スターヴ自由党内閣成立 |
| | **I** | —— | アイスランド大学設立 |
| 1912 | **D** | —— | クリスチャン10世即位(～47) |
| | **N** | —— | 第2次クヌッドセン内閣成立．社会立法にのりだす |
| 1913 | **S** | —— | 老人年金保険制定 |
| 1914 | **S** | *2- 6* | 軍備増大を要求した「農民の行進」をグスタヴ5世接受し，スターヴ首相辞任を招来 |
| | **W** | *6-28* | サライェヴォ事件発生 |
| | 〃 | *7-28* | 第一次世界大戦はじまる |
| | **S** | *12-18* | スウェーデン国王グスタヴ5世のイニシアティヴで北欧3国の国王，マルモェに会合し，自国が戦争の圏外にとどまる旨共同宣言 |
| 1915 | **F** | *2* | 蜂起の日に備えて，ドイツでのフィンランド=イェーガー隊の訓練はじまる |
| | **D** | *6- 5* | 憲法修正の改正案が議会の圧倒的多数の支持で可決され，国王により批准される |
| 1917 | **W** | *2- 1* | ドイツ，無制限潜水艦戦を宣言 |
| | 〃 | *3-11* | ロシア「二月革命」おこる |
| | **F** | *3-26* | 社会民主党トコイを首班とする新セナーッティの形成 |
| | **D** | *4- 1* | 国民投票の結果，西インド諸島をアメリカに売却 |

| | | | |
|---|---|---|---|
| | F | 7-18 | 「権力法」の可決 |
| | 〃 | -31 | ロシア臨時政府，フィンランド国会解散を決定．セナーッティに布告させる |
| | S | 9- 1 | ルクスブルク事件発覚 |
| | 〃 | 10 | 下院選挙の結果，スヴァルツ保守党内閣退陣．自由党右派のエデーン組閣 |
| | W | 11- 7 | ロシア「十月革命」おこる |
| | F | 11-11 | 社会民主党拡大委員会ならびに国会議員団が，共同声明「われわれは要求する」を発表 |
| | 〃 | -13 | 革命中央評議会，「われわれは要求する」の受諾を国会に迫って，ゼネスト突入を宣言 |
| | 〃 | -19 | 革命評議会，赤衛隊の主張を抑えて，ゼネスト解除 |
| | 〃 | 12- 6 | フィンランドの独立宣言，国会で採択 |
| | 〃 | -30 | スヴィンヒューヴド率いる代表団，ソヴィエト政権に対して，正式に独立承認を要請 |
| | 〃 | -31 | ソヴィエト政権側，フィンランドの独立を承認 |
| | S | —— | 選挙権を拡大する法案，承認 |
| 1918 | D | 初 | 組織労働者全体の4分の1が失業 |
| | S | 1 | ロシアからのフィンランドの独立を承認 |
| | F | 1～5 | 内戦 |
| | 〃 | 1-27～28 | 赤衛隊，首都を制圧．革命政権の樹立 |
| | 〃 | -28 | マンネルヘイム，ヴァーサで白衛軍による実力行使 |
| | S | 2 | エデーン政府，オーランド諸島にスウェーデン系住民をロシア軍から保護する目的で海軍を派遣 |
| | F | 2-23 | 革命政権，フィンランドが普通選挙による議会をもつ共和国をという憲法草案を発表 |
| | 〃 | 3- 1 | 革命政権，ソヴィエト＝ロシアと友好条約締結 |
| | S | 3- 1 | 小麦・ライ麦・とうもろこし・飼料・肥料・石油・コーヒーをドイツに再輸出しないという条件で，イギリスからスウェーデンに輸入することを取り決めた暫定協定をイギリスと締結 |
| | F | 3-21 | スヴィンヒューヴド政権，東カレリアに派兵 |
| | 〃 | 4- 3 | ゴルツ将軍に率いられたドイツのバルト師団，フィンランドに上陸 |
| | 〃 | -26 | マンネルら革命政権首脳，ペトログラートへ脱出 |
| | 〃 | 5 | スヴィンヒューヴド，摂政となり，パーシキヴィが首相に就任 |
| | 〃 | 10- 9 | 議会，ヘッセン公フリードリヒ＝カールを君主に迎えることを決議 |
| | W | 11-11 | ドイツ帝国の敗北により，第一次世界大戦終結 |
| | I | —— | アイスランドが，デンマークと同君連合で結ばれた主権国家である主旨の協定を受諾 |
| 1919 | D | 2～3 | パリ講和会議の特別委員会で，デンマーク人の訴えを検討 |
| | N | 3 | 労働党，コミンテルンにオブザーバー派遣．以後結びつき深まる |
| | D | 6-28 | ヴェルサイユ条約調印．スレースヴィの2つの地帯について，デンマーク・ドイツ国境を画定する人民投票実施に決定 |

| | | | |
|---|---|---|---|
| | **F** | *7-17* | 新憲法を摂政マンネルヘイムが批准 |
| | 〃 | *-25* | 進歩党のストールベリ，初代大統領に選出 |
| | **N** | ***10*** | 人民投票で禁酒主義が勝利 |
| | 〃 | —— | 8時間労働日制と週48時間制の確立 |
| 1920 | **D** | *1-10* | 国際連盟に加入 |
| | **N** | *2- 9* | スピッツベルゲン諸島に対する主権が，条約で国際的に承認される |
| | **D** | *2-10* | スレースヴィの第一地帯の人民投票で，住民の75%が，デンマーク帰属を希望 |
| | 〃 | ***3*** | スレースヴィの第二地帯の人民投票では，デンマーク帰属の声が，過半数を越えず |
| | 〃 | *3-29* | 国王，スレースヴィ問題をたねに，サーレを強引に罷免 |
| | **NS** | ***3*** | 国際連盟に加入 |
| | **S** | ***3*** | ブランティング率いる初の社会民主党内閣の出現(～***10***) |
| | **D** | *4-14* | ゼネスト計画されるも取りやめ |
| | 〃 | *5- 5* | 下院の総選挙の結果，左翼党のネーアゴーア内閣の発足 |
| | **F** | *5- 6* | フィンランド議会，オーランド諸島に自治を与える法律を制定 |
| | 〃 | *10-14* | タルトゥで，ソヴィエト＝ロシアと講和条約 |
| | 〃 | ***12*** | 国際連盟に加入 |
| | **I** | —— | 最高裁判所創設 |
| 1921 | **FS** | *6- 5* | オーランド諸島の中立化と非武装化に関する国際条約成立 |
| | **N** | ***9*** | ナンセン，ロシアの飢饉救済のため活躍(～23.*8*) |
| | **D** | —— | 疾病保険の立法化 |
| | **S** | 初 | 失業者の数，16万人を越える |
| 1922 | **D** | —— | 老齢年金の立法化 |
| | 〃 | —— | 失業者が労働者の3分の1に達す |
| | **W** | —— | ソヴィエト＝ロシアの西側周辺諸国間に，ポーランドが主導権をもつ同盟を形成する試み，挫折 |
| | 〃 | —— | ロシアの飢饉 |
| 1923 | **N** | *11- 3* | コミンテルンと訣別．共産党，労働党より独立 |
| 1924 | **D** | *4-10* | スタウニング社会民主党内閣返り咲く |
| | **S** | ***10*** | 第2次ブランティング内閣の成立(～25.***1***) |
| 1926 | **F** | —— | タンネル社会民主党内閣成立 |
| 1928 | **N** | *1-28* | ホーンスルド労働党内閣成立．18日間で退陣 |
| 1929 | **F** | *11-23～24* | ボスニア東岸地方の小邑ラプアでの共産党集会を地元農民が襲撃．以後，ラプア運動，広がる |
| 1930 | **F** | ***6*** | スヴィンヒューヴド首相となり，「農民の行進」をヘルシンキ市のセナーッティ広場に迎える |
| | **W** | *12-22* | 北欧を含む「オスロー諸国協定」成立．自由貿易維持に努力 |
| 1931 | **F** | 初 | スヴィンヒューヴド，大統領に当選 |
| | **N** | ***5*** | 農民党，政権獲得 |

| | | | |
|---|---|---|---|
| | **N** | —— | 農民党政府，軍隊を動員して労働運動を威圧 |
| 1932 | **F** | *3- 2* | スヴィンヒューヴド，マンツァラでのラプア蜂起鎮定 |
| | **S** | *10* | ハンソン社会民主党内閣成立 |
| 1933 | **D** | *1-30* | 社会民主党スタウニング首相，左翼党および急進党とカンスラーガーゼ協定を締結 |
| | **DN** | *4* | ノルウェー政府，デンマークのグリーンランド全域に対する主権を認めた国際連盟の裁定を承服 |
| | **N** | *5-16* | 国防相クヴィスリング，「国民連合」という反共運動を組織 |
| | **S** | —— | 労働争議の激化，ストライキ破りの支援に軍隊出動 |
| | 〃 | —— | ハンソンによる危機対応策に対して，農民党の同意取付に成功 |
| 1935 | **D** | *7- 1* | 「農業連盟」が，アマリーンボー城外に「農民の行進」を行なう |
| | **Sc** | *8* | 北欧3国とフィンランド，オスローでの外相会議でイタリア・エチオピア間の紛争が連盟規約に従い解決されるべきであるというコミュニケ発表 |
| | **N** | —— | 農民党と連携した労働党，政権獲得 |
| | 〃 | —— | 労働者保護法の制定 |
| | **W** | —— | 国際連盟，イタリアのエチオピア侵略に対し経済的制裁支持 |
| 1936 | **Sc** | *7- 1* | 北欧3国・オランダ・ベルギー・ルクセンブルク・フィンランド，集団制裁義務再考の共同コミュニケ発表 |
| | **S** | 秋 | 国会選挙で，社会民主党・農民党をあわせて絶対多数を確保 |
| | **F** | *10- 7* | キヴィマキ内閣，人民戦線関係の調査の行過ぎから退陣 |
| 1937 | **F** | *2* | 大統領選挙で，農民党の指導者カッリオ選出 |
| | **Sc** | *5* | スウェーデン外相サンドレル，北欧諸国の国際連盟政策転換の説明のためモスクワ訪問 |
| 1938 | **F** | *4-14* | ソ連，フィンランドに対する秘密外交工作開始 |
| | **Sc** | *5* | 北欧4カ国，連盟規約第16条の条項の適用については，個々のケースに基づいて各国が自由に決定する権利を保留する旨声明 |
| | **FS** | *7* 末 | フィンランドがオーランド諸島防衛のため一定限度の措置をとりうること，フィンランドの要請がある時は，スウェーデンは同諸島の防衛に出兵しうることで合意 |
| | **S** | —— | サルトショーバーデン交渉が結実 |
| 1939 | **Sc** | *8* 末 | 北欧4カ国，オスローでの会議で，厳正中立の立場を宣言 |
| | **W** | *9- 1* | ナチス＝ドイツ軍が，ポーランド侵略 |
| | 〃 | *- 3* | 英・仏，ドイツに対して宣戦布告．第二次世界大戦勃発 |
| | 〃 | *-17* | ソ連，ポーランドに出兵．ドイツとこれを分割 |
| | **W** | *9～10* | ソ連，エストニア・ラトヴィア・リトアニアと相互援助条約 |
| | **F** | *10- 5* | ソ連，フィンランドに対しても，交渉のための使節の派遣を要求 |
| | **W** | *10-10* | ドイツ海軍総司令官レーダーは作戦会議で，ソ連の協力によって，ノルウェーに圧力を加えてトロンヘイムに潜水艦基地を獲得することをヒトラーに進言 |
| | **F** | *10-11* | パーシキヴィを会談のためモスクワに派遣，翌日会談はじまる |
| | **Sc** | *10-18～19* | ストックホルムで，北欧元首会議 |

| | | | |
|---|---|---|---|
| | **F** | ***11-12*** | フィンランド側代表団，交渉を打ち切り，帰国 |
| | 〃 | *-26* | ソ連政府，カレリア地峡の国境でフィンランド側から砲撃が行なわれたと抗議 |
| | 〃 | *-30* | フィンランド政府の合同調査の提案に対して，ソ連政府は国交断絶．国境線全体にわたって大軍をフィンランド領に侵入させる |
| | 〃 | ***12-*** *1* | リュティを首相とする挙国内閣の成立 |
| | 〃 | *- 2* | フィンランド共産党の亡命指導者クーシネンを首班とする「フィンランド民主共和国人民政府」とソ連政府，「相互援助友好条約」を締結 |
| | **N** | ***12-11*** | クヴィスリング，ローゼンベルクを訪問し，ノルウェー国内の「反独運動」を封ずるための「新政府」の樹立とその「要請」によるドイツ軍のノルウェー上陸を提案 |
| | **S** | ***12-13*** | 社会民主党に右翼党と人民党を加えた新内閣ハンソンのもとに成立 |
| | **F** | ***12-14*** | 国際連盟，フィンランド政府の提訴に対し，調査委員会でソ連追放を決定 |
| | **S** | ***12*** | フィンランド救援のために対ソ強硬態度を示そうとしたサンドレル，外相を辞任し，後任にギュンターが就任 |
| 1940 | **N** | ***1-*** *6* | イギリス，ノルウェー水域に海軍の作戦行動を拡大すると通告 |
| | 〃 | *-27* | ヒトラー，OKW に対し，ノルウェー上陸作戦計画の立案を命令 |
| | **F** | ***2-*** *1* | ソ連軍，カレリア地峡に兵力を集中して大攻勢 |
| | 〃 | *- 5* | 外相タンネル，ストックホルムで駐スウェーデン・ソ連公使コロンタイと接触．和平交渉の糸口をみいだす |
| | 〃 | ***3-12*** | ソ連とモスクワ講和条約締結．カレリア地峡の領土を大幅に失う |
| | **N** | ***3-16*** | ソ連，フィンランドとの同盟は反ソ的性格をもつもので，講和条約違反であると申し入れ |
| | **D** | ***4-*** *9* | ドイツ軍，デンマークに侵攻 |
| | **N** | ***4-*** *9* | ドイツ軍，ノルウェーの西海岸の6カ所と首都オスローに上陸 |
| | 〃 | *- 9* | クヴィスリングが，ラジオ放送で首相を名のりでる |
| | **D** | ***4-10*** | スタウニング首相，社会民主党に保守党・左翼党を加えた連立内閣を形成 |
| | 〃 | *-12* | イギリス軍，デンマーク領のフェロー諸島を占領 |
| | **S** | ***4-13*** | ソ連外務人民委員モロトフ，ドイツ側に対しスウェーデンの中立に関心あると申し入れ，ドイツ側はスウェーデン領にまで軍事作戦を拡大する企図はないと回答 |
| | **N** | ***4*** | ヒトラー，ナチ党の古参党員テルボーヴェンをノルウェー弁務官として派遣 |
| | **I** | ***5-10*** | イギリス，デンマークと同君連合を結ぶアイスランドを占領 |
| | **N** | ***5-24*** | 連合国側，フランスの危機で，ノルウェーの放棄を決定 |
| | **F** | ***5*** | 「フィンランド＝ソ連平和友好協会(SNS)」が結成 |
| | **W** | ***5*** | ドイツ軍の西方攻撃開始 |
| | **N** | ***6-*** *7* | 国王とニューゴールスヴォル首相ら政府閣僚，ロンドンへ移るにあ |

| | | | |
|---|---|---|---|
| | | | たり，抗戦の意志を明らかにした宣言 |
| | **W** | *6-18* | 西部戦線でフランス降伏 |
| | **S** | *6* | スウェーデン領を経由するドイツ軍の兵士や軍需品の輸送はじまる |
| | **D** | *7- 8* | 国内のファッショ的な分子のデモに対し，内閣改造．外相をムンクからスカヴェニウスに変える |
| | **W** | *7〜8* | エストニア・ラトヴィア・リトアニアをソ連邦内に編入 |
| | **F** | *9-22* | 領内通過協定に基づくドイツ軍の第一陣，フィンランドに上陸 |
| | **N** | *9-25* | テルボーヴェン，新たに「弁務官大臣会議」を考案．これにクヴィスリングを除いた「国民連合」指導者たちを含ませ，統治することに決定 |
| | **W** | *11-12〜13* | モロトフ，ベルリンを訪問 |
| | 〃 | *12-18* | ヒトラー，電撃作戦によるソ連粉砕を目的とした「バルバロッサ作戦」を決定 |
| | **D** | —— | スカヴェニウス，一部閣僚の反対を無視して防共協定に加入 |
| 1941 | **F** | *1* | ナチス＝ドイツ，バルバロッサ作戦の北部分を受持つ「銀狐作戦」を策定 |
| | **S** | *6* | ナチス＝ドイツ，目前に迫った対ソ戦争の準備のため，エンゲルブレクト師団をノルウェー北部からフィンランドへ移そうとして，スウェーデンにその領内通過を要求 |
| | **I** | *6-16* | アイスランド政府，ヨン＝シグルソンの誕生日に独立を内外に宣言 |
| | **W** | *6-22* | ナチス＝ドイツ軍，対ソ戦争を開始 |
| | **F** | *6-25* | ソ連軍，ヘルシンキなど諸都市に広汎な爆撃 |
| | 〃 | *-26* | リュティ，宣戦布告のラジオ演説 |
| | **I** | *7- 7* | 英軍に代わり米軍が駐留する協定をアメリカと結ぶ |
| | **F** | *9- 2* | フィンランド軍，ソ連軍をすべて旧国境外に押し出す |
| | 〃 | *11-29* | フィンランド政府，旧領土を正式に編入することで国会の承認を取付ける |
| | 〃 | *12- 6* | イギリス，フィンランドに宣戦布告 |
| | **D** | 末 | 分散的に始まっていた抵抗がまとまった組織を形成 |
| 1942 | **N** | *2- 1* | 「弁務官大臣会議」，“政府”となる |
| | **D** | *11- 9* | ドイツ外相リッベントロップの強制で，デンマーク外相スカヴェニウス，ブール内閣に代わり新挙国内閣を形成 |
| 1943 | **W** | *1〜2*初 | スターリングラート戦で，ドイツ軍惨敗 |
| | **F** | *2- 3* | ミッケリの総司令部の会議で，大統領リュティ，首相ランゲルほか2閣僚，総司令官マンネルヘイム，早期の戦争離脱で合意 |
| | 〃 | *-15* | 大統領選挙で，リュティ再選 |
| | **D** | *3-23* | 国会選挙で勢力分野従来と変わらず，ナチ党伸びず |
| | **F** | *4-10* | フィンランド政府，アメリカの斡旋を拒否 |
| | **S** | *6* | スウェーデン政府，木材製品などの対独輸出をドイツからの燃料供給に見合って調整する措置を決定 |
| | **N** | *8-14* | 「ヒルド」と称する親衛隊を「法」により正規軍化しようとする |
| | **D** | *8* | 諸都市で，大規模な反独デモ |

| | | | |
|---|---|---|---|
| | D | *8-29* | ドイツ占領軍による軍政の開始 |
| | 〃 | *9-16* | サボタージュやレジスタンスのグループを指揮するため，「自由評議会」を組織 |
| | 〃 | *10- 1* | ドイツ側，デンマーク在住のユダヤ人狩り開始 |
| | W | *12* 初 | テヘランでローズヴェルト・チャーチル・スターリン間の会談 |
| | D | *1- 4* | ドイツ軍，牧師カイ＝ムンクを連行虐殺 |
| 1944 | F | *6- 9* | ソ連軍，カレリア地峡で一大攻勢 |
| | I | *6-16* | アイスランド，５月の国民投票に基づき，完全独立の宣言．翌日，アルシングは共和国憲法を採択 |
| | F | *6-20* | ソ連軍，ヴィープリを占領 |
| | D | *6* 末 | コペンハーゲン全市，ドイツ軍のテロルに抗議してストライキ |
| | F | *8- 1* | リュティ，ヒトラー宛の個人書簡のかたちで単独講和を約したのち，辞任．マンネルヘイム，大統領に就任 |
| | 〃 | *9-19* | 対ソ休戦なる |
| | 〃 | *9* | 連合国(ソ連)管理委員会，フィンランドで活動開始 |
| | S | *10* | スウェーデン政府，ドイツとの関係悪化はドイツがデンマーク人とノルウェー人を虐待したからであり，中立政策に変りはないと宣言 |
| | N | *11* | ノルウェー軍の小部隊がフィンマルクに送られ，その方面をまず解放 |
| | 〃 | *11* | ソ連，スヴァールバル諸島に関し，共同委員会設立を提案 |
| | F | *12* | フィンランドとソ連，賠償支払いの細目に関する協定締結 |
| | S | —— | 経済学者ミュルダールを議長として，諸政党や諸利益の代表からなる経済計画準備のための委員会が活動(～45) |
| 1945 | F | *3* | 国会選挙で社会民主党50議席，人民民主同盟は農民党とならび49議席獲得．３党連立の上に立つパーシキヴィ内閣信任 |
| | D | *4* | 自由評議会，自由評議会と旧政党から同数の閣僚が参加することを決議 |
| | 〃 | *5* | レジスタンス側，サボタージュばかりでなく地下軍を編成 |
| | 〃 | *5- 5* | ブール社会民主党挙国内閣成立．対ドイツ休戦協定発効 |
| | 〃 | *-7* | 1941年の反共法を廃止 |
| | W | *5- 7* | ドイツ，降伏 |
| | N | *5- 8* | 政府，臨時法令(「タゴール法」)により価格から生産および配分にまで介入する広範な権限を取得．有効期間は，当初予定の1946年末から1947年９月１日まで延長された |
| | D | *5- 9* | ボーンホルム島のドイツ軍，上陸したソ連軍に降伏 |
| | 〃 | *-9* | 国王，解放後初の下院を召集 |
| | N | *5- 9* | ノルウェー正規軍，英米軍とオスローに到着 |
| | 〃 | *-13* | レジスタンス，この日までに対独協力者2万1800名を逮捕 |
| | 〃 | *-25* | ブール内閣，「反逆法」案を提出 |
| | S | *5-31* | ハンソンを首相とする社会民主党の単独内閣成立 |
| | N | *6- 1* | 1万4000名を国家反逆罪容疑で逮捕 |
| | DN | *6- 5* | 国際連合に加入 |

| | | | |
|---|---|---|---|
| | **N** | *6- 7* | ハーコン7世，オスローに帰る |
| | 〃 | *-12* | 亡命政府のニューゴールスヴォル首相，公式に辞任 |
| | 〃 | *-25* | ゲールハルドセン連立内閣成立 |
| | **F** | *9-10* | 国会，政府が管理委員会(ソ連)の督促で提出した戦犯裁判特別立法を可決 |
| | **N** | *9-22* | インフレ対策として，紙幣切換え |
| | 〃 | *10- 8* | 国会選挙でゲールハルドセン，労働党単独内閣を改めて形成 |
| | **D** | *10* | 解放後初の国会選挙で，社会民主党が敗退 |
| | 〃 | *10-30* | 下院の総選挙で，クリステンセン，首相に就任 |
| | **I** | *10* | アイスランド内の3カ所に99年の期限で軍事基地の貸与を求めるアメリカ政府の交渉申し入れを，アイスランドは拒否 |
| | **D** | *11- 7* | クリステンセン左翼党内閣成立 |
| | **F** | *11-17* | パーシキヴィ内閣成立 |
| | **N** | *12-24* | クヴィスリング，銃殺刑に処せられる |
| 1946 | **N** | *2- 1* | 外相リー，国連事務総長に就任．後任外相にランゲ就任 |
| | **F** | *2-17* | 戦犯裁判法廷，リュティ元大統領らに有罪判決 |
| | **W** | *3- 1* | チャーチル元英国首相，“鉄のカーテン”演説を行なう |
| | **F** | *3- 9* | マンネルヘイム大統領辞任にともない，国会満場一致でパーシキヴィを大統領に推す(4年任期) |
| | **W** | *3-12* | トルーマン，ギリシアおよびトルコの援助を宣言 |
| | **D** | *5* | ソ連軍，ボーンホルム島より撤退 |
| | **S** | *6-27* | 国会の全会一致の決議に基づき，国連加盟申請にのりだす |
| | **I** | *9* | アルシング，1941年の協定は失効したとして，6カ月以内に米軍がアイスランドから撤退するよう要求 |
| | 〃 | *10-10* | アメリカがドイツの占領業務にたずさわる期間，米軍がキェプラヴィーク空港を使用することをアルシング承認 |
| | **S** | *10* | ハンソン急死．エルランデル，首相に就任 |
| | **D** | *11- 8* | フェロー諸島の地方議会選挙で分離派諸党に対し，分離反対派諸党が勝利 |
| | **S** | *11-19* | スウェーデン，国連加盟 |
| 1947 | **N** | *1* | ノルウェー国会，共産党議員を除き，スヴァールバル諸島の共同防衛に関するソ連提案を拒否 |
| | **F** | *2-10* | 連合国10カ国とフィンランド間の平和条約パリで調印 |
| | **N** | —— | 「価格および合理化のための委員会」成立 |
| | **W** | *3-12* | 米大統領トルーマン，「全体主義」の「膨張」に対する防衛の名のもとに，ギリシア・トルコへの援助を宣言 |
| | 〃 | *6- 5* | マーシャル＝プランの発表 |
| | **N** | *6-25* | 外相ランゲ，ソ連が態度を明らかにするまで，ノルウェーはマーシャル＝プランにかかわり合わないと表明 |
| | 〃 | *6* 末 | ランゲ，スウェーデン外相との会見でマーシャル＝プランに加わることを表明 |
| | **F** | *7-11* | フィンランド，マーシャル＝プラン参加拒否をイギリスに通告 |

| | | | |
|---|---|---|---|
| | **Sc** | *7-12* | 北欧3国，パリでマーシャル=プラン受入れの会議 |
| | 〃 | *7* | 北欧4国外相会議でノルウェー外相の提案により経済協力のための北欧合同委員会の設立を決定 |
| | **N** | *8* | ノルウェーのギャラップ機関世論の75%がソ連の世界支配意図を確信．48%がアメリカについても同様意図を確信と発表 |
| | **F** | *9-15* | ソ連，フィンランドとの平和条約批准 |
| | 〃 | *10- 2* | タゴール法に代わる恒久的立法の企図，および外貨不足や農産物の低価格が，労働党政権に対する国内の不満を招き，地方選挙で保守勢力が拡大 |
| | **D** | *10- 4* | クリステンセン首相不信任案，80対66で可決 |
| | **W** | *10- 5* | コミンフォルム設立 |
| | **D** | *10-28* | 下院選挙で社会民主党支持票25%増 |
| | 〃 | *11-13* | ヘーヅトフト社会民主党内閣成立 |
| | **S** | —— | 児童手当の導入 |
| 1948 | **W** | *1- 2* | 英外相ベヴィン，西欧諸国の団結を説く |
| | **F** | *2-22* | サヴォネンコフ，ソ連公使としてフィンランドに赴任し，大統領パーシキヴィに対して，スターリンの書簡を手交 |
| | **N** | *2-29* | ゲールハルドセン首相，チェコスロヴァキア政変に鑑み，共産党はノルウェーの独立を脅かすと言明 |
| | 〃 | *3- 8* | ノルウェー政府，米英にソ連の侵略のさいの軍事援助の可能性を打診 |
| | **F** | *3- 9* | 代表団のソ連派遣を決定 |
| | 〃 | *- 9* | 内相レイノ(共産党)，参謀総長シフヴォに内乱の噂を内報 |
| | **D** | *3-23* | フェロー諸島自治法成立(*4- 1* 発効) |
| | **F** | *3-25* | モスクワでの交渉で，外相モロトフ，友好条約交渉開始 |
| | 〃 | *4- 6* | ソ連が折れ，フィンランド案をほとんど生かした期限10年の「友好協力・相互援助条約」締結 |
| | **N** | *4- 8* | ランゲ外相，議会に対し，戦争への自動的巻きこまれを避けるためには，西側列強からの片務的保障が望ましいと言明 |
| | **F** | *4-26～27* | パーシキヴィ，大統領の権限による軍部・警察の警戒体制 |
| | **S** | *5- 1* | 外相ウンデーン，ノルウェーとデンマークに対し，非公式なかたちでスカンディナヴィア防衛条約を提案 |
| | **F** | *5* | レイノ，国会での不信任決議により内相解任 |
| | 〃 | *7* 初 | 総選挙でファーゲルホルムの社会民主党単独内閣成立．人民民主同盟，与党の座をおりる |
| | **W** | *7* 初 | アメリカとブリュッセル条約参加国間で軍事的結束についての交渉開始 |
| | **D** | —— | ヘーヅトフト首相，グリーンランドを訪問して住民から近代化計画の支持をとりつけ，「グリーンランドの実験」開始 |
| 1949 | **Sc** | *1* | コペンハーゲンとオスローで，北欧諸国の国会議員有志の会合 |
| | 〃 | *1* 初 | カールスタッドで，北欧3国の首相・外相・国防相による会議開催 |
| | 〃 | *1-22～24* | 北欧3国，コペンハーゲンで会合．防衛政策の不一致を確認 |

| | | | |
|---|---|---|---|
| | **N** | *1-29* | ソ連，ノルウェーの NATO 加盟に警告 |
| | 〃 | *2- 1* | 政府，平時には国内に外国軍基地をおかないとソ連に回答 |
| | 〃 | *- 5* | ソ連，ノルウェーに NATO 加盟の動きを牽制しようと不可侵条約を提案．ノルウェー拒否 |
| | **D** | *3-24* | 下院，NATO 加盟を119票対23票で可決 |
| | **DN** | *4- 4* | 北大西洋条約調印 |
| | **N** | *9* | クローネの切下げ |
| | 〃 | —— | 経済政策を争点とする国会選挙，労働党議席拡大 |
| | **F** | —— | フィンランド北部ケミ地方で木材・パルプ工業の不振によるストライキ発生 |
| | **I** | —— | NATO 条約の批准．アルシング議員の4分の1の反対の状態のなかで完了 |
| 1950 | **F** | *3-17* | ケッコネンを首相とする農民党内閣成立 |
| | **W** | *3* | ストックホルムでの平和擁護委員会で原爆使用禁止のストックホルム＝アピールを採択 |
| | **W** | *6-25* | 朝鮮戦争はじまる |
| | **N** | *8* | 政府，国家反逆行為に対する罰則を強化する法案を国会に提出．激しい論議をよび，一部条項は除かれたが，全体としては承認される |
| | **D** | *10-30* | ヘーヅトフトの退陣によりエーリクセン左翼党・保守党連立内閣成立 |
| 1951 | **Sc** | *10-24* | 8月の北欧議員連合の会合のさいに計画された常設北欧会議設立のための委員会が会合 |
| | **N** | *11-12* | ゲールハルドセン，労働党中央委員会で首相辞任の意向を表明．後継者としてトルプを推す |
| 1952 | **Sc** | *2- 5* | 北欧諸国議員有志，北欧会議構想に同意 |
| | 〃 | *3-15～16* | 北欧諸国外相，コペンハーゲンに会合．閣僚は北欧会議にオブザーバーとして出席することを決める |
| | **N** | *3* | 1947年に設立された「ショースタッド委員会」の報告の公表に対して激しい抗議 |
| | **F** | *7-19* | ヘルシンキで第15回国際オリンピック開催(～*8- 3*) |
| | 〃 | —— | フィンランド，対ソ賠償支払いを完了 |
| | **N** | —— | 従来の憲法の，国会議員の3分の2を農村地区の代表で占めることを提案した条項を廃止 |
| | 〃 | —— | 軍事関係において，オンブズマン制度採用の端緒 |
| 1953 | **D** | *5-28* | 共産党を除く諸政党間に合意が成立した新憲法草案について，国民投票実施．有権者の45.76％の支持を受ける |
| | 〃 | *6- 5* | 新憲法草案，国王により批准 |
| | 〃 | *9-22* | 新憲法下，初の一院制国会選挙行なわれる |
| | 〃 | *-30* | ヘーヅトフト社会民主党内閣成立 |
| | **N** | —— | 政府に価格統制の恒久的な権限が与えられる |
| | **Sc** | —— | 北欧会議の設立 |

| | | | |
|---|---|---|---|
| 1954 | **N** | *1- 1* | 価格統制の法案実施 |
| | 〃 | *11* | ゲールハルドセン，高騰する物価への政府の介入を主張して，トルプを非難 |
| | **F** | —— | ワルシャワ条約設立会議開催．フィンランドはソ連の招待を拒否 |
| | **Sc** | —— | 北欧会議，共同市場設立を勧告 |
| 1955 | **N** | *1- 1* | 物価上昇などで政府批判高まり，トルプ首相辞任．ゲールハルドセン内閣成立 |
| | **D** | *1-29* | ヘーヅトフト首相，北欧会議に出席中急死．ハンセン社会民主党内閣成立 |
| | **F** | *9-15* | 大統領パーシキヴィの率いるフィンランド政府代表団，ソ連の招きに応じ，モスクワ訪問 |
| | 〃 | *-19* | 1948年条約の期限を20年間延長．ソ連，ポルッカラ基地返還を約束 |
| | 〃 | *10-28* | フィンランド国会，フィンランドの北欧会議加入を決議 |
| | **S** | —— | 強制疾病保険導入 |
| 1956 | **F** | *1* | パーシキヴィ大統領の引退にともなう大統領選挙でケッコネン当選 |
| | **N** | *10* | ソ連のハンガリー出兵に抗議して，5000名のオスロー市民がソ連大使館に抗議デモ |
| | **D** | —— | 新しい国家年金法案，国会で可決 |
| | **Sc** | —— | スエズ危機のさい，スウェーデン・ノルウェー・デンマーク・フィンランドが兵員を国連緊急軍として派兵 |
| 1957 | **W** | *3-25* | EEC 設立条約調印 |
| | **D** | *5-28* | ハンセン社会民主党・急進党・単一税党連立内閣成立 |
| | **N** | *9- 7* | ハーコン7世の死亡にともないオーラフ5世が国王に即位 |
| | **F** | —— | フィンランド共産党，第11回党大会で新綱領採用，議会的手段による変革を肯定 |
| | **N** | —— | 国会選挙にあたり非社会主義諸党，共同綱領を企図したが，失敗し，与党の労働党が議席増大 |
| | **S** | —— | 社会民主党と農民党との連立政権下に，「全般的補助年金」を提案 |
| 1958 | **W** | *1- 1* | EEC の発足 |
| | **N** | *6-22* | オーラフ5世の戴冠式行なわれる |
| | **F** | *7* | 国会選挙で人民民主同盟，50議席獲得 |
| | 〃 | *8-29* | 人民民主同盟による組閣失敗．同党を除く全政党の挙国内閣が社会民主党のファーゲルホルムを首相として成立 |
| | 〃 | *9-15* | ソ連，禁輸などのさまざまな外交的圧力とならんで在フィンランド大使を引揚げ．「霜夜事件」 |
| | 〃 | *12- 4* | ヴィロライネン外相ら農民党閣僚辞任．これによりファーゲルホルム内閣退陣 |
| | **D** | —— | 総合制義務教育法案を国会で可決 |
| | **I** | —— | アイスランド，漁業専管水域を12カイリに広げ，第1次タラ戦争の発生 |
| | **S** | —— | 社会民主党の単独内閣成立 |
| 1959 | **F** | *1-13* | ケッコネンの指名で，農民党の単独内閣成立 |

| | | | |
|---|---|---|---|
| | **F** | *1-14* | スクセライネン首相のもとに農民党内閣成立．このあとソ連は対フィンランド外交圧力を撤廃 |
| | **D** | *10- 4* | 左翼党と保守党，共同経済綱領を発表 |
| | 〃 | —— | ラーセンら共産党を離脱し，社会主義人民党を結成 |
| | **N** | —— | NATO の北方軍司令部を設置 |
| 1960 | **D** | *2-19* | カンプマン社会民主党・急進党・単一税党連立内閣成立 |
| | **W** | *5- 1* | 写真偵察の密命を帯びて，ソ連領上空をノルウェー基地に向かい飛行中のアメリカ軍偵察機U 2 型機，撃墜される |
| | 〃 | *7- 1* | ノルウェー基地に向かう米軍機，またもコラ半島付近でソ連軍に撃墜される |
| | **Sc** | *7- 1* | 北欧諸国，「欧州自由貿易連合(EFTA)」に加入 |
| | **D** | *11-15* | 国会選挙で単一税党，議席を失う．社会主義人民党が進出 |
| | 〃 | *-18* | カンプマン社会民主党・急進党連立内閣成立 |
| | **N** | —— | 核非武装を要求する運動，22万3000人の請願書を集める |
| 1961 | **F** | *1* | 霜夜事件ののち，ケッコネン執政下の農民党内閣継続に不満を抱く国民連合党(保守党)・社会民主党・自由党などの諸勢力，1962年の大統領選挙に検事総長ホンカを推すことを決定 |
| | **N** | *4-16* | 核兵器反対を掲げる社会主義人民党結成 |
| | 〃 | *5-28* | オスローで2万人が参加する核兵器反対のデモ行進 |
| | 〃 | *9* | 国会選挙で労働党やや後退，社会主義人民党2議席獲得 |
| | **W** | *10-10* | ソ連，ノヴァヤ＝ゼムリャ島で50メガトンの水爆実験 |
| | **F** | *10-30* | ソ連政府，フィンランド政府への覚書で，1948年条約第2条に基づく「協議」を要求(「覚書危機」) |
| | 〃 | *11-24* | ノヴォシビルスクでケッコネン，フルシチョフと会談し，軍事要求を取下げさす．フルシチョフ，翌年の大統領選挙を控え，フィンランド外交路線の継続に疑念を表明．同日夜，ケッコネンの対抗候補ホンカ，立候補を取り消す |
| | **Sc** | —— | NATO の「統一バルト司令部(COMBALTAP)」設立 |
| 1962 | **F** | *1* | ケッコネンを大統領に再選 |
| | **D** | *9- 3* | クラウ社会民主党・急進党連立内閣成立 |
| | **N** | *11- 5* | スヴァールバルの炭坑で戦後最大の爆発事故が発生．21名が死亡 |
| | 〃 | —— | ノルウェー政府，さし迫った脅威もしくは戦争が現実化した場合を除いては，スヴァールバル諸島を含む領土内のどこにも核兵器をおかないという保障を与える |
| 1963 | **D** | *3* | クラウ首相，国会に賃金・物価・金利の凍結を提案．辛うじて支持される |
| | **F** | *5-28* | ケッコネン大統領，北欧核非武装地帯協定を提案 |
| | **Sc** | *6- 7* | フルシチョフ，北欧3国歴訪 |
| | **N** | *6* | スヴァールバル炭坑事故調査委員会が管理に重大欠陥があると報告 |
| | 〃 | *8-20～23* | 国会，スヴァールバル炭坑事故を討議．社会主義人民党がキャスティングヴォートをにぎる政府不信任案の可決によってゲールハ |

| | | | |
|---|---|---|---|
| | | | ルドセン内閣退陣 |
| | N | 8-27 | 保守党のリングを首相とする保守・自由・中央(旧農民党)・キリスト教人民4党の連立内閣成立 |
| | 〃 | 9-16 | 非社会主義4党連立政権，政策方針を発表．労働党政権の方針をほとんど変えず |
| | 〃 | -18～20 | 労働党，新国民年金・労働時間短縮・国家統制拡大などの独自の構想を掲げ国会で政府と対決 |
| | 〃 | -25 | 4党連立政府退陣し，ゲールハルドセン内閣が復活 |
| | 〃 | 10 | 官吏の公金横領発覚し，政府は一連の改革を提案 |
| 1964 | D | 9-22 | 国会選挙で，社会民主党現勢力を維持 |
| | 〃 | -26 | クラウ社会民主党内閣成立 |
| 1965 | I | 5 | アルシング，国家とレイキャヴィク市が運営する水力発電会社を設立 |
| | N | 9 | 国会選挙で労働党の議席，74から68に減少．ゲールハルドセン内閣退陣し，中央党のボルテンを首相とする非社会主義諸党内閣成立 |
| | F | 10 | 社会民主党レスキネン，党に対し，ケッコネン外交対ソ・対共産党関係の態度転換をよびかけ |
| 1966 | F | 3 | 社会民主党，中央党(旧農民党)・人民民主同盟とともに，連立政権を形成．「人民戦線内閣」とよばれる |
| | N | 6 | 国会，「国民年金」法案を満場一致で採択 |
| | I | 10 | 価格・賃金の凍結政策(～67.10) |
| | D | 11 | クラウ首相，付加価値税を含む税制改革に失敗し，国会を解散 |
| 1967 | N | 1-1 | 「国民年金制度」発足 |
| | D | 7 | クラウ首相，社会主義人民党の支持により，辛うじて10%付加価値税を国会で承認される |
| | F | —— | パーシオ内閣，3割の平価切下げ |
| 1968 | F | 1 | 大統領選挙で，与党勢力の推すケッコネン，国民連合党の推すヴィルックネンを破り三選 |
| | D | 2 | 社会民主党，選挙に大敗．バウンスゴーアを首相とする急進党・左翼党・保守党の連立内閣の成立 |
| | Sc | 2 | 北欧会議，北欧経済協力機関の設置を提案 |
| | F | 3-23 | 社会民主党のコイヴィスト，連立内閣を形成 |
| | S | 5末 | 国会，軍備の大幅削減を要求する決議 |
| | N | 6-13～14 | ノルウェーのNATO脱退要求高まり国会で議論の末，6名を除いて，NATO加盟維持に賛成 |
| 1969 | D | 7 | クラウ政府，ポルノグラフを解禁 |
| | N | 9 | 国会選挙で労働党74議席に回復 |
| 1970 | Sc | 2-7 | 北欧会議で各国首相，「北欧経済機構(NORDEK)」についての合意と，それが各国議会にはかられる旨を発表 |
| | N | 3-17 | ブラッテリ内閣，ノルウェーのEC加入推進を言明 |
| | Sc | 3-24 | 北欧諸国間にかねてから進んでいたNORDEK設立の計画，フィン |

| | | | |
|---|---|---|---|
| | | | ランドが加わらないため不成立 |
| | **F** | *3* | 国会選挙で国民連合党が躍進．他の諸党は議席を減らす |
| | 〃 | *7* | 中央党のカリヤライネン，連立内閣を形成 |
| | 〃 | *-20* | モスクワで1948年条約の期限をさらに20年延長する議定書調印 |
| | **D** | *10* | 翌年3月までの賃金凍結行なわれる |
| | **WF** | ―― | ヘルシンキで米ソ間に SALT（戦略兵器制限交渉）行なわれる |
| 1971 | **Sc** | *2-13* | ヘルシンキ条約を結んで，より組織化する北欧会議とともに，北欧閣僚会議を設置 |
| | **N** | *3-17* | EC加盟交渉に関する情報もれの責任でボルテン内閣退陣後，ブラッテリ労働党内閣成立 |
| | **F** | *3* | 人民民主同盟，党内「スターリン派」の主流派攻撃の結果，政府によるコーヒーなどの値上げを口実に閣僚を引揚げ |
| | **D** | *10-11* | クラウ社会民主党内閣成立 |
| | **I** | ―― | 左翼諸党の連立内閣成立 |
| 1972 | **D** | *1-14* | 国王フレデリック9世死去．マルグレーテ2世が女王に即位 |
| | **N** | *1-22* | ノルウェー，EC加盟条約に調印 |
| | **I** | *9- 1* | 政府，漁業資源保護のため専管水域50カイリへの拡大を宣言．第2次タラ戦争おきる |
| | **N** | *9* | EC加盟について国民投票，53.5%が加盟に反対，内閣総辞職 |
| | **D** | *10- 2* | EC加盟について国民投票，加盟決定 |
| | **F** | *11* | ヘルシンキで，欧州安保協力会議の予備交渉開かれる |
| 1973 | **N** | *1- 1* | 老齢年金の適用下限を70歳から67歳に引下げ |
| | **F** | *1-18* | フィンランド国会，EC 対策を控え，ソ連に対ソ友好外交の存続を保証する見地から，ケッコネン大統領の任期を翌年1月から4年間延長する特別立法を行なう |
| | 〃 | *5-16* | フィンランド，セフ（コメコン）と経済・科学技術協力に関する協定締結 |
| | 〃 | *9-18* | フィンランド，ECと特別自由貿易協定締結 |
| | **D** | *12- 5* | 国会選挙で，10政党が競合 |
| | **I** | ―― | 2年期限の協定が結ばれ，第2次タラ戦争の落着 |
| | **N** | ―― | 総選挙で，労働党政権を回復 |
| | **S** | ―― | 新憲法草案に対する民意を問う国会選挙 |
| | **W** | ―― | イギリスの加盟による拡大 EC の成立 |
| 1974 | **I** | *6-30* | 国会選挙で独立党43%に近い票を獲得．ハルグリムソン首相に就任 |
| | **F** | *6* | 連合党，「非社会主義政党間の協力」を謳う一方で，「パーシキヴィ＝ケッコネン路線」をフィンランドの外交路線として支持する旨表明 |
| | **I** | ―― | ハルグリムソン首相，1950年の対米協定の改訂交渉を妥結 |
| 1975 | **F** | *7-30* | ヘルシンキで欧州安保協力首脳会議開始 |
| | 〃 | *9* | 社会民主党と中央党の不一致によるソルサ内閣の退陣の結果，国会選挙行なわれる．選挙を控え，社会民主党，6月の党大会で決定した一部企業の社会化等を棚上げ |

| | | | |
|---|---|---|---|
| | I | *10-15* | 専管水域を200カイリに拡大すると宣言 |
| | 〃 | *11* | イギリスとの2年期限の協定が失効になるとともに，三たびイギリスとの紛争発生 |
| | D | —— | 選挙で政党体系の変形 |
| | F | —— | 中央党のミエットゥネン内閣成立．人民民主同盟から4年ぶりの入閣(4名) |
| 1976 | I | *2-19* | アイスランド，漁業権紛争でイギリスと断交 |
| | 〃 | *4-19* | イギリスとの外交関係を断絶 |
| | 〃 | *6- 1* | イギリスへの操業規制で，協定の成立．タラ戦争の終結 |
| | S | *9-19* | 国会選挙で，核エネルギー反対の立場の中央党(旧農民党)が支持を獲得．社会民主党政権の座をおりる |
| | 〃 | —— | 中央党のフェルディン，非社会主義3党の連立内閣形成 |
| 1977 | N | *4-22* | ノルウェー領の北海油田で海底パイプから石油が大量流出(*-30* 修理成功) |
| | F | *5-11* | ミエットネン内閣総辞職 |
| | 〃 | *-15* | 社会民主党のソルサ党首を首相とする5党連立内閣成立 |
| 1978 | D | *8-30* | ヨアウェンセン社会民主党・自由党連立内閣成立 |
| | S | *10- 5* | 原発政策の不一致から，フェルディン内閣総辞職 |
| | 〃 | *-18* | ウルステン内閣成立 |
| 1979 | DN | *12* | NATO 軍の「核近代化」(ユーロ＝ミサイル) 構想に対し，計画の中止ないし延期を要求 |
| 1980 | S | *3-23* | 原発国民投票が行なわれ，有権者の80%が投票．問われた3つの選択肢に対する支持率は，原子力発電所の運転を一切認めない40%，認めるが25年以内に閉鎖40%，将来適当な時期に閉鎖17%，白票3%となる |
| | Sc | *3-27〜28* | 北欧5カ国外相，ヘルシンキで定期会合．アフガニスタンからの外国軍隊の早期撤退と強国間の話合い再開を要求 |
| | I | *6-30* | アイスランドの大統領選挙でビグジス＝フィンボガチドル夫人が，NATO への積極協調を唱えるトルバルドソンを破って当選．同国初の女性大統領が誕生 |
| | WD | *7-14* | 国連主催「婦人の10年『1980年世界会議』」，コペンハーゲンで開かれる |
| 1980 | S | *11-18* | パルメ国連特使，イラン＝イラク戦争の仲裁工作のためテヘラン(*〜21*)，およびバグダッド(*23〜25*)訪問 |
| 1981 | N | *1- 3* | ノルドリ首相の辞任にともないブルントラント，首相に就任．労働党政権継続 |
| | S | *5-22* | フェルディン首相，内閣を再組織 |
| | F | *6-26* | ソ連共産党書記長ブレジネフ，社会民主党機関紙の質問に答え，ソ連領の一部を北欧非核兵器地帯に含める用意のあるむね言明 |
| | Sc | *9- 3* | 北欧外相会議，初めて北欧非核兵器地帯協定構想に共通の関心をもつと言明 |
| | N | *9-14* | 総選挙で労働党敗北．ヴィロックを首相とする保守中道政権成立 |

| | | | |
|---|---|---|---|
| | **S** | *10-27* | ソ連潜水艦U-137，カールスクローナ軍港近くのスウェーデン領海で坐礁 |
| | **F** | *10-28* | 在職25年のケッコネン大統領，病気で辞任 |
| | **S** | *12- 4* | パルメ首相を議長とする「軍縮と安全保障問題に関する独立委員会」(通称「パルメ委員会」)東京会議開催 |
| 1982 | **F** | *1-26* | 大統領選挙の結果，社会民主党マウノ＝コイヴィストを選出 |
| | 〃 | *2-17* | カレヴィ＝ソルサ首相，社会民主党・中央党を軸とする4党連合政権を形成 |
| | **Sc** | *7-17* | 北欧4カ国の市民団体300人，レニングラード・モスクワ( *-21*)で平和行進 |
| | **D** | *9-10* | ヨアウェンセン社会民主党内閣総辞職( - *3*)にともない，シュルター保守党党首が保守中道連合政権を形成 |
| | **S** | *10- 1* | ソ連小型潜水艦，ムスケ海軍基地付近に侵入 |
| | 〃 | *- 7* | 総選挙で社会民主党が勝利したのにともない，パルメ社会民主党政権成立 |
| 1983 | **Sc** | *6- 6* | ソ連共産党書記長アンドロポフ，北欧非核兵器地帯構想への積極的支持を表明．バルト海の非核兵器地帯化についても，当事国と協議する意思を表明 |
| | **S** | *12-* | パルメ政権下，ソ連潜水艦の領海侵入事件をめぐり与野党が対立 |
| 1984 | **D** | *1-10* | 総選挙で保守党が躍進．シュルター保守中道連合政権は継続 |
| | 〃 | *5-10* | デンマーク国会，中距離核ミサイルの欧州配備分担金拠出打ち切りを可決 |
| | **NF** | *12-28* | ソ連のミサイル，ノルウェー領を侵犯，フィンランド北部に墜落．ソ連ただちに陳謝 |
| 1985 | **N** | *4- 7* | ノルウェー，SDI研究に不参加表明 |
| | **I** | *4-18* | アイスランド外相，核兵器塔載の全艦船の領海内立ち入り禁止を言明 |
| | **N** | *9- 9* | 総選挙で，ヴィロックの保守中道政権継続 |
| | **S** | *9-15* | 総選挙で左翼勢力後退．しかしパルメ政権は継続 |
| 1986 | **S** | *2-28* | パルメ首相，暗殺される．カールソン副首相が首相に就任 |
| | **N** | *5- 9* | ヴィロック保守中道連合内閣の総辞職( - *2*)にともない，ブルントラント労働党政権が発足 |
| | **I** | *10-11～12* | レイキャヴィクで米ソ首脳会談 |
| 1987 | **F** | *4-30* | 総選挙(*3-15*・*16*)の結果，国民連合党のホルケリが国民連合党・社会民主党・スウェーデン人民党・フィンランド農村党の連合政権首相に就任．国民連合党は29年ぶりの入閣 |
| 1987 | **S** | *9- 9* | カールソン政権，パルメ政権時代に悪化した対米関係を修復 |
| | **I** | *9-14* | フィンボガチドル大統領，来日 |
| 1988 | **D** | *5-10* | 野党による非核徹底決議が原因で行なわれた総選挙でかえって与党の保守党が伸び，保守中道3党連合内閣が引き続き政権担当 |
| | **F** | *5-26* | レーガン米大統領，フィンランドを訪問．フィンランドの中立主義に敬意を表明 |

| | | | |
|---|---|---|---|
| | **S** | *9-18* | 総選挙の結果，社会民主党政権維持．緑の党が躍進 |
| | **I** | *9-28* | 経済政策をめぐり党間調整がつかず，パールソン内閣辞任．ヘルマンソン進歩党党首が同じ3党連合政権を維持 |
| 1989 | **N** | *10-16* | 総選挙で労働党が議席を減らしてブルントラント内閣が総辞職した結果，保守党のシーセが保守中道3党連合内閣を組織 |
| | **F** | *10-26* | ゴルバチョフ，フィンランドを訪問．フィンランドの中立を公然と認知するとともに，ソ連北部の環境問題解決のための北欧会議の協力を提案 |
| | **W** | *11- 9* | 東欧政治変動の一環としてベルリンの壁崩壊 |
| 1990 | **S** | *2-16* | カールソン内閣，緊急経済政策を議会で否決され総辞職．しかし共産党の支持により再組閣 |
| | **Sc** | *2* | 北欧会議，公害防止のためのソ連・東欧援助を目的としてNEFCO(北欧環境投資計画)を決定 |
| | **S** | *10-26* | カールソン首相，EC 加盟につき国内の承認を求める方針を打ち出す |
| | **N** | *10-29* | EC 政策の不一致で保守中道3党連合内閣が崩壊 |
| | 〃 | *11- 3* | 労働党ブルントラント，少数単独政権を成立させる |
| | **D** | *12-12* | 総選挙が行なわれたが，大勢はほとんど変わらず，シュルターが第5次シュルター内閣首相として，引き続き中道右派政権を維持 |
| 1991 | **I** | *4-20* | 国会選挙が行なわれ，独立党が勝利．ヘルマンソン連立内閣は総辞職し，オッドソンが社会民主党との連立内閣を組織 |
| | **F** | *4-27* | 3月の総選挙で中央党が勝利した結果，同党党首のアホが国民連合党・スウェーデン語系国民党・キリスト教連盟との連立内閣を組織 |
| | **S** | *7- 1* | EC への加盟を申請 |
| | **W** | *8-20* | ソ連で保守派によるクーデタ計画失敗 |
| | 〃 | *9- 6* | バルト3国独立をソ連が承認 |
| | **S** | *10- 3* | 9月の総選挙で社会民主党が敗北．カールソン内閣は総辞職し，国会は保守党党首ビルトを首相に指名 |
| | **Sc** | *11-13* | 北欧会議，活動対象分野の拡大およびバルト3国を含む環バルト海諸国間の協力機構(バルト海会議)の設立を討議したが，決定にいたらず |
| 1992 | **F** | *1-20* | フィンランドとロシア，友好協力相互援助条約(1948年)の廃棄に合意．1980年代末以来の東西冷戦終焉の動きにともない同条約の改定が取沙汰されていたが，フィンランド政府は1991年秋にようやく慎重な腰をあげてソ連との交渉を開始し，その延長線上でソ連解体後のロシアと廃棄の合意に達した．両国は同時に，軍事侵略に対したがいの領土を使わせないことを約した政治条約，環境保護や原子力発電所安全確保のための協力をうたった経済条約，フィンランドと，ロシア領のカレリア・ムルマンスク・サンクト＝ペテルブルクとのあいだの地域協力を定めた隣接地域協力条約を締結した |
| | **Sc** | *3-5～6* | コペンハーゲンに，デンマーク・ノルウェー・スウェーデン・フ |

| | | | |
|---|---|---|---|
| | | | ィンランド・ロシア・エストニア・ラトヴィア・リトアニア・ポーランド・ドイツの10カ国外相が会合し，環バルト海評議会（正式名称は，バルト海周域諸国評議会）を設立．協定によると，同評議会は年1回外相会議を開き，経済・技術，環境，エネルギー，運輸・通信，観光，教育・文化などの分野でのバルト海周域諸国の地域的協力に対し，政治的支援を行なうことを目的にしている |
| | **F** | *3-18* | フィンランド，EC に加盟を申請 |
| | **FNS** | *5- 2* | EFTAに属する7カ国とECに属する12カ国とのあいだにEEA(欧州経済領域)を形成する条約が調印される |
| | **Sc** | *5- 5* | ヘルシンキで北欧諸国外相会議開催．これまで別個の原則によるとしてきた安全保障政策の分野で協力関係に立つことを，1948年以来初めて公言．外相会議は欧州の安全と平和が強まったことを認めつつも，北欧の近隣地域では高度の軍事力が保持されているとして，バルト3国からのロシア軍の早期撤退とフィンランド東方へのロシア軍増強政策の転換を要求したほか，ロシア内の原子力発電所の安全確保およびノヴァヤ＝ゼムリャでの核兵器実験の停止を要求した．また，同会議は軍事問題のほか社会・経済・環境に関する問題も安全保障のなかにはいるという東西冷戦解消後の欧州情勢を反映した方針を明らかにした |
| | **D** | *6- 2* | EC の統合深化をめざした欧州国家連合条約(マーストリヒト条約)に関する国民投票で，否が50.7％を占める．ドイツの強大化に対する警戒心と自国の主権が制限されることへの懸念が背後にあるとみられるが，予想外の結果にシュルター政権は困惑し，またEC側にも同条約の前途に関し憂慮を抱かせた |
| 1993 | FNS | *1-11* | ロシアと環バレンツ海協力の評議会を発足 |
| | D | *1-14* | シュルター保守中道連立政権総辞職 |
| | 〃 | *1-26* | 社民中心の連立政権，ニュロプ＝ラスムセン内閣成立 |
| | 〃 | *5-18* | 国民投票により，マーストリヒト条約を批准（EU通貨統合参加などに留保あり） |
| | N | *6- 8* | 6年ぶりに商業捕鯨再開 |
| | S | —— | 「エコサイクル法」制定 |
| | W | *11- 1* | マーストリヒト条約発効 |
| 1994 | N | *2-17～27* | 国際オリンピック冬季大会第17回リレハンメル大会開幕 |
| | F | *3- 1* | アハティサーリ，大統領に就任 |
| | S | *6- 7* | 同性愛者の結婚許可法案成立 |
| | 〃 | *9-18* | 総選挙．保革逆転し，社会民主党政権復帰．カールソン内閣成立 |
| | F | *9-28* | フィンランド沖で「エトスニア」号沈没，死者800人以上 |
| | N | *11-27～28* | 国民投票の結果，EU加盟見送り |
| 1995 | F | *1- 1* | フィンランド，EU加盟 |
| | 〃 | *4-13* | リッポネン連立内閣成立 |
| | 〃 | *7-17* | サーミシング法，フィンランドのサーミ文化および言語に関する自治を認める |

| | | | |
|---|---|---|---|
| 1996 | S | 3-21 | パーション社会民主党内閣成立 |
| | I | 8- 1 | オウラヴル＝ラグナル＝グリムスソン大統領就任 |
| | N | 10-25 | ヤーグラン労働党政権 |
| 1997 | S | 6- 3 | スウェーデン，EU通貨統合への不参加を表明 |
| | N | 10-16 | キリスト教民主党のボンデヴィックが少数連立内閣を組閣 |
| | Sc | —— | スウェーデン・ノルウェー・フィンランドなどで1930～70年代にかけて弱者，障害者に対する不妊手術を行なっていたことが発覚 |
| 1998 | D | 3-11 | 総選挙で社会民主党が勝利，ラスムセン内閣が信任される |
| | F | 4-17 | 国会，EU通貨統合参加を決議 |
| | WF | 5- 2 | EU, 1999年に通貨統合発足を決定．北欧からはフィンランドだけが参加 |
| | D | 5-28 | 国民投票でアムステルダム条約を支持 |
| | N | 9-15 | 国会選挙で労働党が議席を減らして敗北宣言，キリスト教国民党のボンデヴィックが中央党，自由主義左派党と連立政権へ |
| | S | 9-20 | 国会選挙で社会民主党は議席を減らしたが，パーション政権は存続 |
| | D | 12- 2 | フェロー諸島自治政府議長がフェロー諸島憲法制定を発議，フェロー諸島独立に向けて歩みだす |
| 1999 | F | 1- 1 | フィンランドが，北欧諸国中一国だけ欧州通貨に参加 |
| | 〃 | 3-21 | 国会選挙で社会民主党が議席を減らしたが，リッポネンが再び首相となり，5党連立政権を維持 |
| | 〃 | 6- 2 | アハティサーリ大統領，コソヴォ問題で仲介のためセルビア大統領ミロセヴィチと会見 |
| | Sc | 6-17 | 北部ノルウェーでのNATOのPFPに基づく演習「バレンツ平和99」が終了，北欧4カ国からも参加 |
| | F | 7- 1 | フィンランドがEUの議長国となる(1999年12月31日まで) |
| | Sc | 9-13 | 北欧の4カ国，赤十字，国連難民機関の参加のもとに，フィンランドのニーニサロで，平和維持軍演習「北欧の平和」を実施 |
| 2000 | F | 1-16 | 大統領選挙が行なわれたが，7人の候補者の得票がいずれも有効投票の過半数に達せず，上位2候補，すなわちタルヤ・ハロネン外相—社会民主党—(40.0%)およびエスコ・アホ前首相—中央党党首—(34.4%)の間で，2月6日決戦投票が行なわれることになった |
| | 〃 | 2- 6 | 大統領の決戦投票で，タルヤ・ハロネン外相が51.6%の得票率をえて，48.4%のエステ・アホ元首相を破って当選，初の女性大統領が実現した．タルヤ候補は，社会民主党の公認候補および左翼同盟(旧人民民主同盟)の事実上の候補として奮戦，アホ候補が中央党のほかに頼みとした国民連合党，スウェーデン語使用国民党からも票を集めたのが勝因 |

## 参考文献

以下には，主として英語で書かれた書物と，邦語で書かれた書物および論文をあげた。***1***のグループには，とくに現代に限らず，古い時代からはじめているものも含め，通史的な体裁をとっている文献をあげた。***2***には，北欧現代史に関する特定の問題を扱った文献をあげたが，時代的範囲は，19世紀半ば以降に限ることとした。しかし，そのような文献も数多くあり，網羅的にあげることは紙幅の関係で不可能である。そこで，欧語文献については，“特定”であるにしてもなるべく広い性格の問題を扱っている文献に限り，逆に邦語文献については，従来の研究状況を示す意味もあって，できるだけあげるようにした。***2***のFは，とくに歴史研究文献ではないが，北欧現代史の研究上必要な知識を提供していると思われるもの若干をあげた。北欧の神話や伝説，ヴィーキング，近代思想・文学・芸術を扱った文献もわが国内外で数多く出版されているが，ここには含めなかった。文献掲示の順序は，北欧全般にわたるものを先とし，あとは対象となっている国の国名のアルファベット順に並べた。

### *1* 通史的な性格のもの

#### A 北欧史一般

(1) T. K. Derry, *A History of Scandinavia*, London, George Allen and Unwin, 1979.
(2) J. Bukdahl et al., ed., *Scandinavia Past and Present*, I-III, Odense, Arnkrone, 1959.
(3) S. M. Toyne, *The Scandinavians in History*, London, Edward Arnold and Co., 1949.
(4) P. Jeannin, *Histoire des pays scandinaves*, (Collection QUE SAIS-JE?), Paris, Presses Universitaires de France, 1956.
(5) 百瀬宏編『北欧史』(新版世界各国史21) 山川出版社 1998

北欧全体を一望に収めた通史の本格的な仕事は，北欧諸国自体でもまだあらわれていない。その意味で(1)は，おそらく世界でも先駆的な北欧史概説の労作といえるであろう。著者は，各時代について北欧諸国に共通した社会的・文化的発展の特徴を描きだすことにつとめており，内容的にも密

度がきわめて高い。(2)は，複数の著者が分担執筆した論集の性格をもち，いわば北欧諸国の社会・文化万般にわたる総合的解説書であるが，歴史叙述に傾斜しており，通史としての役割も十分にはたす。(3)は，ディレッタンティズムに支えられた，(1)に先行した試みといえるが，学問的には若干問題があろう。(4)は，クセジュ文庫中の簡便な通史。(5)は，わが国の北欧研究の水準を示す基本的通史。

### B　デンマーク史


(6) Stewart Oakley, *The Story of Denmark*, London, Faber and Faber, 1972.

(7) Palle Lauring, *A History of Denmark*, Copenhagen, Høst and Søn, 1960.

(8) E. Kjersgaard, *A History of Denmark*, Copenhagen, The Royal Danish Ministry of Foreign Affairs, Press and Cultural Department, 1974.


(6)は，大冊ではないが，行きとどいた1970年代初頭までの通史。(7)は，やや物語風だが，現代への力点のおき方が弱い。(8)は，簡便な概説。

### C　フィンランド史


(9) Eino Jutikkala with Kauko Pirinen, *A History of Finland*, Espoo, Weilint Göös, 1979.

(10) J. H. Wuorinen, *A History of Finland*, New York, Columbia U. P., 1967.

(11) L. A. Puntila, *The Political History of Finland, 1809-1966*, tr. by David Miller, Helsinki, Otava, 1975.


(9)は，代表的なフィンランド史の概説書。初版に改訂が加えられて，同国学界のより新しい歴史観がとりいれられている。(10)は，アメリカのフィンランド史研究の泰斗（故人）の労作だが，視角が限られている。(11)は，政治史だが，現代史入門書として役に立つ。

### D　アイスランド史


(12) J. Nordal and V. Kristinsson, ed., *Iceland 874-1974*, Reykjavik, Heinman, 1975.

(13) J. C. Griffiths, *Modern Iceland*, London, Pall Mall Press, 1969.


(12)・(13)は，さまざまな角度からアイスランドの歴史や現代アイスランド

が直面する問題を検討したもの。

### E　ノルウェー史

(14)　Karen Larsen, *A History of Norway*, Princeton, N. J., Princeton U. P., 1948.

(15)　John Midgaard, *A Brief History of Norway*, Oslo, Johan Grundt Tanum Forlag, 1963.

(16)　T. K. Derry, *A History of Modern Norway 1812–1972*, Oxford, Oxford U. P., 1973.

(14)は，行きとどいた通史で，独立までがくわしいが，第一次世界大戦後が簡単。(15)は，ノルウェーの史家による簡にして要をえた通史で，現代に大きな関心が払われている点が注目される。(16)は，(1)の著者で，とくにノルウェー史に造詣の深いデリーによるすぐれた現代史の概説である。

### F　スウェーデン史

(17)　Ingvar Andersson, *A History of Sweden*, New York, Praeger Publishers, 1956.

(18)　Stewart Oakley, *The Story of Sweden*, London, Faber and Faber, 1966.

(19)　E. F. Heckscher, *An Economic History of Sweden*, Cambridge, Mass., Harvard U. P., 1954.

(20)　高須裕三「スウェーデン社会経済史研究序説」(『経済集志』37巻5・6号　1968年2月)

(17)は，代表的なスウェーデン史の概説書で，改訂が重ねられている。第一次世界大戦後がやや簡単である。(18)は，(6)の姉妹篇。(19)は，北欧の経済史研究の始祖ともいうべき著者の書いた古典的な名著。(20)は，スウェーデンの経済史研究の成果を踏まえ，福祉社会が成立する経済的背景を考察した論稿。

## *2*　北欧現代史の特定の問題を扱ったもの

### A　第一次世界大戦にいたる時期に関するもの

(21)　Lennart Jördberg, *The Industrial Revolution in Scandinavia 1850–1914*, Vol. IV, Section 8 in the Fontana Economic History of Europe, 1970.

(22) Øyvind Østerud, *Agrarian Structure and Peasant Politics in Scandinavia : A Comparative Study of Rural Response to Economic Change,* Oslo, Universitetsforlaget, 〔1979〕.
(23) J. H. Wuorinen, *Nationalism in Modern Finland,* New York, Columbia U. P., 1931.
(24) R. E. Lindgren, *Norway-Sweden, Union, Disunion, and Scandinavian Integration,* Princeton, N. J., Princeton U. P., 1959.
(25) Dankwart A. Rustow, *The Politics of Compromise: A Study of Parties and Cabinet Government in Sweden,* Princeton, N. J. Princeton U. P., 1955.
(26) 大谷愛人『キルケゴール青年時代の研究』上・下　勁草書房　1968
(27) 村井誠人「オーラ・リーマンとその時代――『シュレスヴィヒ・ホルシュタイン』問題の一考察」(『早稲田大学文学研究科紀要別冊』第2集　1975年)
(28) 村井誠人「19世紀デンマーク史と『シュレスヴィヒ・ホルシュタイン問題』」(『歴史と地理』世界史の研究　93号　1977年11月)
(29) 村井誠人「デンマーク・1848年」(『東欧史研究』第3号　1980年5月)
(30) 岡沢憲夫「現代スウェーデン政党政治史論」1・2・3 (早稲田大学『社会科学研究』16号・17号・18号　1977年2月・12月・1978年12月)
(31) 本間晴樹「スウェーデンの普通選挙運動と『人民議会』について」(『青山学院大学文学部紀要』20号　1979年)
(32) Olavi K. Fält, "Collaboration between Japanese Intelligence and the Finnish Underground during the Russo-Japanese War", *Asian Profile,* Vol. 4, No. 3 (June, 1976).

19世紀の中ごろから第一次世界大戦にいたる時期は，北欧諸国の社会が急速な転換をとげた時期であり，さまざまな研究がある。それら現地の文献を消化吸収した邦語文献もしだいにあらわれてきている。そこで，欧文文献はごく主要なものにとどめた。(21)は，フィンランドを含む北欧4カ国の工業化を全体的に論じたもので，北欧が19世紀中葉の貧しさから急速に脱却しえた客観的条件を明らかにしている。(22)は，同じ時期に北欧諸国の農民社会の変化とその政治への反映を検討したもので，19世紀末葉の議会政治発達のうえで農民党が活躍した要因を考察している。(23)は，フィンランドのナショナリズムの発展を，膨大な史料にもとづいて簡明に記述したもので，アメリカのフィンランド史研究の先駆者による古典的な労作。

(24)は，スウェーデンに併合されてから独立するまでのノルウェーの政治史をなしている。(25)は，スウェーデン議会政治史の記述を含む。(26)は，デンマークの哲学者キルケゴールの伝記的研究だが，時代的背景を描いた上巻は，そのまま19世紀デンマーク史の概説にもなっている。(27)は，「シュレスヴィヒ・ホルシュタイン問題」に関して邦語ではじめて書かれた信頼のおける研究で，(28)・(29)は，ドイツ人史家の自民族中心的史観やそれをそのままうけついだ日本の歴史研究文献に対する批判を含む。(30)・(31)は，邦語によるスウェーデン議会史の先駆的研究。(32)は，フィンランド側史料にもとづく明石工作の研究で，われわれのもつ日露戦争史観に対して再考を促す史実を提供している。

**B　第一次世界大戦の時期に関するもの**

(33) Olav Riste, *The Neutral Ally: Norway's Relations with Belligerent Powers in the First World War*, Oslo, Universitesforlaget, 1965.

(34) Steven Koblik, *Sweden: The Neutral Victor, Sweden and the Western Powers, 1917–1918: A Study of Anglo-American Swedish Relations*, Stockholm, Läromedelsförlagen, 1972.

(35) 百瀬宏「1917～18年のフィンランド」(『歴史学研究』410号　1974年7月)

(33)および(34)は，第一次世界大戦中の北欧諸国の中立の体験に関する実証的な研究。(35)は，フィンランドの独立と内戦を扱ったもの。

**C　両大戦間の時期に関するもの**

(36) S. S. Jones, *The Scandinavian States and the League of Nations*, Princeton, N. J., Princeton U. P. 1939.

(37) Nils Örvik, *The Decline of Neutrality 1914–41: With Special Reference to the United States and the Northern Neutrals*, Oslo, Johan Grundt Tanum Forlag, 1953.

(38) Herbert Tingsten, *The Debates on the Foreign Policy of Sweden, 1918–1939*, London, Oxford U. P., 1949.

(39) William A. Wilson, *Folklore and Nationalism in Modern Finland*, Bloomington, Indiana U. P., 1976.

(40) J. H. Hodgson, *Communism in Finland: A History and Interpretation*, Princeton, N. J., Princeton U. P., 1967.

(41) David Philip, *Le movement ouvrier en Norvège*, Paris, Les Éditions Ouvrières, 1958.
(42) 村井誠人「民族自決と国境設定に関する一考察――ヴェルサイユ条約に基づくデンマーク，ポーランドの対ドイツ国境設定について」(『新地理』24巻3号 1976年12月)
(43) 百瀬宏『東・北欧外交史序説――ソ連＝フィンランド関係の研究』福村出版 1970

戦間期の問題については，まだ万遍なく研究がでているわけではない。北欧諸国の対外政策については，この時期にまさに，集団安全保障か伝統的中立かという二者択一を迫られたことから，比較的に研究者の関心が寄せられてきた。(36)は，1920年代を中心として，北欧3国が立たされた上記のジレンマを実証的に描いた労作。(37)は，中立制度の衰退という文脈のなかで，戦間期の北欧の問題に部分的に触れている。オェルヴィクは，ノルウェー出身の国際法・国際政治学者。(38)は，1930年代のスウェーデンの中立復帰の過程を世論の面から分析したもの。各国の内政に移ると，戦間期のフィンランドは，極右運動と共産主義運動が他の北欧諸国より目立って強かったが，これらを扱ったものが，(39)および(40)である。(39)は，フィンランドの民俗学が政治との関連を特徴としたと指摘している。(41)は，急進的な社会民主党系政党(労働党)をもっていたノルウェーの労働運動を扱ったもの。(42)は，一貫してスレースヴィ問題を追ってきた著者の第一次世界大戦戦後処理についての研究で，このとき示されたデンマークの“禁欲”が，のちにナチス＝ドイツの領土要求をまぬかれたことを，ポーランドとの対比で指摘している。(43)は，「冬戦争」の背景を歴史的に考察したものであるが，戦間期のフィンランドの内外政についても，かなりのページをさいた。

**D 第二次世界大戦の時期に関するもの**

(44) Annette Baker Fox, *The Power of Small States: Diplomacy in World War II*, Chicago, The University of Chicago Press, 1959.
(45) Jørgen Hæstrup, *Secret Alliance*, I–III, Odense, Odense U. P., 1976.
(46) Max Jakobson, *The Diplomacy of the Winter War*, Cambridge, Mass., Harvard U. P., 1961.
(47) H. Peter Krsby, *Finland, Germany and the Soviet Union, 1940–1941: The Petsamo Dispute, Madison*, Milwaukee, The University

of Wisconsin Press, 1968.

(48) Johannes Andenæs et al., *Norway and the Second World War*, Oslo, Johan Grundt Tanum Forlag, 1966.

(49) Olav Riste and Beril Nökleby, *Norway 1940–45: The Resistance in Norway*, Oslo, Johan Grundt Tanum Forlag, 1970.

(50) 山室静『抵抗の牧師カイ・ムンク——その生涯・説教・戯曲』教文館 1976

(51) 百瀬宏「フィンランドの対ソ関係 1940-1941年——『継続戦争』前史に関する覚書」(『スラヴ研究』16号 1972年)

(52) 百瀬宏「第二次大戦中のソ連のフィンランド政策——戦後への展望に寄せて」 I・II・III (『スラヴ研究』20・21・23号 1975・76・78年)

(44)は，大戦中のフィンランド・ノルウェー・スウェーデンの大国に対する外交的対応をケース＝スタディーとして描きだしている。デンマークについては，(45)が，イギリスのデンマーク＝レジスタンス援助を扱った大著であり，(50)は，カイ＝ムンクの多面的な活動を，レジスタンスへの参加と死にいたるまで扱った伝記。(46)は，のちのフィンランド国連大使ヤコブソンが冬戦争の前史と経過をいくぶんかジャーナリスティックな筆致で描いた名著で，これによって外務省内での著者の登用の道が開かれたといわれる。(47)は，「継続戦争」の前史に関する手堅い研究で，論争の多いフィンランドの二度目の対ソ戦争巻き込まれの経緯について，均衡のとれた結論を下している。邦語文献では，前掲の(43)の後半部分が冬戦争問題を，また(51)・(52)が，継続戦争の前史，終結過程をそれぞれ扱っている。(48)・(49)は，大部の書物ではないが，ノルウェーに対するドイツの占領政策とクヴィスリングの矛盾した関係，またこれに対するレジスタンスと亡命政府の側の動きをコンパクトにまとめている。

### E 第二次世界大戦後の時期に関するもの

(53) B. G. Haskel, *The Scandinavian Option*, Oslo, Universitetsforlaget, 1976.

(54) Solem, *The Nordic Council*, New York, Praeger Publishers, 1977.

(55) Ingeborg Lyche, *Nordic Cultural Cooperation, Joint Ventures 1946–1972*, Oslo, Universitetsforlaget, 1974.

(56) Eric S. Einhorn, *National Security and Domestic Politics in Post-War Denmark: Some Principal Issues, 1945–1961*, Odense, Odense U. P., 1975.

(57) Max Jakobson, *Finnish Neutrality*, London, Hughtevelyn Ltd., 1968.〔上川洋訳『フィンランドの外交政策』日本国際問題研究所 1979〕

(58) Philip Burgess, *Elite Images and Foreig Policy Outcomes: A Study of Norway*, Columbus, Ohio State U. P., 1967.

(59) 百瀬宏「ソ連の対小国政策――フィンランドを事例として」(平井友義編『ソ連対外政策の諸様相』日本国際問題研究所　1977)

(60) 高須裕三・九尾直美・須藤真志・小野寺信「スウェーデンの中立外交政策」(『外務省調査月報』17-2　1976年)

(61) 有賀弘「小国の防衛思想――スウェーデンの場合――」(佐藤栄一編『現代国家における軍産関係』日本国際問題研究所　1974)

(62) 岩島久夫「スウェーデンの国防合理化への道――トータル・ディフェンス政策の実態分析」(日本国際政治学会『現代の安全保障』有斐閣 1979)

(63) 岡沢憲夫「多党制下の連合形成パターン」(早稲田大学『社会科学研究』第22巻2号　1976年12月)

(64) 庄司博司「統一と自治をめざすラップ人」(『北欧』14号　1977年1月)

戦後史については，大戦直後の時期を除けば，歴史研究プロパーといえるものは少ないので，国際問題論的な視角のものを多く含めることになる。戦後の北欧についてまず浮かび上がってくるのは，北欧相互協力の問題であろう。軍事的・経済的に割れながら社会的・文化的に協力してゆくという北欧諸国間の相互関係のメカニズムは，どこからきているのか。(53)は，それに理論的に解答をみいだそうとしたもので，(54)は，北欧会議を中心とする北欧協力についての実証的研究，(55)は，その文化面を中心に扱ったもの。(56)は，デンマークへの NATO 協力が内政に及ぼしたインパクトを研究したもの。(57)は，著者が国連大使在任中に書いたフィンランド外交の鮮やかな解説書で，歴史描写的手法をとっている。(59)は本書の著者によるもの。(58)は，戦後ノルウェー外交の「橋渡し」政策をはじめとする諸問題を個別に扱っている。スウェーデンの非同盟外交・国防問題については，(60)が，多角的な解説，(61)が，歴史的描写を行ない，(62)が，70年代へはいってからの新たな動きを伝えている。(63)は，現代スウェーデンの政党政治の要をえた解説。(64)は，本書でまったく触れえなかったサメク人（ラップ人）の直面する問題についての紹介なので，とくにここに含めておく。

**F　その他**

(65) Axel Sømme, ed., *A Geography of Norden: Denmark, Finland, Iceland, Norway, Sweden*, Oslo, J. W. Cappelens, 1968.

(66) G. M. Gathorne-Hardy et al., *The Scandinavian States and Finland: A Political and Economic Survey*, London, R. I. I. A., 1951.

(67) H. Friis, ed., *Scandinavia between East and West*, New York, Ithaca, Cornell U. P., 1950.

(68) Willis Dixon, *Society, Schools and Progress in Scandinavia*, Oxford, Pergamon Press, 1977.

(69) Clemens Redersen, ed., *The Danish Co-operative Movement*, Copenhagen, Danske Selskab, 1977.

(70) Hugh Heclo, *Modern Social Politics in Britain and Sweden: From Relief to Income Maintenance*, New Haven and London, Yale U. P., 1974.

(71) A. F. Upton (With contributions by Peter P. Rohde and Å. Sparring), *The Communist Parties of Scandinavia and Finland*, London, Weidenfeld and Nicolson, 1973.

(72) 村井誠人「民族地域と国境の相関に関する一考察――スリースヴィ(南ユトランド)の場合」(『海外事情』26巻2号　拓殖大学海外事情研究所　1978年6月)

(73) 村井誠人「デンマーク・ドイツ国境の成立とその性格」(『政治区画の歴史地理』17号　1975年4月)

(74) 御園喜博『デンマーク――変貌する「乳と蜜の流れるさと」』東京大学出版会　1970

(75) 清水望『北欧デモクラシーの政治機構――議会主義体制の形成と展開』成文堂　1974

(76) 岡野加穂留「北欧デモクラシーの構造――『多元社会』形成に関する比較政治的研究序説」(日本政治学会編『年報政治学　1971』岩波書店　1973)

(77) 石渡利康「スカンジナビアにおける国民統治の史的展開」(『東海大学紀要(文学部)』14・15号　1970・1971年)

(78) 武藤光朗編『福祉国家論――北欧三国を巡って』社会思想社　1965

(79) 内藤英憲・福田雅一『北欧の消費者王国』朝日新聞社　1980

(80) 清原瑞彦『スウェーデン神話現代版』亜紀書房　1972

(81) 川口弘『福祉国家の光と影』時事通信社　1974

(82) 佐藤栄一「国際平和探求へのたゆみなき実践――ストックホルム国際平和研究所」(『平和研究』 4号 1980年)

(65)は，北欧の地理に関する代表的な手引書としてあげておく。(66)～(70)は，北欧諸国の教育や協同組合運動，社会政策など福祉国家の重要断面を示す文献例である。(71)は，北欧4カ国の共産党の歴史を分担執筆したもので，イギリスの研究者アプトンが扱ったフィンランド共産党の部分が過半数を占めている。(72)と(73)は，スレースヴィ問題を材料として国境概念を論じたもの。(74)は，著者の現地体験をまじえ，デンマークの農政史を描きだしたもの。北欧の政治制度については，(75)が手堅く内容豊富な通史をなしており，北欧諸国の政治構造は，(76)が比較政治学的手法のなかに明らかにしている。(77)は，豊富な文献を踏まえた貴重な仕事である。北欧の福祉国家論に関しては，これを肯定的に評価し，しかも史的考察を含んだ研究として(78)・(79)を，批判的な見方をも含む仕事の代表例として(80)・(81)をあげておく。(82)は，北欧の平和研究の現状を伝える文献として，スウェーデンのSIPRIの丹念な紹介論文をあげた。

## *3* 北欧史に関する定期刊行物

(83) *Scandinavian Journal of History*, Stockholm, 1976-.

(84) *Scandinavian Political Studies: A Yearbook Published by the Nordic Political Science Association*, Oslo, Universitetsforlaget.

(85) *Cooperation and Conflict*, Stockholm, 1965-.

(86) *Scandinavian Economic History Review*, Copenhagen, 1953-.

(87) 『北欧』北欧文化通信社 季刊

(83)～(86)は，歴史学・政治学・平和研究ないし国際関係研究・経済史研究の各分野で北欧諸国の学界が協力しあって刊行している英語の定期刊行物である。これらは，いずれも，各国学界の動向を知り，また各分野での現地の新知識を得るのに非常に役立つ。

ところで，わが国では，さまざまな分野の北欧の研究者，または北欧に関心をもつ人びとの交流の場が，(87)を通じてつくられていた。同誌が休刊になったのは残念であるが，同誌の各号には，さまざまな体裁の論稿，たとえば，村井誠人「復活祭危機と臨時紙幣――1920年北部スリスヴィの住民投票について」(12号)，奥住晶子「フィンランドと『ロシア化』政策」(4号)，玉生謙一「満州事変とフィンランドの新聞論調」(18号)，高井泉「デンマークのデモクラシーを育てたグルントヴィと国民大学」(8号)，岩

島久夫「ノルウェーの安全保障政策」(3号)，同「アイスランドの安全とNATO」(5号) など，現代史にかかわった有益な論稿が掲載されている。

現代の北欧諸国に関するいわゆるアップ＝トゥー＝デートな情報を提供している定期刊行物としては，スウェーデン社会研究所が発行している『スウェデン社会研究月報』(1969-)が重要であるし，また，関西日本スウェーデン協会事務局が出している *Japan-Sweden Society of Kansai* にも，スウェーデンの現代史研究上，注目すべき論稿が掲載されてきた。

なお，本書に記載されている史実は，そのほとんどが上掲の参考文献のいずれかに見いだされるはずであるが，典拠がこれらの範囲をこえるものについて言及しておくと，本書10ページで触れたベレンド・ラーンキ両氏の所説については，東欧史研究会におけるラーンキ氏の報告 (1979年6月2日) およびバルト＝スカンディナヴィア研究会における南塚信吾氏の報告 (1979年) によったものであり，175～177ページのデンマーク外交に関する記述は *Danmarks historie*, Bind 12: *De nye Klasser 1870-1913,* af Vagn Dybdahl (København, 1965)，ss. 458-463 に，また234～239ページのスウェーデン外交を中心とする記述は，*Den svenska utrikespolitikens historia, V. 1919-1939,* av Erik Lönnroth (Stockholm, 1959)，ss. 55-76 に負っている。

ところで，北欧語の，とくにノルド語のカナ表記は，もともと困難である。本書では，固有名詞については，北欧の百科辞典 *Uusi tietosanakirja* (Helsinki, 1963-66)，*Gyldendals Leksikon* (Copenhagen, 1977-78) および *Focus Uppslagsbok* (Stockholm, 1977) の表示をもとに，日本人研究者や日本語を解する現地人の方々の御意見を参考にして筆者なりの方針でカタカナ化したが，これも一つの試みにすぎない。また訳語については，納得できるかぎりにおいては従来の邦語文献の用法にならった。とりわけ，本書中のいわゆるスレースヴィ問題 (ドイツ人側からすれば「シュレスヴィヒ＝ホルシュタイン」問題) に関しては，「ナショナルリベラル」，「シュレスヴィヒ＝ホルシュタイン主義者」といった用語法，および同問題の理解の仕方全般について，村井誠人氏の一連の研究(参考文献参照)から学ばせていただいた。

## ■ 写真引用一覧


1……ウルフ=ボード=アフ=セーゲルスタード著，伊藤弘子訳『現代フィンランドデザイン』 形象社 1972
2……John Midgaard, Norges Historie, En Kort Innføring, Oslo, 1967.
3……Ingvar Andersson, Sveriges historia, Stockholm, 1969.
4……Salme Vehvilä ja Matti J. Castrén, Suomen historia, Helsinki, 1967.
5……Palle Lauring, A History of the Kingdom of Denmark, tr. by Darid Hohnen, Copenhagen, 1973.
6……Stewart Oakley, The Story of Denmark, London, 1972.
7……ジェランシルト著，向後英一訳『フィンランド彫刻』 形象社 1972
8……Vagn Dybdahl, De nye Klasser 1870-1913 (Danmarks Historie Bind 12), København, 1965.
9……L. A. Puntila et al., Finland An Assessment of Independence, Helsinki, 1967.
10……John Midgaard, Norges Historie, En Kort Innføring, Oslo, 1967.
11……Tauno Kuosa, Jokamiehen Suomen Historia Ⅳ, Helsinki, 1952.
12……Ingvan Andersson, A History of Sweden, tr. by C. Hannay and A. Blain, New York, 1956.
13……Erik Rasmussen, Velfærdsstaten på Vej 1913-1939 (Danmerks Historie Bind 13), København, 1965.
14……Marshal Mannerheim, The Memoirs of Marshal Mannerheim, tr. by Count Eric Lewenhaupt, London, 1953.
15……Väinö Tanner, Kahden maailmansodan välissä, Helsinki, 1966.
16……Ronald G. Popperwell, Norway, Nations of the Modern World, London, 1972.
17……Erik Kjersgaard, A History of Denmark, Copenhagen, 1974.
18……Arvi Korhonen, Viisi sodon vuotta, Suomi toisen maailmansodan myrskyissä, Helsinki, 1975.
19……Olva Riste and Berit Kökleby, Norway 1940-1945, The Resistance Movement, Oslo, 1970.


口絵1 PANA
　2 オリオンプレス

p. 5――著者撮影
p. 9――**1**, p. 48-49
p. 17――**2**, p. 11
p. 21――**3**, p. 32-33
p. 24――絵はがき
p. 28――**4**, p. 25
p. 33――**3**, p. 112-113
p. 42――**5**, p. 152-153
p. 45 左――**3**, p. 192-193
右――**3**, p. 200-201
p. 53――**3**, p. 248-249
p. 58――**5**, p. 183
p. 60――**3**, p. 304-305
p. 71――**5**, p. 200-201
p. 78――**3**, p. 304-305
p. 82――**6**, p. 176-177
p. 89――**5**, p. 213
p. 105――**7**, p. 64-65

p. 113—— **3**, p. 400-401
p. 115—— **8**, p. 128-129
p. 120—— **8**, p. 174
p. 125—— **3**, p. 384-385
p. 131—— **9**, p. 80
p. 135 左——**8**, p. 64
右——**8**, p. 65
p. 142——**10**, p. 103
p. 146—— **3**, p. 400-401
p. 149—— **3**, p. 384-385
p. 152—— **3**, p. 416-417
p. 158——**10**, p. 100
p. 161——**11**, p. 1235
p. 165—— **9**, p. 80
p. 167—— **9**, p. 88
p. 172——**12**, p. 390-391
p. 183——**13**, p. 48
p. 187——**12**, p. 390-391
p. 194—— **9**, p. 90
p. 202——**14**, p. 212-213
p. 207——**15**, p. 80-81
p. 215——**16**, p. 176-177
p. 227——**17**, p. 73
p. 231—— **9**, p. 114
p. 233——**13**, p. 474
p. 250——**18**, p. 93
p. 252——**18**, p. 161
p. 258—— **5**, p. 248-249
p. 261——**19**, p. 41
p. 267—— **9**, p. 129
p. 273——**13**, p. 451
p. 274——**17**, p. 76-77
p. 278——**19**, p. 17
p. 281——**19**, p. 86
p. 285——**18**, p. 621
p. 298——**17**, p. 79
p. 315—— **9**, p. 138
p. 321—— **9**, p. 148
p. 326——**16**, p. 176-177
p. 332——**17**, p. 93
p. 335—— **9**, p. 160
p. 338——PANA
p. 342——**17**, p. 103

## ■ 東部国境の変動

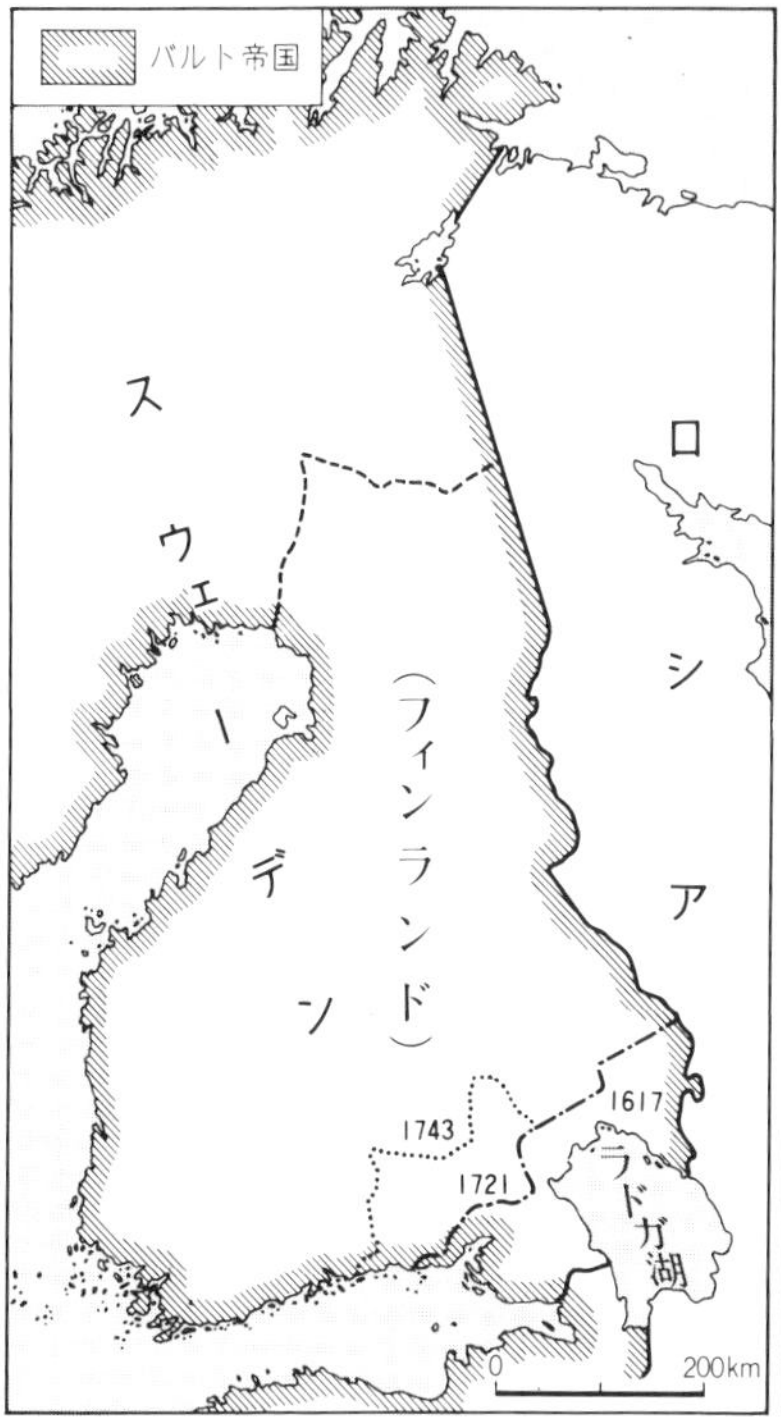


17-18世紀

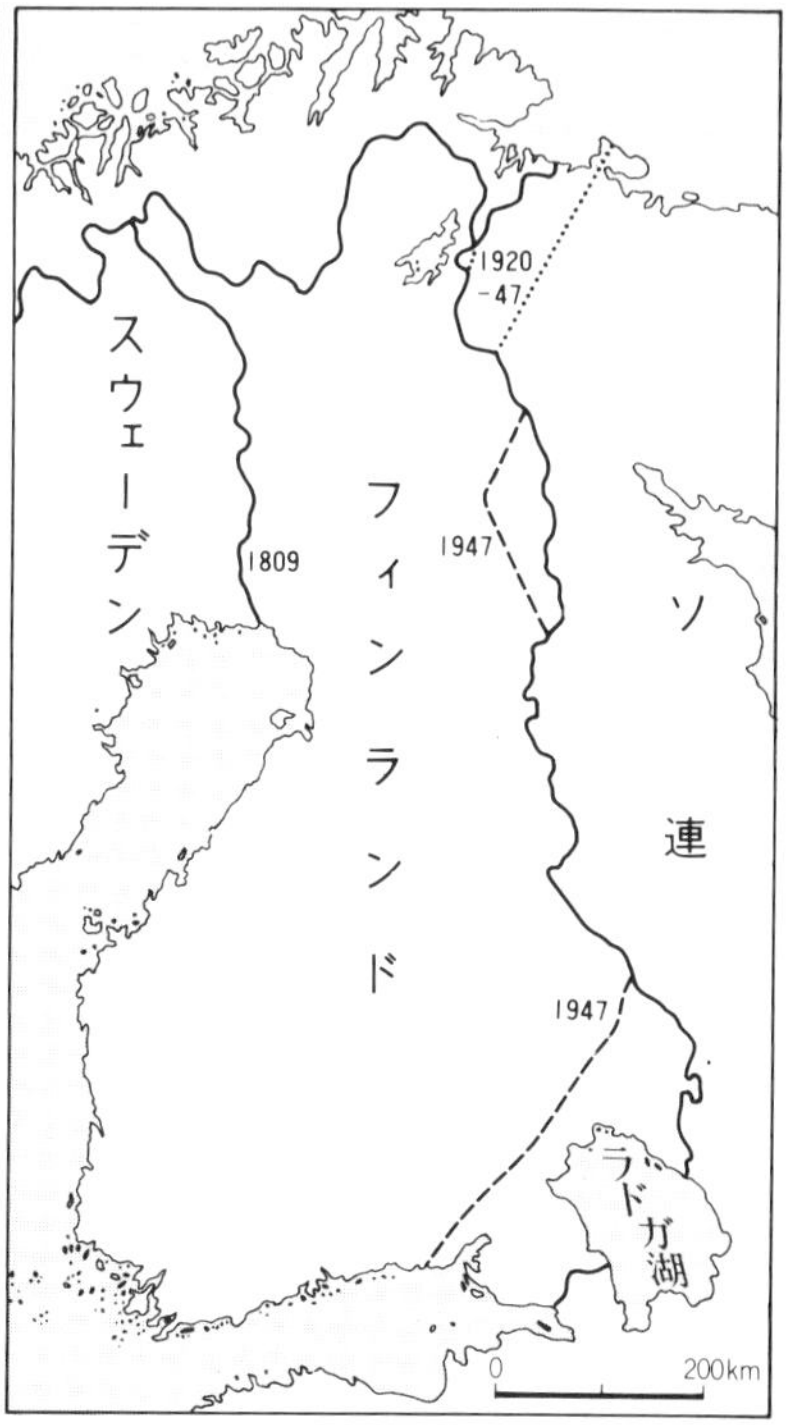


19-20世紀

百 瀬　宏　ももせひろし

1932年生

1954年，東京大学教養学部教養学科国際関係論課程卒業

現在，広島市立大学国際学部教授

主要著書　『東・北欧外交史序説――ソ連＝フィンランド関係の研究』　福村出版　1970．『ソビエト連邦と現代の世界』岩波書店　1979．『小国――歴史にみる理念と現実』岩波書店　1988

世界現代史28　北欧現代史

1980年8月20日　1版1刷発行　　2000年5月30日　2版1刷発行

著者　百 瀬　宏　©　　発行者　野澤 伸平

印刷所　図書印刷株式会社　　製本所　山田製本印刷株式会社

発行所　株式会社　山川出版社　東京都千代田区内神田 1-13-13

〒101－0047　振替00120－9－43993

TEL 東京03(3293)8131(営業)・8134(編集)

http://www.yamakawa.co.jp/

・造本には十分注意しておりますが，万一，乱丁本などがございましたら，小社営業部宛にお送りください。送料当社負担にてお取り替えいたします。

・定価はカバーに表示してあります。　ISBN4-634-42280-8

## 民族の世界史　全15巻

| | | |
|---|---|---|
| 1 | 民族とは何か | 岡正雄・江上波夫・井上幸治 編 |
| 2 | 日本民族と日本文化 | 江上波夫 編 |
| 3 | 東北アジアの民族と歴史 | 三上次男<br>神田信夫 編 |
| 4 | 中央ユーラシアの世界 | 護　雅夫<br>岡田英弘 編 |
| 5 | 漢民族と中国社会 | 橋本萬太郎 編 |
| 6 | 東南アジアの民族と歴史 | 大林太良 編 |
| 7 | インド世界の歴史像 | 辛島　昇 編 |
| 8 | ヨーロッパ文明の原型 | 井上幸治 編 |
| 9 | 深層のヨーロッパ | 二宮宏之 編 |
| 10 | スラヴ民族と東欧ロシア | 森安達也 編 |
| 11 | アフロアジアの民族と文化 | 矢島文夫 編 |
| 12 | 黒人アフリカの歴史世界 | 川田順造 編 |
| 13 | 民族交錯のアメリカ大陸 | 大貫良夫 編 |
| 14 | オセアニア世界の伝統と変貌 | 石川栄吉 編 |
| 15 | 現代世界と民族 | 江口朴郎 編 |

# 世界歴史大系

＊印は既刊

| | | | |
|---|---|---|---|
| イギリス史 全3巻 | ＊1 | 先史～中世 | 青山吉信 編 |
| | ＊2 | 近　世 | 今井　宏 編 |
| | ＊3 | 近現代 | 村岡健次・木畑洋一 編 |
| アメリカ史 全2巻 | ＊1 | 17世紀～1877年 | 有賀　貞・大下尚一・志邨晃佑・平野　孝 編 |
| | ＊2 | 1877年～1992年 | |
| ロシア史 全3巻 | ＊1 | 9世紀～17世紀 | 田中陽兒・倉持俊一・和田春樹 編 |
| | ＊2 | 18世紀～19世紀 | |
| | ＊3 | 20世紀 | |
| ドイツ史 全3巻 | ＊1 | 先史～1648年 | 成瀬　治・山田欣吾・木村靖二 編 |
| | ＊2 | 1648年～1890年 | |
| | ＊3 | 1890年～現在 | |
| フランス史 全3巻 | ＊1 | 先史～15世紀 | 柴田三千雄・樺山紘一・福井憲彦 編 |
| | ＊2 | 16世紀～19世紀なかば | |
| | ＊3 | 19世紀なかば～現在 | |
| 中国史 全5巻 | 1 | 先史～後漢 | 松丸道雄・池田　温・斯波義信・神田信夫・濱下武志 編 |
| | ＊2 | 三国～唐 | |
| | ＊3 | 五代～元 | |
| | ＊4 | 明～清 | |
| | 5 | 清末～現在 | |

## 新版 世界各国史 全28巻

＊は既刊

1 日本史 宮地正人

2 朝鮮史 武田幸男

＊3 中国史 尾形 勇／岸本美緒

4 中央ユーラシア史
モンゴル・チベット・カザフスタン・トルキスタン
小松久男

＊5 東南アジア史Ⅰ—大陸部
ヴェトナム・ラオス・カンボジア・タイ・ミャンマー
石井米雄／桜井由躬雄

＊6 東南アジア史Ⅱ—島嶼部
インドネシア・フィリピン・マレーシア・シンガポール・ブルネイ
池端雪浦

7 南アジア史 辛島 昇
インド・パキスタン・バングラデシュ・ネパール・ブータン・スリランカ

8 西アジア史Ⅰ—アラブ
佐藤次高

9 西アジア史Ⅱ—イラン・トルコ
永田雄三

10 アフリカ史 川田順造
サハラ以南のアフリカ諸国

＊11 イギリス史 川北 稔
連合王国・アイルランド

12 フランス史 福井憲彦

13 ドイツ史 木村靖二

＊14 スイス・ベネルクス史
スイス・オランダ・ベルギー・ルクセンブルク
森田安一

15 イタリア史 北原 敦

16 スペイン・ポルトガル史
立石博高

17 ギリシア史 桜井万里子

＊18 バルカン史 柴 宜弘
ルーマニア・モルドヴァ・ブルガリア・マケドニア・ユーゴスラヴィア・クロアチア・ボスニア-ヘルツェゴヴィナ・アルバニア

＊19 ドナウ・ヨーロッパ史
オーストリア・ハンガリー・チェコ・スロヴァキア
南塚信吾

＊20 ポーランド・ウクライナ・バルト史
ポーランド・ウクライナ・エストニア・ラトヴィア・リトアニア・ベラルーシ
伊東孝之／井内敏夫／中井和夫

＊21 北欧史
デンマーク・ノルウェー・スウェーデン・フィンランド・アイスランド
百瀬 宏／熊野 聰／村井誠人

22 ロシア史 和田春樹

＊23 カナダ史 木村和男

＊24 アメリカ史 紀平英作

＊25 ラテン・アメリカ史Ⅰ—メキシコ・中央アメリカ・カリブ海
増田義郎／山田睦男

26 ラテン・アメリカ史Ⅱ—南アメリカ
増田義郎

27 オセアニア史
オーストラリア・ニュージーランド・太平洋諸国
山本真鳥

28 世界各国便覧

*20 ドイツ現代史　成瀬　治・黒川　康・伊東孝之

*21 ベネルクス現代史　ベルギー・オランダ・ルクセンブルク　栗原福也

*22 イタリア現代史　森田鉄郎・重岡保郎

*23 スペイン・ポルトガル現代史　斉藤　孝

*24 バルカン現代史　ユーゴスラヴィア・ルーマニア・ブルガリア・アルバニア・ギリシア　木戸　蓊

*25 オーストリア・スイス現代史　矢田俊隆・田口　晃

*26 ハンガリー・チェコスロヴァキア現代史　矢田俊隆

*27 ポーランド現代史　伊東孝之

*28 北欧現代史　デンマーク・スウェーデン・ノルウェー・フィンランド・アイスランド　百瀬　宏

*29 ソ連現代史 I　ヨーロッパ地域　倉持俊一

*30 ソ連現代史 II　中央アジア・シベリア　木村英亮・山本　敏

*31 カナダ現代史　大原祐子

*32 アメリカ現代史　斎藤　真

*33 ラテンアメリカ現代史 I　総説・ブラジル　斉藤広志・中川文雄

*34 ラテンアメリカ現代史 II　アンデス・ラプラタ地域　中川文雄・松下　洋・遅野井茂雄

35 ラテンアメリカ現代史 III　メキシコ・中米・カリブ海地域　野田　隆・加茂雄三

*36 オセアニア現代史　オーストラリア・太平洋諸島　北大路弘信・北大路百合子

*37 世界現代史　柴田三千雄・木谷　勤

# 世界現代史　全37巻

＊は既刊